U0677665

隐私保护的车联网身份认证机制研究与应用

郭　楠　高天寒　赵　聪　著

东北大学出版社
·沈　阳·

ⓒ 郭 楠 高天寒 赵 聪 2023

图书在版编目（CIP）数据

隐私保护的车联网身份认证机制研究与应用 / 郭楠，高天寒，赵聪著. — 沈阳： 东北大学出版社，2023. 11
ISBN 978-7-5517-3427-1

Ⅰ.①隐… Ⅱ.①郭… ②高… ③赵… Ⅲ.①汽车－物联网－身份认证－隐私权－安全技术－研究 Ⅳ. ①U469-39②TP393.08

中国国家版本馆 CIP 数据核字（2023）第 217167 号

出 版 者：东北大学出版社
　　　　　地址：沈阳市和平区文化路三号巷 11 号
　　　　　邮编：110819
　　　　　电话：024－83680176（总编室）　83687331（营销部）
　　　　　传真：024－83680176（总编室）　83680180（营销部）
　　　　　网址：http://www.neupress.com
　　　　　E-mail: neuph@ neupress.com
印 刷 者：沈阳市第二市政建设工程公司印刷厂
发 行 者：东北大学出版社
幅面尺寸：170 mm×240 mm
印　　张：14.75
字　　数：265 千字
出版时间：2023 年 11 月第 1 版
印刷时间：2023 年 11 月第 1 次印刷
策划编辑：孟　颖
责任编辑：郎　坤
责任校对：孟　颖
封面设计：潘正一
责任出版：唐敏志

ISBN 978-7-5517-3427-1　　　　　　　　　定 价：69.90 元

前 言

　　车联网是以车际网络、车内网络以及车载行动网络为基础，基于特定通信协议在车、路、人以及互联网之间提供数据交互的系统网络。伴随着5G、人工智能、边缘计算等前沿技术与车联网的深入融合以及全球产业链的不断完善，车联网正在快速发展，并对优化交通系统、建设智慧城市以及保护生态环境提供重要支持。根据中国互联网协会发布的《中国互联网发展报告（2022）》，当前我国正在加快互联网产业的布局，完善安全管理要求，通过加大车联网相关政策及技术的扶持，加快车联网产业的发展。然而报告同时指出，由于车联网系统的复杂性，我国车联网产业发展在标准化制定方面还面临着多方面的挑战。

　　与传统的移动通信网络相比，车联网面临着车辆移动速度快、密度分布不均、网络拓扑结构变化迅速、路由转发不稳定等挑战，这导致车联网对数据的传输效率有着更为严苛的要求。同时，由于采用无线多跳的数据通信方式，相比传统有线网络和无线单跳网络，车联网内的车辆更容易成为攻击者的目标。为了保护车辆的身份、位置等隐私信息安全，在匿名认证、假名管理以及基于车联网应用等方面建立安全高效的通信机制，对促进车联网快速发展、加快智慧城市发展、完善我国的交通体系建设至关重要。

　　本书详细介绍了车联网隐私保护下多种场景下匿名认证、假名管理性能优化、车联网通信系统基础应用相关的多种机制的最新研究成果。全书共6章。第1章对车联网技术进行了详细的介绍，包括车联网的发展历程、车联网的定义与框架、车联网系统架构以及相关安全隐私要求等。第2章介绍了密码学基础、数学难题、密码学算法及车联网标准等车联网的理论基础。第3章讨论了多种场景下的匿名认证机制。对于每种认证机制，首先给出了网络架构和信任模型，然后介绍了认证机制的相关细节，最后对匿名认证机制在安全性和性能

1

两方面进行详细的分析。在第 3 章的多种场景所设计的认证机制的基础上，第 4 章提供了相应的假名管理性能优化机制，对包括假名颁发、假名更换、假名撤销等相关细节进行了深入的介绍、分析与讨论。第 5 章介绍了车联网通信系统基础应用，对数据共享、路况预警等安全应用服务所面临的安全问题及解决方案进行了阐述。第 6 章对本书的主要工作和研究成果进行总结，并展望了未来的研究方向。

本书由郭楠主持撰写，其中第 1 章由高天寒、邓新洋、龚子晏和胡景撰写，第 2 章由郭楠、邓新洋和齐珈玉撰写，第 3 章由高天寒、赵聪和庄璐瑷撰写，第 4 章由郭楠、齐珈玉、龚子晏和胡景撰写，第 5 章由高天寒、邓新洋和赵聪撰写，第 6 章由郭楠和邓新洋撰写。

在本书撰写过程中，东北大学计算机科学与工程学院、软件学院提供了优良的工作环境和电脑等设备。东北大学出版社负责本书编辑和出版工作的全体同人付出了大量辛勤劳动，保证了本书的出版质量。

在此，全体作者谨向支持和帮助本书撰写与出版工作的各方面人士表示由衷的感谢！限于作者水平，书中难免存在不妥之处，恳请各位读者批评指正。

作　者

2023 年 2 月于沈阳东北大学

目　录

第 1 章　车联网概述

1.1　引言

　　以信息通信技术、人工智能等全新技术为主的第三次、第四次工业革命，为汽车的智能化发展带来了强大动力，车联网技术作为智能交通系统的重要组成部分，通过支持车辆之间、车辆与周边设备互连，为驾驶者和乘客提供基于数据通信的多种服务支持。目前，国内外纷纷制定了相应的车联网标准以引导车联网发展。然而由于网络的复杂性，当前车联网仍然面临着诸多安全和隐私问题。本章首先介绍了车联网的发展，然后对车联网的定义、框架及系统架构进行了详细的描述，其次对车联网认证机制中的安全和隐私问题进行讨论，最后给出了本书的组织结构。

1.2　车联网的发展

1.2.1　国外车联网发展历程

　　将无线和红外通信应用于车-路、车-车通信的历史与智能交通系统的演进是紧密相关的。正如 Shladover[1] 以及 Lasky 和 Ravani[2] 所指出的，道路自动化的基本概念就是"应用通信与控制技术来实现安全、高效和环境友好型的道路交通"，这个概念出现在 1939 年的世界博览会上，由通用汽车公司创办的展览会"未来世界展示"对未来 20 年会出现的概念和技术进行了预测。

　　20 世纪 60 年代末，真正基于无线通信的"道路自动化"系统才开始得到发展和论证。

由于智能交通系统领域已经取得了丰富的研究成果,无法在本节中涵盖所有方面,现只简述车联网领域中具有里程碑意义的重要事件。

(1)从起步阶段到20世纪90年代中期

Dan等人于1970年在美国提出了电子道路导航系统(electronic route-guidance system, ERGS):驾驶者在车载设备中输入目的地代码,当车辆接近装有路边设备的交叉路口时,路边设备解码目的地代码并根据存储的程序向车辆发送道路引导指令[3]。然而,由于昂贵的路边基础设施,在ERGS方面的工作最终停止了[4-5]。

1973—1979年,日本通商产业省提出了汽车交通控制综合系统(comprehensive automobile traffic control system, CACS)项目。即使在现在,Kawashima[6]阐述的CACS的目标仍然有效:

- 通过引导驾驶者选择最佳路线,减少道路交通拥挤。
- 降低交通拥堵所导致的尾气排放量,以减少对环境的不良影响。
- 通过提供有益信息来辅助驾驶者进行安全驾驶,避免交通事故。
- 加强车辆在公共和社会生活中的作用,使其在交通系统中发挥更重要的角色。

CACS项目利用98个路边设备和330部测试车辆进行了实验[7]。

欧盟在1986年提出了欧洲高效率和安全交通计划(programme for European traffic with highest efficiency and unprecedented safety, PROMETHEUS)框架[8],并于1988年开始实施。该项目极大地推动了车辆和道路信息技术以及移动通信技术的研究和发展。

PROMETHEUS项目中,车-车通信在提升车辆安全性和交通效率方面发挥了重要作用。

日本方面,Kawashima在其综述(1990)中引用了JSK(汽车交通与驾驶电子技术协会)在1986年和1988年发布的两个技术报告,涉及车-车通信实验结果。在美国,Shladover等人[9]指出,车-车通信的主要发展方向是自动驾驶和车辆列队行驶。Sonia和Varaiya[10]则提出了车-车和车-路通信的要求和性能规范。

Jurgen[11]撰写了一份项目工作概述报告,总结了这段时期内美国、日本和欧洲的相关研究状况,并对智能车辆高速公路系统进行了展望。

（2）从 20 世纪 90 年代中期到现在

自 20 世纪 90 年代中期以来，车联网技术和标准化的进步对交通系统产生了显著影响。在 1999 年，美国联邦通信委员会进行了一次重要的变革，将以 5.9 GHz 为中心的 75 MHz 带宽分配给了专用短程通信（dedicated short range communication，DSRC），用于车辆和基础设施之间的短程无线通信。这个决定为车联网的发展奠定了基础，为车辆之间的通信提供了专用频谱。DSRC 是一种专用的车间通信技术。2001 年，ASTM 的 E17.51 标准委员会选定了 IEEE 802.11a 作为 DSRC 的底层无线技术，相应的标准于 2002 年发布，并于 2003 年进行了修订（ASTM E2213-03 2003）[12]。由于专门分配了 DSRC 的专用信道，并采用了 IEEE 802.11a 技术和相关标准，车联网的研究和开发取得了显著进展，并促进了更多创新和应用的涌现。在 2003 年的汽车通信标准化会议上，各国专家提出车用自组织网络技术有望将交通事故带来的损失降低 50%。2004 年基于 ASTM 标准的车载环境的无线接入（wireless access in vehicular environments，WAVE）标准[13] 被制定。车辆安全通信（vehicle safety communications，VSC）项目在 2002 年至 2004 年，对 5.9 GHz DSRC 技术进行了广泛的调研。调研结果表明，基于 IEEE 802.11a 的技术能够支持 VSC 选择的大多数安全性应用。这为车辆之间的安全通信提供了一种可行的技术基础。然而，VSC 的最终报告（VSC 2006）[14] 指出此 DSRC 技术存在如下问题：低延迟通信、无线信道的高可用性以及与信道容量相关的问题。2004 年，第一届关于车联网的 ACM 国际研讨会在美国费城举行，并首次使用了"VANET（vehicular ad hoc network）"这个缩写。在 2004 年至 2006 年，MobiCom 会议召开了三次专题研讨会，重点讨论了 VANET。2005 年，欧洲成立了车车通信联盟（car2car communication consortium，C2C-CC），该联盟旨在促进欧洲各国在车辆间通信技术方面的合作与标准化。同时，日本也通过了两个车辆间通信标准，标志着日本在 VANET 技术方面的重要进展。

1.2.2　国内车联网发展历程

2009 年，在深圳举行的第四届中国 GPS 运营商大会上，IoV 的概念被首度提出，这一年被誉为中国车联网发展的元年。在 2010 年的第一届中国国际物联网博览会上，中国提出了"车联网"概念，旨在实现物与网的连接。这一概念的提出为车联网行业的发展奠定了基础。2011 年，国防科技大学成功研发的

HQ3 无人车在长沙到武汉的高速公路上完成了 286 公里的无人驾驶实验。这次实验是中国在无人驾驶技术领域的重要突破，为后续的研究和应用奠定了基础。为推动车联网产业的发展，中国科学技术部在 2011 年和 2012 年分别启动了"智能车路协同关键技术研究"和"车联网技术研究"计划，这些计划是国家高技术研究发展计划（863 计划）的一部分。通过这些计划的推动，中国加大了对车联网关键技术的研究和创新，为产业的发展提供了支持。2014 年至今，百度等多家互联网公司陆续加入车联网研究的大潮，逐步推动各项技术的研究与发展。2016 年，"LTE-V 无线传输技术标准化及样机研发验证"被纳入新一代宽带无线移动通信网国家科技重大专项，这加速了车联网产业化的进程并推动了 LTE-V 标准的形成。

2018 年 1 月，重庆首款无人驾驶共享汽车——力帆 330EV 推出，汽车在驾驶者于电脑上输入终点后，就能自主行驶到指定地点，让研究者看到了短期内实现条件干预下的全自动驾驶技术的可能性。中国车联网商业模式落地，离不开国家相关政策的指导。

1.2.3 车联网的发展现状

目前，车联网行业体系还没有构建完成，潜在市场吸引了大量企业争相加入，构成横向、纵向竞争，在这种市场竞争下，车联网得到了飞速发展。

大型互联网企业和整车企业在车联网产业链中拥有核心地位。由于汽车制造壁垒很高，汽车生产资质由整车企业掌握着，因此，其他企业无法撼动整车企业在控制集成（这里主要指车联网的运营平台）上的核心竞争地位。另外，整车企业还控制着车联网的数据核心基础——控制器局域网络（controller area network，CAN）总线，在前装市场上掌握着很大的主动权（包括培养用户习惯、积累用户数量）。互联网技术革命性的发展对传统的制造产业产生了很大影响，出人意料的是，相比于传统的车辆制造商，互联网企业提前布局车联网，期望于工业 4.0 时代抢占先机，在新行业发展中分得一杯羹。国内外各大互联网巨头，如谷歌和华为等，利用自身不同的优势技术，深入参与了车联网领域的研究，并与传统车企密切合作。这些合作和布局将极大地推动汽车智能化的进程，尽管如此，车联网整体发展还处于初级阶段。

1.2.4　车联网的发展趋势

全球著名的管理咨询公司麦肯锡公司发布的《2015 年汽车互联和自动驾驶技术咨询报告》，针对亚洲、欧洲、北美三个地区的普通用户和车企高管进行调研，调研结果显示，车企及其相关行业需要在端到端的整体数字化和提高客户认可度两个方面采取行动，并且报告指出，能够适应新竞争的汽车厂商将迎来巨大的商机。

在中国电动汽车百人会论坛上，权威声音表示支持车联网是 5G 通信技术的重要设计目标。5G 通信技术虽然为车联网和自动驾驶带来了可能，但若想满足车联网和自动驾驶需求仍要面对诸多挑战。

车联网作为移动信息感知的载体，它整合了各种信息资源，相对于传统的汽车出行，车联网提供了一种更加高效安全、节能环保的新出行方式。与此同时，车联网更是提供了一种智能服务模式，为车主提供更多智能功能。但是，车联网这样复杂的通信系统面对的安全挑战更多。车载单元面临比传统网络节点更多且更复杂的网络攻击，给车联网系统的安全防护和主动防御带来了新挑战。目前，车联网尚未建立完善的安全体系。

近年来，我国制定了关于构建安全基础设施的政策，例如在《中华人民共和国国民经济和社会发展第十三个五年规划纲要》中提到构建量子通信和泛在安全的物联网。此外，《中国制造 2025》中也强调加快建立具有全球竞争力、安全可控的信息产业生态系统。2020 年 2 月，我国 11 个部门联合发布《智能汽车创新发展战略》，意味着车联网行业在国内将迎来重要发展机遇。

1.2.5　车联网的发展前景

如今，车联网行业具备巨大的商业前景，其产业链条冗长，涉及领域广泛，潜在市场庞大。由此，其已成为政府、企业和学术界的关注焦点。车联网的发展为人们的出行和生活带来了极大方便，甚至改变了今天的社会生活样貌，比如随着无人驾驶技术的发展，将来可能不再需要各种和人交互的交通管理设备（红绿灯、限速牌等）。通过车联网的 V-X 信息交互，车辆自己就能在道路上井然有序地行驶。

车联网具有丰富的应用场景和产业：首先，从个人领域到汽车应用，数据流量的应用效率将会得到极大的提升；其次，车联网还融合了多种应用场景，如娱乐、就餐、购物、安全、影音、保险和导航等;最后,车联网还促进相关软件应用和硬件产品的服务与销售。

在便捷类应用场景中,车联网为人们的生活带来更多的便捷;在效率类应用场景中,车联网可以全面实现智能化交通;在实用类应用场景,车联网可以进一步提高车辆出行的安全性。车联网通过 V-X 之间的通信和信息交换,可以实现智能动态信息服务、车辆智能化控制,甚至是整个城市智能化交通管理的应用。可见,车联网在未来有很大的发展前景。

1.3 车联网的定义与框架

如今,道路安全问题越来越受到关注,为了减少交通事故,提升驾驶体验,保护人身安全,学术界已经做了很长一段时间的研究,为此车联网(vehicular ad hoc networks, VANETs)应运而生。车联网是指在道路交通环境中由车和车、车和部署于道路两侧的路边基础设施以及车辆与行人之间通信组成的自组织网络。车联网的出现提供了一个去中心化、自组织、支持多跳转发的通信网络[15-18],并且能够对道路中发生的交通事故发出预警信息,同时可对交通信息进行查询分析来提升驾驶体验,可支持车间通信、车基通信等应用。车联网是车辆移动自组织网络,可以将部署在车辆上的车载单元看作网络中的移动节点,因此车联网具有以下一些优缺点[19]。

优点:

① 功率无限制:车载电池是蓄电池,可以进行充电,因此没有功率限制。

② 流动性可预测:由于道路交通安全规则,城市中的车辆行驶速度一般在 0~70km/h,高速公路上的车辆平均行驶速度可达 100km/h。结合道路形状与车速可以相应地预测路径状态。在大多数情况下,可以将具有类似运动规律的车辆看作一个整体,对整体进行分析,从而推断个体行为,有利于数据分析处理。

③ 定位准确:车辆上可以装载全球定位系统(global positioning system, GPS),可以实时地提供准确的位置信息,同时还可以为车辆提供精确的时钟信息,保证网络中的车辆时钟同步。

④ 丰富的设备支持:车辆具有较大的承载空间,可以安装部署有一定尺寸的物理硬件,同时车辆具有较强的存储和计算能力。路边单元也可提供更加先

进的设备来服务整个网络。

缺点：

① 拓扑变化快：车辆在道路中高速行驶，可以看作不断移动变化的节点，整个网络拓扑是由高速公路和路边街道以及不断移动的车载单元组成的，并频繁快速地变化。

② 规模大：车联网可以看作如今世界最大的自组织网络。节点数目多，道路分布不均匀，随着人们汽车拥有量的提升，入网车辆将会越来越多，使得整体网络规模变得越来越大。对整个网络的安全、服务、管理和维护提出了更高的要求。

③ 网络密度多变：道路交通中的车辆数量是不停变动的，例如在上下班高峰期，某路段的车辆密度会变得非常大，而在夜晚，车辆密度便会下降。这是由人们的出行行为决定的。车联网网络密度在不断地变化，对于部署路边单元提出了一定要求。

④ 地理环境因素影响：车联网通信中的安全消息具有向后传递性，当事故发生产生预警消息时，这些消息总是向来车的方向进行传播。

车联网一般由四种实体组成：车载单元(on board unit，OBU)、路边单元(road side unit，RSU)、可信权威机构(trusted authority，TA)和服务提供商(service provider，SP)。

① 车载单元(OBU)：每辆车都装有车载单元，它是一种采用 DSRC(dedicated short range communication)协议的通信微波装置。它使得车辆可以与 RSU 进行通信，并实现道路交通的信息共享功能。OBU 可以接收来自其他车辆 OBU 或者 RSU 的消息，例如：路况拥堵信息、交通事故紧急消息、交通路线优化等。OBU 实现了网络中车辆消息的接收、发送和转发的功能，可为车辆实现多跳的通信方式。OBU 内有一个防篡改设备、一个全球定位系统(GPS)和一个事件数据记录器(event data recorder，EDR)，并可以存储车辆行驶需要的保密信息，例如：数字证书、公钥和假名等。车辆行驶过程中，OBU 可根据网络要求实时地广播道路安全消息，例如：位置、方向、时间、速度等。与此同时，OBU 具有较强的存储和计算能力，并且是可充电续航的。

② 路边单元(RSU)：道路两侧会部署 RSU，它使用 DSRC 协议与范围内的车辆实现无线通信。RSU 可以收集来自道路中的消息，并且可以对消息数据进行存储、处理和分析。可以为范围内的车辆发送路况信息、交通预警信息等。

相比于 OBU，RSU 具有更强的存储、计算能力。与此同时，它还可以通过有线连接与其他基础设施进行通信，可支持联网。RSU 可以帮助驾驶者寻找道路基础设施，例如帮助车辆寻找最近的加油站或者商店等；RSU 可以反馈交通十字路口红绿灯信息，提前通知驾驶者，为用户提供更好的驾驶服务。RSU 还可以将收集到的道路交通信息通过有线传输到后端服务器进行数据处理。

③ 可信权威机构(TA)：TA 是整体网络的一个可信实体，所有入网车辆和其他实体都需要向 TA 注册取得合法身份才能参与通信。与此同时，TA 还负责管理 VANETs 中的所有实体，当出现恶意实体时需要有撤销合法身份的能力。TA 是实现 VANETs 有条件的隐私保护的一个重要实体，例如：当出现交通事故或者出现恶意车辆时，TA 要有能力追踪车辆并且揭露车辆注册的真实身份信息，为后续撤销等工作提供支持。除了 TA，其他任何实体都不能够揭露车辆的真实身份，以此在技术上为车辆提供了有条件的隐私保护。同时，TA 也具有一定的存储能力和计算能力，它可以为入网车辆和其他实体计算并颁发证书和假名，维护证书撤销列表等，为车辆提供更加安全的隐私保护。

④ 服务提供商(SP)：VANETs 中存在着丰富多样的服务，服务提供商可通过服务器与 RSU 进行有线连接，将相应的服务部署到网络中，通过 RSU 服务于车辆。提供的服务有：车辆保险服务、广告服务、位置服务等。

VANETs 的框架图如图 1.1 所示。根据欧洲车车通信联盟(car2car communication consortium，C2C-CC)的定义，VANETs 的框架被分为车内通信(in-vehicle domain)、车间通信(ad-hoc domain)和车路通信(infrastructure domain)三种。车内通信是 OBU 与用户终端之间的通信，用户终端可以是某种具体设备，也可以是集成于 OBU 的虚拟模块，连接方式可以是有线或无线的。车间通信包括车辆 OBU 之间的通信(V2V)以及 OBU 与 RSU 之间的通信(V2R)，通信方式可以是单跳也可以是多跳的，由于采用了 802.11 系列协议，单点车辆的单跳传输范围只有几百米，因此可以看作一个 WLAN 网络。车路通信是 OBU、RSU 与基础设施之间的通信，如 Hot Spot、3G、4G、5G 等，完成接入互联网的功能。对于 RSU 来说，连接可以是有线的。下面主要介绍 VANETs 中存在的两种通信 V2V 和 V2R。

① 车车通信(V2V)：车车通信主要是利用安装在车辆上的 OBU 进行车辆与车辆之间的沟通，通过广播和单播的形式实现车辆的信息共享。V2V 还能分为两类：第一类是消息广播，车辆会根据设定时间周期性地向周围广播自己的

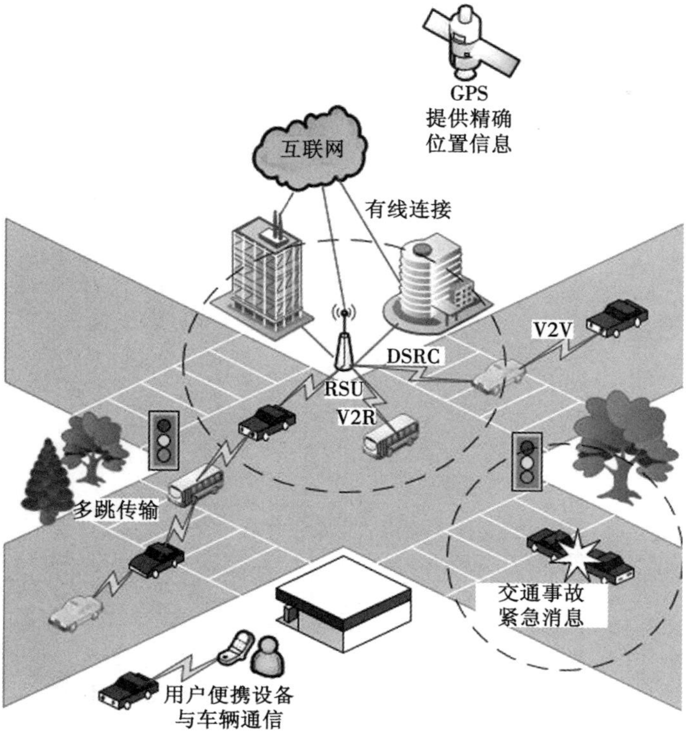

图 1.1　VANETs 架构图

驾驶信息，这些信息有：车辆位置、方向、速度、制动状态、交通事件等。其他车辆收到消息后可以根据自身的驾驶情况进行相应的调整，针对不正常的情况及早采取策略，为驾驶者提供更加安全、便利的驾驶体验。典型的例子有：当两辆车发生交通事故碰撞时，车辆会产生紧急消息并广播给附近车辆，为道路中的其他车辆提供预警。第二类是指定消息传输，这类消息是有目的性的，一般是点对点的通信，只有接收方才能获取消息中的真实信息。例如：消息签名等。

　　② 车路通信（V2R）：指的是车辆与 RSU 之间进行的通信，SP 可以通过 RSU 将服务部署到网络中，并通过 RSU 与车辆的通信将服务应用于道路中的车辆和用户。RSU 是 VANETs 中的一个重要实体，它有着比 OBU 更加强大的存储和计算能力，因此 RSU 可以充当道路中的管理节点来管理范围内的车辆。V2R 大大提升了用户的驾车体验，例如：当道路出现严重拥堵或者交通事故时，会造成长时间的堵车情况，如果通过 RSU 广播道路相关消息，车辆接收后可以根据当前道路情况提前规划行车路线，可以绕道或者变道，从而避免驶入

拥堵路段，节省时间。

VANETs 大致可以分为以下三类：

① 蜂窝局域网：如图 1.2 所示，VANETs 中的蜂窝局域网指的是利用路边单元 RSU 充当信息收发站点，专门收集道路交通信息，并与 RSU 范围内的车辆进行交互通信，构成了 V2R，一般采用 802.11 系列无线通信指标。

② 车辆自组织网：如图 1.3 所示，车辆自组织网络不需要固定基站，车辆与车辆之间可以通过 OBU 进行通信，当车辆遇险时可以通过单跳或者多跳的形式向周围车辆广播预警消息，构成了 V2V。由于每辆车的传输范围有限，因此自组织网络也存在着相应的缺陷。

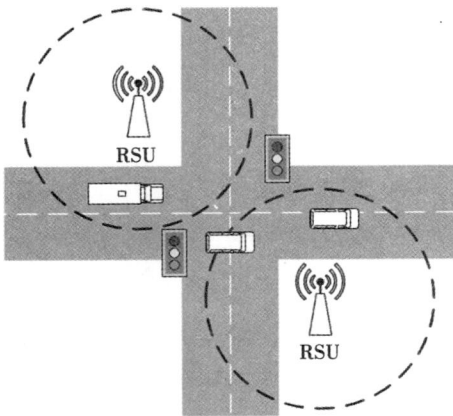

图 1.2　蜂窝局域网

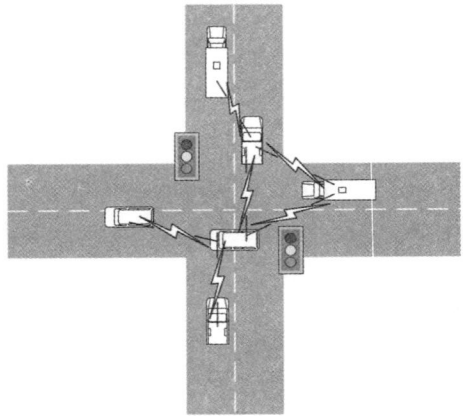

图 1.3　车辆自组织网

③ 混合网络结构：如图 1.4 所示，混合网络结构既包含了蜂窝局域网又包含了车辆自组织网，结合了两者的优点，增加信息传递方式的同时又增大了消息传播的范围。由于 RSU 具备更强大的存储和计算能力，因此这种网络结构可以处理更加庞大的数据，是如今 VANETs 中最主要的网络结构。

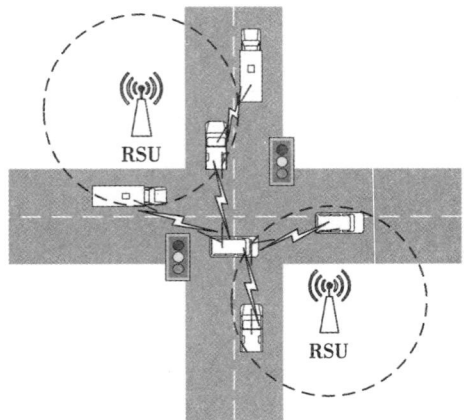

图 1.4　混合网络结构

1.4　车联网系统架构

传统的三层系统架构[20-21]包含感知层、通信层、应用层。在感知层与通信层，可以完成车联网系统中车与车、车与路之间的数据通信，具体来讲就是通过车内安装的数据采集设备实现该车与其他车辆、路况、路边固定物等的数据通信。感知层中包含了车辆内部所有的传感器，用于收集环境数据，并检测特定的感兴趣事件。通信层可以支持不同的无线通信模式，如车到车（V2V）、车到基础设施（V2I）、车到行人和车到传感器，确保了与现有和新兴网络（如GSM、Wi-Fi、LTE、蓝牙、802.15.4等）的无缝连接。应用层中的统计工具、存储支持和处理基础设施构成了车联网智能，为车辆提供基于大数据的处理功能（即访问计算资源、内容搜索、频谱共享等）。还可以通过将不同系统和技术（大数据、无线传感器网络、云计算等）获得的信息进行融合，对不同的风险情况（如交通拥堵、危险的道路条件等）做出统一的、不同的决策。

文献[22]提出一种四层的系统架构。包括终端层、基础设施层、操作层、服务层。但其三层、四层的车联网分层架构没有考虑到系统安全性（认证、授权、计费和信任关系），并且没有提供智能通信整合（选择最佳网络进行信息传输/传播或访问服务）。此外，所采集到的信息未经预处理就进行传输，可能导致网络拥塞。

为了解决上述问题，本书介绍如图 1.5 所示的一种新的七层车联网模型架构，该架构使用安全层来管理不同车联网实体之间所有交易的认证、授权和计费，并提供用户-车辆界面来管理车辆与驾驶者之间的交互。另外，可以通过通信接口选择最佳的网络传输。例如，如果使用 Wi-Fi 网络，系统会根据通信的要求、网络的车辆配置和质量、交易成本等因素来选择最好的服务提供商，以保证通信质量。

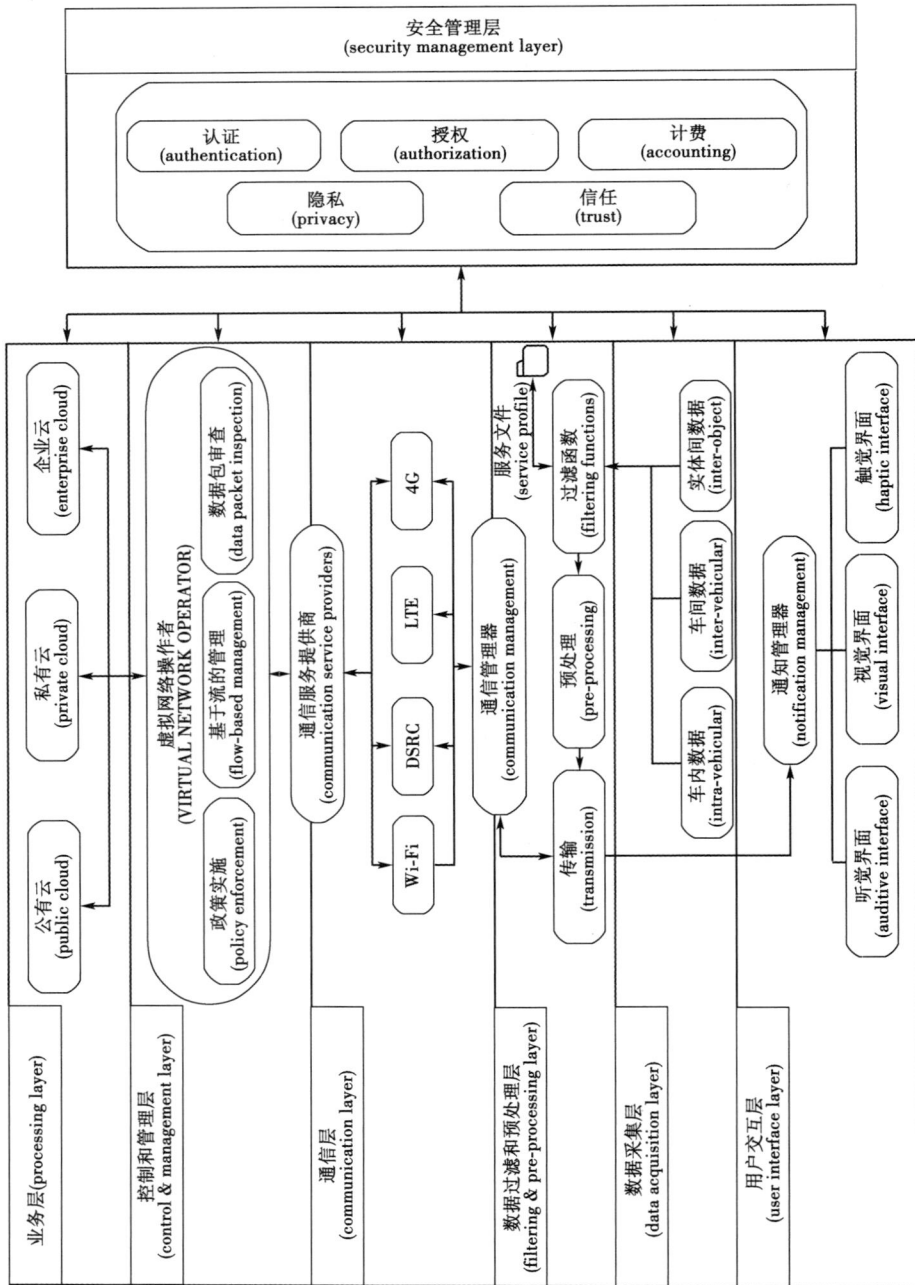

图1.5 七层车联网模型架构

1.4.1 用户交互层

车载计算系统专注于两种类型的计算和通信系统：① 基于信息的系统；② 基于控制的系统。基于信息的系统提供路线信息、交通状况、停车位可用性等相关信息。基于控制的系统监测驾驶者驾驶习惯和驾驶体验的变化，从而进行自适应巡航控制、速度控制和车道保持控制。

基于上述系统，在设计用户界面时需要考虑的因素不仅包括用户驾驶体验，还包括驾驶的安全性等。用户交互层通过管理用户界面与驾驶者进行直接交互，协调所有发送给驾驶者的通知信息，并根据当前的情况或事件选择最佳的显示元素，以减少分散驾驶者的注意力。例如，如果前方车辆有碰撞危险，仪表板或挡风玻璃上的一组灯就会被激活，同时发出声音提醒驾驶者。

1.4.2 数据采集层

数据采集层是车联网系统的基础，数据采集是指从车辆内部传感器、射频识别、全球定位系统、车辆交互通信、车身传感器、无线传感器网络（wireless sensor network，WSN）和手机、传感器、制动器等不同设备收集数据[23]，数据信息的类型包括以下三种：

① 与车辆相关：车辆速度、方向、加速度、位置、载货信息、重量及车辆长宽高数据、发动机状况和车辆相关证件等信息。

② 与交通及环境相关：车辆密度、通畅情况、天气状况等信息。

③ 与社交娱乐有关：多媒体、娱乐等信息。

数据采集设备可以连接到车辆、RSU、智能手机和其他个人设备上。其中，射频识别（radio frequency identification，RFID）能够实现车与车之间的数据通信、定位等功能，在车联网系统中起到重要的作用[24]。数据采集层为车联网系统提供用于精准计算的基础数据信息。

1.4.3 数据过滤和预处理层

在车联网中，设备具有产生大量数据的潜力，数据收集、数据过滤和数据传输是实现车联网通信的重要过程。数据过滤和预处理层对收集到的信息进行分析过滤，避免无关信息的传输，减少网络流量。

根据传输途径，可将数据传输类型分为两种：车内传输和车间传输[25]。车内传输主要是通过车载有线或无线网络将传感器数据传输到车内的中心设备。车间传输包括车外数据传输以及车联网生态系统中车辆、传感器、设备、行人等外部实体之间的通信,其他车辆、行人、传感器和通信设备产生的所有信息都将通过无线通信实时共享,并应用于各种安全和信息应用。由于数据传输时一般不进行数据区分,因此,在数据传输之前对数据进行过滤是非常必要的,否则会造成网络拥堵。

1.4.4　通信层

关于通信网络的选择,一般以 5G 通信网络传输为主,其他的通信传输方式为辅,包括:传统蜂窝网,LoRa、NB-IoT 等低功耗广域网,Wi-Fi 等短距离无线网。如果是传输规模较小的数据,可以选择窄带的通信方式;如果是传输视频、车距之类的大容量、高并发数据,可以选择宽带的通信方式。

通信层根据不同网络的拥塞和 QoS 级别、信息相关性、隐私性和安全性等参数来选择最佳的网络发送信息。在车联网环境中,可以用多种无线网络技术创建一个异构的通信环境。每个网络都有自己的特点,但所有的网络需要以一种方式进行集成,根据设备位置、用户设备和服务需求的可用接入技术等不同参数,为用户提供全连接和无缝服务,并提供最佳质量。通信层在整个车联网系统中起到上传下达的作用,完成大量信息数据的传递任务。

1.4.5　控制和管理层

控制和管理层负责管理不同网络服务提供商的数据交换功能,起到全局协调的作用。在这一层中,可以应用不同的策略(如流量管理、流量工程、报文检测)和功能,更好地管理所有设备(如车辆内部和周围的传感器、路边基础设施和环境中的用户设备)产生的信息。

1.4.6　业务层

业务层可以存储、处理和分析从其他层接收到的所有信息,使用各种类型的云在本地和远程处理基础设施的信息。该层还可以使用图表、流程图和批判性分析等工具进行统计分析,并基于分析结果制定决策。不同的数据服务提供者利用处理后的信息进一步改进服务或开发新的应用程序,政府等机构还可以将处理后的结果用于未来基础设施开发、V2B 服务[26]等,以帮助改善或更好地管理道路交通。

1.4.7　安全管理层

安全管理层与其他层直接通信，旨在减少车联网中各种类型的攻击（如网络攻击等），实现所有安全功能（如数据认证、完整性、不可否认性和机密性、访问控制、可用性等），可以通过安全网络与服务提供商在传感器、执行器、用户设备之间交换数据。

1.5　车联网身份认证机制中的安全和隐私

与传统网络系统相比，车联网具有新的系统组成和通信场景，给系统安全性及用户隐私保护带来了新的需求与挑战[1~8, 27]。由于车载终端集成了导航、移动办公、车辆控制、辅助驾驶等功能，导致其更容易成为黑客攻击的目标，造成信息泄露、车辆失控等重大安全问题[1]。以道路安全为主要目的的车联网应用采用短距离直连通信技术，由车辆定期向网络里广播位置、方向、速度等信息，这些信息在开放的无线通信环境中极易被监听。由于车辆的身份、位置与驾驶者、乘客身份等敏感信息相互关联，因此攻击者通过车辆身份可以追踪到车辆的位置信息，通过车辆的位置信息可以跟踪其行驶轨迹，进而威胁驾驶者或乘客的人身和财产安全[6~8, 27]。与此同时，对车辆进行隐私保护还要兼顾道路安全应用的有效性和信息监管的必要性，防止恶意车辆发布虚假消息或篡改自身数据以逃避肇事责任。一旦恶意车辆在隐私保护机制下发生非法行为，将给公共秩序和道路安全带来严重后果[6~8, 27]。因此，实现隐私保护的车联网身份认证机制是车联网安全面临的重要挑战。

为了应对上述安全风险和挑战，以 IEEE WAVE 1609. 2 和 ETSI 102 为代表的技术规范给出了采用证书来进行身份认证并保护车辆隐私的协定，支持证书颁发机构（CA）为车辆颁发证书，并根据设定的逻辑更换证书来防止攻击者通过流量监控对车辆进行关联，以此来实现隐私保护。此外还给出了证书撤销的相关协定[2, 14]。然而，目前 IEEE WAVE 和 ETSI ITS G5 对于身份认证中证书的规范性管理和保证唯一性的方法并没有明确说明，也没有给出或建议任何假名更换策略。其他组织目前也只给出了证书颁发和更换来进行身份认证的简单规范，例如美国安全证书管理系统(SCMS)每周颁发20个匿名证书来进行通信过程的身份认证，证书有效期为一周，以加密方式存储在车载终端，且当车辆移动距离大于2km且移动时间超过5min时更换一次[4]。欧洲C-ITS安全证书管理系统(CCMS)规定匿名证书预装载周期为三个月，证书有效期为一周，每个车载终端并行有效的证书数量最多为100个[5]。此外，欧洲车车通信联盟规定车辆在每次点火时都要更换证书，每10min到30min的间隔内可随机更换证书，并指出该间隔将来可能会更改[5]。

由上述情况可知，目前车联网安全领域对身份认证机制的规范尚未成熟，对证书验签的具体方法、维持车辆假名数量及假名更换周期的约定，以及证书撤销列表的分发和检索手段不尽相同。由于缺乏系统性理论依据，因此身份认证机制的研究仍然是一个开放性问题。

针对车辆隐私保护的身份认证、针对位置隐私保护的假名管理、针对审查和驱逐违规车辆的假名撤销以及针对身份认证方案的具体应用一直是车联网安全领域的研究热点[6-8, 27-29]。然而，普遍存在且得到共识的问题是：针对车联网拓扑结构变化迅速、车辆移动速度较快且分布不均、消息种类繁多等特性，目前的身份认证机制在实际运行中难以保证高效性[8, 27-29]。此外，在保证身份认证高效性的同时，也需要满足常见的安全性和隐私性需求，同时可以抵御相关攻击类型。

1.5.1　安全性需求

车联网中的安全性需求如下：

① 认证(authentication)[30-35]：认证保证了消息接收者不仅能确保消息是由发送者生成的，而且还能进一步验证发送者的真实性。由此，它确保了接收到的消息是由合法且经过授权的车辆发送的。同时必须对车联网的所有节点进行认证，以抵御攻击者可能造成的身份伪造攻击。认证被认为是防范VANETs中各种攻击的第一道防线。

② 消息机密性(message confidentiality)[31, 35]：消息机密性保证了对未经授权的用户不泄露消息内容。如果不能保证消息的机密性，将危及消息的安全，并影响用户的隐私。

③ 消息完整性(message integrity)[30-31, 35-36]：如果在传输消息时未修改、增加或删除消息的内容，则消息完整性将得到保护。保持消息完整性是车联网最

重要的安全目标之一。若攻击者破坏消息的完整性，则可能导致在网络中传播虚假消息。

④ 不可否认性(non-repudiation)[31, 34, 36]：不可否认性要求实体不能否认已经接收或者发送的消息。

⑤ 不可伪造性(unforgeability)[37]：不可伪造性保证任何用户都不能使用不属于自己的身份。

⑥ 分布式解析权限(distributed resolution authority)[34, 38]：分布式解析权限要求单个权威机构不能恢复用户的身份。在多个分布式权威机构的协作下，用户的身份才有可能被恢复，这能够有效地保护用户的隐私。

⑦ 可用性(availability)[30-31]：可用性确保了车联网即使在网络和应用存有故障和恶意攻击的情况下也能正常运行。

⑧ 访问控制(access control)[30]：访问控制为网络中的用户或其他实体授予对特定服务的访问权。通过对基础设施节点或者其他节点进行明确的访问控制，能保证系统的可靠性和各项操作的安全性。访问控制规定并批准了不同节点在 VANETs 中允许做什么以及不允许做什么。

⑨ 受限制的证书使用(restricted credential usage)[33-34]：受限制的证书使用可以限制证书的有效时间和同时有效的证书数量，防止攻击者冒充多辆车辆。

1.5.2　隐私性需求

车辆网中的隐私性需求如下：

① 匿名性(anonymity)[30, 33-34, 38]：该特性确保在不附加发送者身份标识符的情况下可以对消息进行身份验证。车辆发送的消息在一组潜在车辆中应该是匿名的。这一隐私需求与可追溯性相矛盾，而可追溯性是车联网的主要安全需求之一。因此，车联网的匿名性应该是有条件的。

② 可追溯性(traceability)[32-33, 37, 39]：权威机构可以通过分析车辆消息中包含的身份来追踪车辆的真实身份。

③ 条件匿名(conditional anonymity)：条件匿名就是匿名性和可追溯性的结合。

④ 最小隐私暴露(minimum disclosure)[34, 38-39]：最小隐私暴露确保用户在通信过程中提供的信息量被限制在最小的范围内。

⑤ 不可链接性(unlinkability)[34, 38-39]：不可链接性要求两个或多个证书、假名或消息之间的关系不能被链接。

⑥ 完美的前向隐私(perfect forward privacy)[33-34, 38-39]：一个证书的撤销不应影响该车辆使用过的其他证书的不可链接性。

1.5.3　攻击者和攻击类型

从 VANETs 安全框架的角度，按照文献[15, 40-41]可以对 VANETs 中潜在的攻击者和攻击类型进行研究并分类如下：

① 内部攻击者(insider)与外部攻击者(outsider)：内部攻击者是 VANETs 系统的已认证的用户。外部攻击者不是认证用户，被认为是入侵者，攻击网络的能力相对内部攻击者有限。

② 主动攻击者(active attacker)与被动攻击者(passive attacker)：主动攻击者比被动攻击者更危险，因为主动攻击者要么生成虚假消息，要么不转发收到的消息；而被动攻击者不参与通信，往往只窃听消息。

③ 本地攻击者(local attacker)与扩展攻击者(extended attacker)：本地攻击者使用特定车辆上的有限资源，而扩展攻击者利用全部资源控制多个网络。

从密码学角度，根据攻击者实施攻击时可利用的数据来分类，常见的攻击类型分为四种：

① 唯密文攻击(ciphertext-only attack)：攻击者拥有一些采用相同密钥加密所得的密文。

② 已知明文攻击(known plaintext attack)：攻击者拥有一些采用相同密钥加密所得的明文-密文对。

③ 选择明文攻击(chosen plaintext attack)：攻击者拥有一些采用相同密钥加密所得的明文-密文对，其中的明文可以由攻击者自由选择。

④ 选择密文攻击(chosen ciphertext attack)：攻击者拥有一些采用相同密钥加密所得的明文-密文对，其中的密文可以由攻击者自由选择。

在上述四种情况下，攻击者的目标都是确定正在使用的密钥或待破译密文所对应的明文。

VANETs 中常见的攻击方式有以下几种，其对应的分类如表 1.1 所示。

表 1.1　常见的攻击方式分类

攻击方式	安全需求	隐私需求	本地/扩展	主动/被动	内部/外部
假冒攻击	认证	—	本地	主动	外部
重放攻击	认证/消息完整性/不可否认性	—	本地	主动	内部
窃听攻击	消息机密性	匿名性/不可链接性	*	被动	*
女巫攻击	认证/不可否认性/可用性	—	本地	主动	内部
虚假消息攻击	认证/可用性/消息完整性	—	*	主动	内部
篡改攻击	认证/可用性/消息完整性/不可否认性	—	本地	主动	内部
合谋攻击	可用性	匿名性	*	主动	*
中间人攻击	认证/消息完整性/消息机密性/不可否认性	—	本地	主动	内部

注：* 表示两种情况都有可能。

① 假冒攻击（impersonation attack）[31, 42]：假冒攻击中攻击者可能为了自己的利益伪装成合法车辆或 RSU 欺骗其他合法节点。在生成虚假身份后，攻击者修改从源节点接收到的数据并转发给其他车辆，其他被欺骗的车辆则认为消息从合法节点发出。

② 重放攻击（replay attack）[30-32, 37, 42]：这种攻击在所有类型的网络中都很常见。在这种攻击中，攻击者每隔一定时间重播一个已经发送的消息。频繁的重放会影响系统的效率，增加带宽成本。

③ 窃听攻击（eavesdropping attack）[30-31, 42]：攻击者只窃听无线通信，而网络中的用户不知道它的存在。这种攻击可以收集某些有助于车辆追踪的有用信息。

④ 女巫攻击（sybil attack）[31, 38, 42]：在这种攻击中，攻击者生成多个虚假身份来传播虚假消息，以此欺骗网络中的其他车辆。因此网络中的合法用户很难判断接收到的信息是来自合法且无辜的节点还是来自恶意节点。

⑤ 虚假消息攻击(bogus information attack)[43]：在这种攻击中，车辆可以自己伪造虚假信息，然后将其发送到网络。攻击者通常以误导其他车辆为目的。

⑥ 篡改攻击(tampering attack)[30, 44]：攻击者修改接收到的消息，然后在网络中传播虚假消息，它通过发送错误的信息来误导车辆。

⑦ 合谋攻击(collusion attack)[40]：合谋攻击是指两个或多个攻击者为了各自的目的而合作以谋求不正当利益。

⑧ 中间人攻击(man-in-the-middle attack)[30, 32]：攻击者将自己置于两个正在通信的节点之间，即发送者和接收者之间，试图从授权的发送者处获得消息，并在修改消息后将其发送给授权的接收者。

1.6 本书组织结构

全书共分为6章，其组织结构及各章节内容如图1.6所示。

第1章：车联网概述。首先介绍了车联网的发展，然后对车联网的定义、框架及系统架构进行了详细的描述，对车联网认证机制中的安全和隐私进行讨论，最后给出了本书的组织结构。

第2章：车联网的理论基础。首先介绍了密码学的相关基础；然后对后续章节中所应用的数学难题及密码学算法进行了详细的描述；最后对车联网标准，尤其是安全协议标准进行了详细的介绍。

第3章：多种场景下的匿名认证机制。针对传统方案中安全体系不完善、效率低下等问题，提出多种认证机制，支持车辆的安全通信，保护车辆隐私与数据的安全。

第4章：假名管理性能优化机制。为了保护车辆的位置隐私，解决攻击者通过长期跟踪车辆将假名与车辆真实身份联系起来的问题，同时为了实现高效的假名撤销，提出了多种假名更换机制来保护身份认证过程中的车辆隐私。

第5章：车联网通信系统基础应用。针对车联网应用中存在的如何有效地保护应用数据的安全性、如何激励车辆参与各类应用、如何在WAVE安全服务和各种应用中提高车辆身份的匿名性以及保护车辆用户的隐私等问题，提出了多种安全高效的应用服务，以保障车联网的持续快速发展。

隐私保护的车联网身份认证机制研究与应用

第1章　车联网概述

| 1.2 车联网的发展 | 1.3 车联网的定义与框架 | 1.4 车联网系统架构 | 1.5 车联网身份认证机制中的安全和隐私 | 1.6 本书组织结构 |

第3章　多种场景下的匿名认证机制

3.2 基于SDN的匿名认证机制

3.3 基于环签名的匿名认证机制

3.4 基于边缘计算的匿名认证机制

3.5 基于Elgamal的匿名认证机制

第4章　假名管理性能优化机制

4.2 基于聚合签名的假名更换机制

4.3 基于区块链的假名更换与激励机制

4.4 基于Mix-zone的假名更换机制

4.5 基于随机加密周期的假名更换机制

4.6 基于布隆过滤器的假名撤销机制

4.7 基于布谷鸟滤波器的假名撤销方案

第5章　车联网通信系统基础应用

5.2 基于CP-ABE的数据共享方案在车联网中的应用

5.3 基于区块链的车辆激励机制在路况预警和车辆激励中的应用

5.4 隐私增强的安全服务在车联网中的应用

第6章　总结与展望

| 2.2 密码学基础 | 2.3 车联网标准 |

第2章　车联网的理论基础

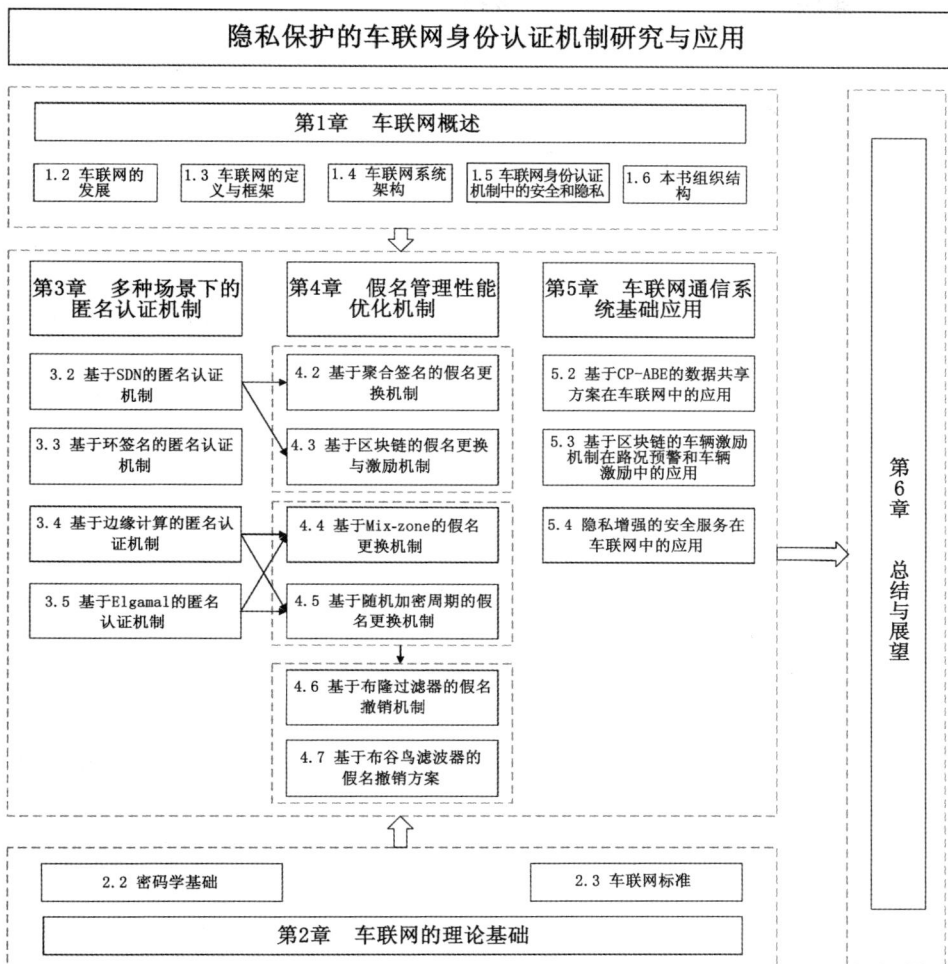

图 1.6　本书组织结构

第 6 章：总结与展望。对全书的主要工作和研究成果进行总结，并展望了未来的研究方向。

参考文献

[1] Shladover S E. Research needs in roadway automation technology [C]. 1989 Conference and Exposition on Future Transportation Technology，1989：89-104.

［2］ Lasky T A, Ravani B.A review of research related to automated highway sys-
    tems(AHS)［D］.Davis City：University of California, 1993.

［3］ Dan A R, Mammano F J, Favout R.An electronic route-guidance system for
    highway vehicles［J］.IEEE Transactions on Vehicular Technology, 1970, 19
    （1）：143-152.

［4］ French R L.Historical overview of automobile navigation technology［C］.36th
    IEEE Vehicular Technology Conference, 1986：350-358.

［5］ French R.Automobile navigation in the past, present and future［C］.Proceed-
    ings of the International Symposium on Computer-Assisted Cartography, 1987：
    542-551.

［6］ Kawashima H.Japanese perspectives of driver information systems［J］.Trans-
    portation, 1990, 17(3)：263-284.

［7］ Nakahara N T, Yumoto N.ITS development and deployment in Japan［C］.
    IEEE Conference on Intelligent Transportation System, Itsc. IEEE, 1997：
    631-636.

［8］ Walker J.Drive, PROMETHEUS & GSM［C］.Proceedings of the Mobile Ra-
    dio Technology, Marketing and Management Conference, London, 1992.

［9］ Shladover S E, Desoer C A, Hedrick J K, et al.Automated vehicle control de-
    velopments in the PATH program［J］.IEEE Transactions on Vehicular Tech-
    nology, 2002, 40(1)：114-130.

［10］ Sonia R, Varaiya S P.A communication system for the control of automated
    vehicles［R］.［S.l.］：［s.n.］, 1993.

［11］ Jurgen R K.Smart cars and highways go global［J］.IEEE Spectrum, 1991,
    28(5)：26-36.

［12］ ASTM E2213-03. Standard specification for telecommunications and informa-
    tion exchange between roadside and vehicle systems：5 GHz band dedicated
    short range communications(DSRC)medium access control(MAC)and physi-
    cal layer(PHY)specifications［S］.Astm, 2003.

［13］ Jiang D.IEEE 802. 11p：towards an international standard for wireless access
    in vehicular environments［C］.Proc.IEEE VTS 2008 Spring, 2008：2036-
    2040.

［14］　VSC 2006 Vehicle safety communications project：final report［R］.NHTSA，
　　　　2006.

［15］　Raya M，Hubaux J P.Securing vehicular ad hoc networks［J］.Journal of
　　　　Computer Security，2007，15（1）：39-68.

［16］　李彤，牛敏杰，吕军.车载自组织网络通信协议［J］.科技导报，2017，35
　　　　（5）：9.

［17］　Hartenstein H，Laberteaux K P.VANET：vehicular applications and inter-
　　　　networking technologies［M］.New York：John Wiley & Sons，Inc.，2009.

［18］　刘文山.车载自组织网络安全通信协议研究［D］.镇江：江苏大学，2016.

［19］　Mejri M N，Ben-Othman J，Hamdi M.Survey on VANET security challenges
　　　　and possible cryptographic solutions［J］.Vehicular Communications，2014，1
　　　　（2）：53-66.

［20］　Nanjie L.Internet of vehicles your next connection［J/OL］.WinWin Mag.，
　　　　2011，12（11）：23-28［2017−04−13］.http：//www.huawei.com/en/publi-
　　　　cations/winwin-magazine/11/HW_110848.

［21］　Golestan K，Soua R，Karray F，et al.Situation awareness within the context
　　　　of connected cars：a comprehensive review and recent trends［J］.Information
　　　　Fusion，2016（29）：6-83.

［22］　Bonomi F.The smart and connected vehicle and the internet of things［C］.
　　　　WSTS，San Jose，2013.

［23］　Contreras-Castillo J，Zeadally S，Juan A G I.A seven-layered model architec-
　　　　ture for internet of vehicles［J］.Journal of Information and Telecommunica-
　　　　tion，2017，1（1）：4-22.

［24］　龚媛嘉，孙海波.车联网系统综述［J］.中国新通信，2021，23（17）：51-
　　　　52.

［25］　Kaiwartya O，Abdullah A H，Cao Y，et al.Internet of vehicles：motivation，
　　　　layered architecture，network model，challenges，and future aspects［J］.
　　　　IEEE Access，2016（9）：5356-5373.

［26］　Contreras-Castillo J，Zeadally S，Ibaez J A G.Solving vehicular ad hoc net-
　　　　work challenges with big data solutions［J］.IET Networks，2016，5（4）：81-
　　　　84.

［27］ Williams M.PROMETHEUS：the European research programme for optimizing the road transport system in Europe［C］.IEEE Colloquium on Driver Information，London，1988.

［28］ Gillan W J.PROMETHEUS and DRIVE：their implications for traffic managers［C］.Vehicle Navigation & Information Systems Conference，IEEE，1989：237-243.

［29］ Dabbous W，Huitema C.PROMETHEUS：vehicle to vehicle communications ［C］.Research Report INRIA-Renault Collaboration，1988.

［30］ Ghosal A，Conti M.Security issues and challenges in V2X：a survey［J］.Computer Networks，2020，169(5)：1-20.

［31］ Alnasser A，Sun H，Jiang J.Cyber security challenges and solutions for V2X communications：a survey［J］.Computer Networks，2019，151(5)：52-67.

［32］ Soleymani S A，Goudarzi S，Anisi M H，et al.A security and privacy scheme based on node and message authentication and trust in fog-enabled VANET ［J］.Vehicular Communications，2021，29(7)：100335.1-16.

［33］ Förster D，Kargl F，Löhr H.PUCA：a pseudonym scheme with strong privacy guarantees for vehicular ad-hoc networks［J］.Ad Hoc Networks，2015(37)：122-132.

［34］ Singh A，Fhom H.Restricted usage of anonymous credentials in vehicular ad hoc networks for misbehavior detection［J］.International Journal of Information Security，2016，16(2)：1-17.

［35］ Lu R，Heung K，Lashkari A H，et al.A lightweight privacy-preserving data aggregation scheme for fog computing-enhanced IoT［J］.IEEE Access，2017(3)：2169-3536.

［36］ Feng X，Shi Q，Xie Q，et al.P2ba：a privacy-preserving protocol with batch authentication against semi-trusted rsus in vehicular ad hoc networks［J］.IEEE Transactions on Information Forensics and Security，2021(16)：3888-3899.

［37］ Kang J，Lin D，Jiang W，et al.Highly efficient randomized authentication in VANETs［J］.Pervasive and Mobile Computing，2018(44)：31-44.

［38］ Boualouache A，Senouci S M，Moussaoui S.A survey on pseudonym changing strategies for vehicular ad-hoc networks[J].IEEE Communications Surveys & Tutorials, 2018, 20(1): 770-790.

[39]　Petit J, Schaub F, Feiri M, et al.Pseudonym schemes in vehicular networks: a survey[J].IEEE Communications Surveys & Tutorials, 2015, 17(1): 228-255.

[40]　Sheikh M S, Liang J, Wang W.A survey of security services, attacks, and applications for vehicular ad hoc networks(VANETs)[J].Sensors, 2019, 19(16): 3589.

[41]　Hasrouny H, Samhat A E, Bassil C, et al.VANET security challenges and solutions: a survey[J].Vehicular Communications, 2017(7): 7-20.

[42]　Malhi A K, Batra S, Pannu H S.Security of vehicular ad-hoc networks: a comprehensive survey[J].Computers & Security, 2019, 89: 101664.

[43]　Sakiz F, Sen S.A survey of attacks and detection mechanisms on intelligent transportation systems: VANETs and IoV[J].Ad Hoc Networks, 2017, 61(7): 33-50.

[44]　Vijayakumar P, Azees M, Kannan A, et al.Dual authentication and key management techniques for secure data transmission in vehicular ad hoc networks[J].IEEE Transactions on Intelligent Transportation Systems, 2015, 17(4): 1015-1028.

第2章　车联网的理论基础

2.1　引言

密码学是构建车联网安全体系的重要基础，灵活运用安全高效的加密、签名、哈希等密码学机制，对于保护车辆的身份及位置隐私安全至关重要。此外，在车联网发展过程中，还需构建全面、完整、清晰的车联网标准化技术体系，以标准法规引领车联网的快速发展。本章首先介绍密码学的相关基础；然后对后续章节中所应用的数学难题及密码学算法进行了详细的描述；最后对车联网IEEE 1609 技术标准，尤其是安全协议标准进行了详细的介绍。

2.2　密码学基础

2.2.1　概述

密码学是一门关注信息安全的关键科学，它的主要目的是保护数据和通信，防止未经授权的访问和篡改。密码学包括两个主要的分支：密码编码学和密码分析学。

密码编码学：该分支致力于设计高安全性的密码算法和密码协议。这些算法和协议的目标是确保信息在传输或存储过程中不被未授权的第三方窃取或篡改。密码编码学家研究各种加密方法，如对称加密、非对称加密和哈希函数，以实现这一目标。

密码分析学：该分支旨在破解密码算法和密码协议，以便揭示加密信息的实际内容。密码分析学家通常会尝试发现密码系统的弱点或漏洞，以便更有效地攻击或破解这些系统。这一领域的研究可以帮助密码编码学家改进现有的密码技术，提高密码系统的安全性。

加密是密码学的核心概念之一，它通过对消息进行特定的变换，使得未授权者无法获取信息内容。加密和解密过程需要一组密钥来控制，这些密钥分为公钥和私钥，分别用于非对称加密和解密。一个完整的密码系统由五个部分组成：明文空间、密文空间、密钥空间、加密算法和解密算法。密码学在现代社会中具有重要意义，它为保护个人隐私、金融交易、国家安全等领域提供了关键支持。随着信息技术的不断发展，密码学将继续发挥重要作用，确保人们的数据和通信安全。

2.2.2 理论基础

（1）群的定义

群是由一个集合和一个二元运算构成的代数系，假设 G 是一个非空集合，若在 G 上定义一个二元运算 $\cdot$，满足

① 结合律：对 $\forall a, b, c \in G$ 有 $(a \cdot b) \cdot c = a \cdot (b \cdot c)$，则称 G 是一个半群，记作 $(G, \cdot)$。若 $(G, \cdot)$ 还满足：

② 存在单位元 e，对 $\forall a \in G$ 有 $e \cdot a = a \cdot e = a$。

③ 对 $\forall a \in G$ 有逆元 a^{-1}，使 $a^{-1} \cdot a = a \cdot a^{-1} = e$。

则称 $(G, \cdot)$ 是一个群。使得 $a^k = e$ 成立的最小正整数 k 称为 a 的阶。群 G 的基数称为群 G 的阶。如果半群中也有单位元，则称为幺半群。如果群 $(G, \cdot)$ 满足交换律：对 $\forall a, b \in G$ 有 $a \cdot b = b \cdot a$，则称群 G 为可交换群或者阿贝尔群。设群 G 定义为 $G = <a> = \{a^k | k \in \mathbb{Z}\}$，$a \in G$，则称 G 为循环群，a 为 G 的生成元。

（2）群的同态与同构

设 $(G, \cdot)$，$(G', \cdot)$ 是两个群，若存在映射 $f: G \rightarrow G'$，满足 $\forall a, b \in G$，均有 $f(a \cdot b) = f(a) \cdot f(b)$，则称 f 是 G 到 G' 的同态映射，简称同态。

若 f 是单射，则称 f 是单同态。若 f 是满射，则称 f 是满同态。若 f 是双射，则 f 是 G 到 G' 的同构。所以，同构是一种特殊的同态。

（3）环的定义

设 $<R, +, \cdot>$ 是具有两个二元运算的代数系统，如果满足以下条件：

① $<R, +>$ 构成阿贝尔群。

② $<R, \cdot>$ 构成半群。

③ R 中的·对+适合分配律。

则称$<R，+，·>$是环，并称$+$，$·$分别为环中的加法和乘法。

（4）环的同态和同构

设$<R_1，+，·>$，$<R_2，+，·>$为环，$\varphi：R_1 \to R_2$。若对任意的x，$y \in R_1$有

$$\left.\begin{array}{l}\varphi(x+y)=\varphi(x)+\varphi(y)\\\varphi(x·y)=\varphi(x)·\varphi(y)\end{array}\right\} \qquad (2.1)$$

则称φ是环R_1到R_2的同态映射，简称同态。若φ为满射，则称φ是满同态；若φ为单射，则称φ为单同态；若φ为双射，则称φ为同构。

（5）椭圆曲线的定义

魏尔斯特拉斯（Weierstrass）方程：

$$y^2+axy+by=x^3+cx^2+dx+e \qquad (2.2)$$

椭圆曲线由以上方程确定，记为E；其中，a，b，c，d，$e \in F_p$，F_p为有限域。满足式（2.2）的$(x，y)$称为F_p域上的点。此外，椭圆曲线还定义一个特殊的无穷点O。

通过某种变换，在有限域F_p内，对于式（2.2），可以简化为以下形式：

$$y^2=x^3+ax+b \qquad (2.3)$$

其中，式（2.3）右边没有重复因子，通过某种变换，也可以写成勒让德范式。

对于大素数p，以及a，$b<p$，其中a，b是不为负的整数，且满足

$$y^2=x(x-1)(x-\lambda) \qquad (2.4)$$

其中，$4a+27b(\bmod p) \neq 0$，则x，$y<p$是不为负的整数并有如下关系：

$$y^2 \equiv x^3+ax+b(\bmod p) \qquad (2.5)$$

用一个多元偶$(a，b，p)$可以描述椭圆曲线参数，其中p是一个素数，F_p表示一个有限域。

（6）椭圆曲线上的加法

设有限域F_p上椭圆曲线为$y^2 \equiv x^3+ax+b(\bmod p)$，$P$，$Q$为$E$上两点，$l$是$P$，$Q$的连线，$R$为$l$与$E$相交的另一点，$l'$是$R$和无穷点$O$的连线（即$l'$是过$R$与$Y$轴平行的直线），则$l'$与$E$的另一交点$S$称为点$P$和点$Q$的和，记为$S=P+Q$。如图2.1所示。

（7）椭圆曲线上的加法性质

设P，Q为E上任意两点，l是P，Q的连线，R为l与E相交的另一点，则：

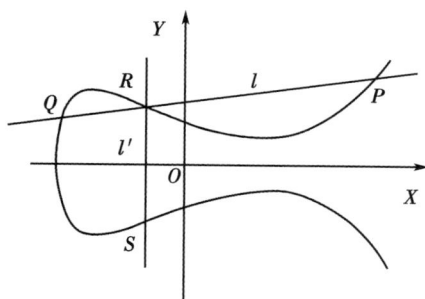

图 2.1　椭圆曲线加法

$$P+O=P \tag{2.6}$$

$$P+Q+R=O \tag{2.7}$$

$$P+Q=Q+P \tag{2.8}$$

若 $P+Q=O$，则称 Q 为 P 的负元，记为 $Q=-P$，$(P+Q)+R=P+(Q+R)$。

（8）椭圆曲线的点加运算

对于不是互为负元的两个不同点 $P(x_P, y_P)$ 和 $Q(x_Q, y_Q)$，连接它们的直线 l 的斜率：

$$\Delta=\frac{y_Q-y_P}{x_Q-x_P} \tag{2.9}$$

l 与椭圆曲线 E 相交于一点即为 P，Q 之和的负元。基于此，点加 $R=P+Q$ 可表示为：

$$X_R=\Delta^2-x_P-x_Q \tag{2.10}$$

$$Y_R=-y_P+\Delta(x_P-x_R) \tag{2.11}$$

另外，也需要能够计算一个点与它自身相加：$P+P=2P=R$，当 $y_P \neq 0$ 时，该表达式为：

$$X_R=\left(\frac{3x_P^2+a}{2y_P}\right)^2-2x_P \tag{2.12}$$

$$Y_R=\left(\frac{3y_P^2+a}{2y_P}\right)(x_P-x_R)-y_P \tag{2.13}$$

（9）椭圆曲线的点加运算的阶

P 是椭圆曲线 E 上的一点，若存在最小的正整数 n，使得 $nP=P+P+P+\cdots+P=O$，则称 n 是点 P 的阶，记为 $Ord(P)$，其中 O 是无穷远点。

（10）椭圆曲线的加法点乘运算

k 个 P 的点加运算称为 k 与 P 的点乘，记为：

$$kP = P + P + P + \cdots + P \qquad (2.14)$$

(11)双线性对

双线性映射定义了三个素数 P 阶乘法循环群 G_1，G_2，G_T。并且定义了在这三个群上的一个映射关系 e：$G_1 \times G_2 \rightarrow G_T$，满足以下性质：

① 双线性：对于 $\forall g_1 \in G_1$，$g_2 \in G_2$，a，$b \in Z_p$，均有 $e(g_1^a, g_2^b) = e(g_1, g_2)^{ab}$ 成立。

② 非退化性：$\exists g_1 \in G_1$，$g_2 \in G_2$，满足 $e(g_1, g_2) \neq 1$。

③ 可计算性：存在有效的算法，对于 $\forall g_1 \in G_1$，$g_2 \in G_2$，均可计算 $e(g_1, g_2)$。

如果 $G_1 = G_2$，则称上述双线性配对是对称的，否则是非对称的。

2.2.3 数学难题

定义 2.1（大整数质因子分解难题）：对于任意的正整数，都能将其写为若干个素数乘积的式子，并且这个式子是唯一的。而质因子的分解难题指的是，在一定的条件下，对于任一正整数，写出它的质因子分解式并不容易。换句话说，给出两个素数 p，q，很简单就能算出它们的乘积 $n = pq$，但是在只给定某一整数 n 的情况下，求解它的质因数 p，q 使得 $n = pq$ 是困难的。

定义 2.2（离散对数难题）：选取一个随机素数 p 和有限域 Z_p 上的一个本原元 β，对于有限域 Z_p 上的整数 α，可以找到唯一的一个整数 a，$0 \leq a \leq n-1$，满足 $\alpha^a = \beta \pmod{n}$，将这个整数 α 记为 $\log_\alpha \beta$，称为 β 的离散对数。

定义 2.3（椭圆曲线离散对数难题）：考虑方程 $Q = kP$，其中 Q，$P \in E_p(a, b)$ 且 $k < P$。对于给定的 k 和 P，计算 Q 比较容易；而对于给定的 P，Q 计算 k 比较困难，这就是椭圆曲线的离散对数难题。

定义 2.4（CDH 难题）：给定一个阶为 p 的循环加法群 G_1 和一个生成元 P，G_1 中的计算 Diffie-Hellman（computational Diffie-Hellman，CDH）难题是给定 (P, aP, bP)，计算 $abP \in G_1$。这里的 a，$b \in \mathbb{Z}_p^*$ 是未知的整数。

定义 2.5（DDH 难题）：给定一个阶为 p 的循环加法群 G_1 和一个生成元 P，G_1 中的判定 Diffie-Hellman（decisional Diffie-Hellman，DDH）难题是给定 (P, aP, bP, cP)，判定 $c \equiv ab \bmod p$ 是否成立。这里 a，b，$c \in \mathbb{Z}_p^*$ 是未知的整数。如果 (P, aP, bP, cP) 满足这个条件，那么称它为一个"Diffie-Hellman 元组"，有时采用记号 $cP = DH_p(aP, bP)$。

定义 2.6(GDH 难题)：给定一个阶为 p 的循环加法群 G_1 和一个生成元 P，G_1 中的间隙 Diffie-Hellman(gap Diffie-Hellman, GDH)难题是在 DDH 预言机的帮助下，求解一个给定元组 (P, aP, bP) 的 CDH 难题。DDH 预言机可以判断 (P, aP, bP, cP) 是否满足 $c \equiv ab \bmod p$。

定义 2.7(q-SDH 难题)：给定一个阶为 p 的循环加法群 G_1 和一个生成元 P，G_1 中的 q-强 Diffie-Hellman(q-strong Diffie-Hellman, q-SDH)难题是给定 $(P, xP, x^2P, \cdots, x^qP)$，计算 $\left(c, \dfrac{1}{x+c}P\right) \in \mathbb{Z}_p \times G_1$。

定义 2.8(BDH 难题)：给定两个阶都为 p 的循环加法群 G_1 和循环乘法群 G_T、一个双线性映射 $e: G_1 \times G_1 \rightarrow G_T$ 和一个群 G_1 的生成元 P，双线性 Diffie-Hellman(bilinear Diffie-Hellman, BDH)难题是给定 (P, aP, bP, cP)，计算 $\hat{e}(P, P)^{abc} \in G_T$。这里的 a, b, $c \in \mathbb{Z}_p^*$ 是未知的整数。

定义 2.9(DBDH 难题)：给定两个阶都为 p 的循环加法群 G_1 和循环乘法群 G_T、一个双线性映射 $e: G_1 \times G_1 \rightarrow G_T$ 和一个群 G_1 的生成元 P，判断双线性 Diffie-Hellman(decisional bilinear Diffie-Hellman, DBDH)难题是给定 (P, aP, bP, cP) 和 $z \in G_T$，判断 $z = \hat{e}(P, P)^{abc}$ 是否成立。这里的 a, b, $c \in \mathbb{Z}_p^*$ 是未知的整数。

定义 2.10(GBDH 难题)：给定两个阶都为 p 的循环加法群 G_1 和循环乘法群 G_T、一个双线性映射 $e: G_1 \times G_1 \rightarrow G_T$ 和一个群 G_1 的生成元 P，间隙双线性 Diffie-Hellman(gap bilinear Diffie-Hellman, GBDH)难题是在 DBDH 预言机的帮助下，求解一个给定元组 (P, aP, bP, cP) 的 BDH 难题。DBDH 预言机可以判断一个元组 (P, aP, bP, cP, z) 是否满足 $z = e(P, P)^{abc}$。

上述难题通常被视为困难问题，但它们的困难程度却是不同的。显然，判定难题不比计算难题更难，即如果能够求解 CDH 难题，那么 DDH 难题就容易解决了；同样如果能够求解 BDH 难题，那么 DBDH 难题就容易解决了。值得注意的是，DDH 难题在 G_1 中是困难的，但是在双线性映射 $(G_1, G_T, \hat{e})$ 下却是容易的，可以通过检查等式 $e(aP, bP) = e(P, cP)$ 是否成立来判断 $c \equiv ab \bmod p$ 是否成立。

2.2.4　身份认证分类

基于密码体制，匿名身份认证技术得以快速发展，根据研究可将常见的车联网匿名身份认证方案分为五类：基于公钥密码学、基于身份、基于群/环签名、基于无证书、基于区块链的匿名身份认证方案。

（1）基于公钥密码学的匿名身份认证方案

在基于公钥密码学的方案中，公钥基础设施含有用于进行身份认证的公钥、证书和证书颁发机构（certificate authority，CA）的数字签名。由 CA 颁发的证书可以证明该实体是可信的，并可以实现车辆身份的可追溯性。车辆注册完成后需预装载 CA 颁发的证书和对应的公私钥对。由于每个证书是有时效的，因此车辆需要存储大量证书以供使用。同样地，CA 需要管理大量证书，因此该类方案存在大量的计算和存储开销。

2018 年，一种扩展性较好的基于公钥密码学的认证方案被提出[1]。该方案适用性好，可用于常见的车车通信和车基通信，提高了车辆通信效率。并且为了实现车辆有条件的隐私保护，方案采用了线性大小的证书撤销列表（certificate revocation list，CRL）。但是，由于可信权威机构需要维护存储大量证书，车辆也需要存储大量证书与公私钥对，因此，该方案存储和通信开销较高。

同年，Vijayakumar 等人[2]提出了一种基于公钥密码学的双向匿名认证方案。在该方案中，证书与签名可用于车车通信与车基通信。为了提高车车通信的安全与效率，采用了双向匿名认证。为了提高效率，方案还提供了两种批认证，一种为 RSU 对一组车辆的真实性验证，另一种为车辆验证从 RSU 发送的一组消息。该方案通过将认证开销下放到周围车辆，从而降低了 RSU 的计算开销。但是，该方案未考虑到丢包率与通信开销，有待完善。

车辆有条件的隐私保护指的是只有可信权威机构可以通过车辆假名来追溯车辆的真实身份信息，其他实体无法通过假名来链接车辆真实身份。因此对于车联网来说，为了保证整个网络的安全，撤销恶意车辆是必要的。上述提到的证书撤销列表指的是存储恶意车辆证书的列表，每个证书对应于车辆的一个短期公钥，通常该公钥也是车辆的假名，因此也可以称证书撤销列表为假名撤销列表。基于公钥密码学的匿名认证方案中通常需要采用 CRL 来管理和存储证书，因此也会带来一定的开销。

为了减少 CRL，Zhong 等人[3]提出了一种利用布隆过滤器存储 CRL 的认证方案。该方案利用了布隆过滤器对空间的高效利用率的特点，将传统的线性 CRL 列表改为布隆过滤器，减少了存储开销，同时该方案不使用双线性配对操作，减少了计算开销。但是，该方案存在一定的假设条件，即 RSU 是可信的，如果 RSU 妥协并攻击，则攻击者将获取该 RSU 范围内车辆的真实身份。另外，基于布隆过滤器的缺点，即不支持信息动态增加，因此每当有消息产生时，都需要更新整个布隆过滤器，这个过程是非常耗时的。

（2）基于身份的匿名身份认证方案

为了解决基于公钥密码学的匿名身份认证方案中的证书存储与管理问题，Shamir[4]在 1985 年提出了基于身份的数字签名。公钥可以根据所有者的身份进行计算，如电子邮件地址、电话号码、IP 号码等。私钥生成器（private key generation，PKG）负责生成私钥。由于 PKG 管理所有实体的私钥，因此基于身份的方案存在密钥托管问题。

2008 年，Zhang 等人[5]提出了一种基于身份的批验证方案（identity-based batch verification，IBV）。该方案实现了对消息的批量处理及验证，提高了验证效率。但是，Chim 等人[6]发现 IBV 存在一些局限性。该方案所有密钥存储于防篡改设备（tamper-proof device，TPD）中，若 TPD 被攻击，系统将面临着验证的安全风险。另外，该方案无法抵抗假名攻击与反追踪攻击。为了解决这些问题，Chim 等人[6]提出了一个安全与隐私增强的通信方案。

2017 年，为了提高批验证效率，Cui 等人[7]提出了基于布谷鸟过滤器的认证方案，该方案利用了布谷鸟过滤器的特点，即支持数据动态更新及删除的特点，改善了基于布隆过滤器的方案耗时的问题。并在批验证阶段，采用布谷鸟过滤器和二分搜索方法提高了批量验证成功率。

为了实现隐私保护并支持车辆的撤销，Wang 等人[8]设计了一种基于身份的认证方案。不同于文献[5]，该方案的系统主密钥不存储在防篡改设备中，防止了 TPD 被攻击产生的安全性问题。并且该方案支持对恶意车辆的有效撤销，满足车联网对车辆安全和隐私的需求，并提高了身份认证的效率。

（3）基于群/环签名的匿名身份认证方案

在基于群签名和环签名的方案中，每个群由一个管理员和一组成员组成。每个群都向每个成员颁发一个公钥和一个单独的私钥。攻击者不可能将同一辆车产生的两个签名链接起来，从而实现不可链接性。然而，如何快速安全地将群密钥分发给移动的车载单元是具有挑战性的。

2018 年，一种基于密码的 CPPA 方案和群密钥生成和管理协议被提出[9]。该方案不使用双线性配对和椭圆曲线密码学机制，降低了一定的计算开销。同时该方案支持车辆加入、退出以及密码修改等实用功能，适用于车车通信。

文献[10]提出了一种基于群签名的匿名身份认证方案。在该方案中，区域信任机构(region trust authority, RTA)作为了整个群的管理员，并采用了假名机制和基于身份的签名，减少了证书带来的存储和管理开销问题。但是该方案只适用于车基通信，当车辆处于无 RSU 的路段时是不适用的，可适性差。

文献[11]提出了一种基于环签名的双重保护认证算法。该方案保护了消息的发送与接收，安全性更高。车辆使用自身私钥和环成员公钥进行签名，当接收方收到消息后，先验证签名，验签通过后，接收方才会接收该加密消息。该方案保证了不可伪造性、完全匿名性和正确性。然而，消息的加密和解密的复杂度相对较高。

2019 年，一种使用格的双认证阻止环签名方案被提出[12]。该方案的优势在于所有成员相对平等，没有环管理员，因此不会出现特权内部攻击。车辆使用抗碰撞哈希函数验证收到消息的签名，验签成功后，才会接收该消息，并明确该消息来自环成员。该方案实现了车辆身份认证，满足车联网的安全和隐私需求。

（4）基于无证书的匿名身份认证方案

为了解决基于身份方案中存在的密钥托管问题，Al-Riyami 和 Paterson[13]首次提出了无证书的公钥密码学(certificateless public key cryptography, CL-PKC)。由于用户的私钥是由部分私钥和他自己的密钥值组合生成的，因此只知道部分私钥的攻击者无法恢复用户的真正私钥。在一个高密度的网络环境中，需要传输和验证大量的签名，为了解决这一问题，Boneh 等人[14]提出了第一个聚合签名方案。该方案使用双线性映射，并可以验证消息的加密签名。随后出现了无证书聚合签名(certificateless aggregate signature, CLAS)。

2019 年，Zhong 等人[15]提出了一种基于 CLAS 的完全聚合隐私保护认证方案。该方案的通信和计算开销较低，采用预计算方法，可以降低车辆进入新RSU 通信范围时的签名生成成本。此外，该方案还可以抵抗选择身份和选择消息攻击以及自适应公钥替换攻击。然而，该方案中的聚合签名和假名生成及验证会增加计算和通信成本。

2020 年，Xu 等人[16]提出了一种针对车联网安全路由认证问题的新型CLAS 方案。该方案可以减少通信和计算成本，提高系统性能。然而，该方案涉及复杂且耗时的双线性配对操作，这不仅会增加计算延迟，还会降低网络性能。

基于无证书的匿名身份认证方案是近年来研究的热点，该方案解决了证书管理存储问题和基于身份的密钥托管问题，降低了开销，提高了效率。但是，该类方案的安全性仍然存在着巨大挑战，多数研究发现近年来的各类方案或多或少存在着安全性漏洞。

（5）基于区块链的匿名身份认证方案

基于区块链的匿名身份认证方案利用了区块链的去中心化、不可篡改性、可追溯和透明性等特点，解决了数据验证、数据共享以及与车联网相关的身份认证、不可否认性、消息完整性和可靠性等问题，实现了车辆安全高效的认证。

Ma 等人[17]在 2020 年提出了一种高效的基于区块链的密钥管理机制以及一种轻量级的基于二元多项式的相互认证和密钥协商协议。在该方案中，智能合约自动完成了用户公钥的注册、更新和撤销，车辆与 RSU 之间共享会话密钥，当车辆的公私钥对过期时，车辆服务提供商（vehicle service provider，VSP）使用智能合约更新公私钥对。此外，VSP 还可以使用投票机制检测恶意密钥对，并使用智能合约将其删除。该方案可以抵抗合谋攻击、DoS 攻击和公钥篡改攻击。然而，对于车联网中的轻量级设备和资源有限的设备来说，该方案的复杂性较高。

2020 年，Wang 等人[18]提出了一种新的 V2I 车联网认证方案，包括 V2I 初始身份认证和 V2I 切换身份认证两部分，将区块链技术集成到可信度计算中。该方案结合存储在区块链中的车辆可信度，实现车辆的身份认证，降低车辆身份认证过程中的计算成本。此外，该方案可以抵抗中间人和重放攻击，保证车辆可信度的不可篡改性及车辆的可追溯性。然而，该方案采用了双线性配对算法，计算开销较大。

基于区块链的特性，利用区块链的车辆匿名身份认证方案具有较强的安全性。目前车联网的匿名身份认证方案大多融入了最新技术。随着区块链技术的发展，公有链公开的交易环境已经不适合需要隐私保护的车联网环境。私有链中参与者受限也不适用于实体平等的车联网环境。而联盟链则基于其可扩展性较高、数据处理成本较低、节点规模较小等优势成为了目前车联网中常用的区块链技术。

2.3　车联网标准

随着智能设备的普及和无线接入技术(如 DSRC、Wi-Fi、5G)的发展,车联网(VANETs)成为智能交通系统(intelligent transportation system,ITS)的重要组成部分,并作为近年来的研究热点引起了学术界和工业界的广泛关注。由于 VANETs 技术的不断进步,它被视为能够在预防交通事故、缓解交通拥堵、提高道路安全等领域发挥重要作用的技术。为了更好地将 VANETs 应用到实际生活中,北美、欧洲、日本等国家和地区纷纷提出了相应的通信标准。在北美,DSRC/WAVE 标准为一系列车辆及道路基础设施之间的应用通信提供支持,帮助车辆系统和驾驶人员更好地感知危险,提高交通的安全性、移动性及便利性[19]。在欧洲,由多家汽车制造商成立的车车通信联盟(C2C-CC)正在整合各国资源建立泛欧通用的通信标准,以推动欧洲新型智能化交通系统的建立,为 ITS 提供建立和维护车辆身份[20]、保护密钥安全性、支持构建信任和隐私系统等功能,通过实现互操作性,提供通用的合作系统,以将 ITS 标准统一化。在日本,由日本无线工业及商贸联合会(ARIB)正在推动的 VANETs 标准预计通过实现车联网内各实体之间的低延迟通信为车辆驾驶者提供高可信度的道路安全信息,从而降低交通事故发生率、改善交通流量、增强交通控制的弹性[21]。在我国,当前智能交通快速发展的新形势对 VANETs 产生了新兴业务需求,在工信部指导下,由多家单位联合成立的中国智能网汽车产业创新联盟正在制定智能网联汽车战略规划,以实现具备网联功能的车联网,通过蜂窝网络通信、短距离通信以及车车/车路通信与互联网、车际网建立连接,进行数据交换[22]。

2.3.1　IEEE 1609 标准

目前,美国电气与电子工程师协会(IEEE)制定的基于 IEEE 1609.x/802.11p 的车载环境无线接入(wireless access in vehicular environments,WAVE)协议栈是目前比较权威的协议结构。WAVE 系统是一种无线电通信系统,旨在为交通系统的用户提供无缝、互操作的服务。这些服务包括被《合作与智能交通架构参考》认可的智能交通系统(ITS)服务,以及世界各地汽车和交通基础设施行业考虑的许多其他服务。具体来说,WAVE 系统提供车辆和基础设施之间的通信,以及车辆之间的通信,以支持应用于固定场景(如基础设施)和移动场景(如行人和车载)的应用程序,为用户提供安全和方便的应用,并提供机密性、认证、完整性、不可抵赖性和隐私特性的应用。因此,WAVE 系统支持的应用程序能够为车辆系统和驾驶者提供对事件、潜在威胁和迫在眉睫的危险的更强的态势感知,提高了日常车辆行驶的安全性、机动性和便利性。IEEE 1609 系列标准包括 IEEE Std 1609.2,IEEE Std 1609.3,IEEE Std 1609.4,IEEE Std 1609.11 和 IEEE Std 1609.12,以及 IEEE Std 802.11。其中,IEEE 1609.2 标准(应用程序和管理信息的安全服务)规定了提供给更高层的基于 WAVE 服务广告和 WAVE 短信息的安全通信。

(1)WAVE 协议栈

WAVE 协议栈可以划分为数据层和管理层两部分。数据层的作用是携带更高层的信息,管理层则用于支持信息传输的安全和管理功能。物理层(physical layer,PHY)、介质访问控制(medium access control,MAC)层和逻辑链接控制(logical link control,LLC)层对应了 IEEE 1609 标准中的相应协议单元。

根据 IEEE 1609.3 标准的规定,在数据层的两个协议栈 IPv6 和 WSMP(WAVE short message protocal,WAVE 短消息协议)在底层共享相同的协议栈,能够最大程度地便于车辆使用无线通信。WAVE 短消息可以通过任何信道进行发送,传输协议则仅允许在服务信道(service channel,SCH)使用,这样就减少了来自控制信道(control channel,CCH)的大容量 IP 流量。这两个协议栈通过以太型字段进行区分,以太型字段是指逻辑链路控制部分开头的两个字节,用来识别逻辑链路控制协议上所使用的网络协议。在 IEEE 1609.3 标准中规定了 IPv6 和 WSMP 使用的以太型字段的值,用十六进制表示分别为 0x86DD 和 0x88DC。

(2)WAVE 短消息协议和网络 IP

WAVE 短消息协议允许应用直接控制物理特性,如用于传输消息的信道数量和发送功率。源应用则提供了目的设备的物理安全身份识别(physical security indentification,PSID)和 MAC 地址,也包括广播地址。目的地址的接收实体能否正确接收 WAVE 短消息协议则取决于 PSID,如果接收消息头部的 PSID 值代表这个应用服务程序并不是当前接收实体,那么就忽略此消息。WAVE 短消息消耗最少的信道容量,所以在 SCH 和 CCH 上都可以使用。

WAVE 协议同样支持 IPv6,但 IPv6 更适合具有互联网协议组特征的应用程序,如到远程主机的数据包路由等,WAVE 协议对在 IPv6 下使用什么样的传输协议以及更高层次的协议没有规定。

（3）接口

根据 IEEE 802.11-2012 标准中规定的空中接口，WAVE 中的设备能够在无线媒介中交换信息。协议组件之间的接口则由服务接入点（service access points，SAP）实现。SAP 对其中的信息交换进行了描述，但对如何实现接口没有规定。SAP 是由一系列的基元组成的，每一个基元都是一种逻辑消息结构，通常包含一套能实现特定功能的数据元素。每个 SAP 都是由提供服务的层或实体进行定义和命名的。在数据层 SAP 仅可由相邻的实体访问；在管理层，没有很清晰的层次划分，不管实体之间是否相邻都可以访问。

WAVE 协议支持面向更高层实体的接口，如在 WAVE 协议之外的应用层。这些应用可以通过上述提到的 SAP 或者特定的实现机制来与 WAVE 协议栈对接，但在 WAVE 标准中并没有规定相对应的应用程序接口。同时，WAVE 系统也能够容纳 WAVE 设备的其他外部接口，比如在一辆车上，外部接口可以使车载系统访问 WAVE 设备提供的本地通信服务。

同样，路边单元也可以连接到广域网使 WAVE 设备与应用服务器或者管理实体等系统进行通信。

2.3.2　IEEE 1609.2 标准

2.3.2.1　安全服务

1609.2 标准主要针对 WAVE 设备中无线接入的安全信息格式，提供了 WAVE 安全服务。图 2.2 展示了 WAVE 安全服务的功能和实体，同时表明 WAVE 安全服务实体和其他实体之间的服务访问点（SAP）。该协议用于确保下述通用安全服务：

① 保密。由安全处理服务（security processing services）中的加密解密提供保障。

② 身份认证。由安全处理服务中的签名验证提供保障。

③ 授权。由安全处理服务中的签名验证提供保障。

④ 完整性。由安全处理服务中的签名验证提供保障。

一般来说，通过这个标准定义的 SAP 后的数据被认为是安全和可信赖的，但在这个标准中并没有指定标准机制来确保数据的可信度。

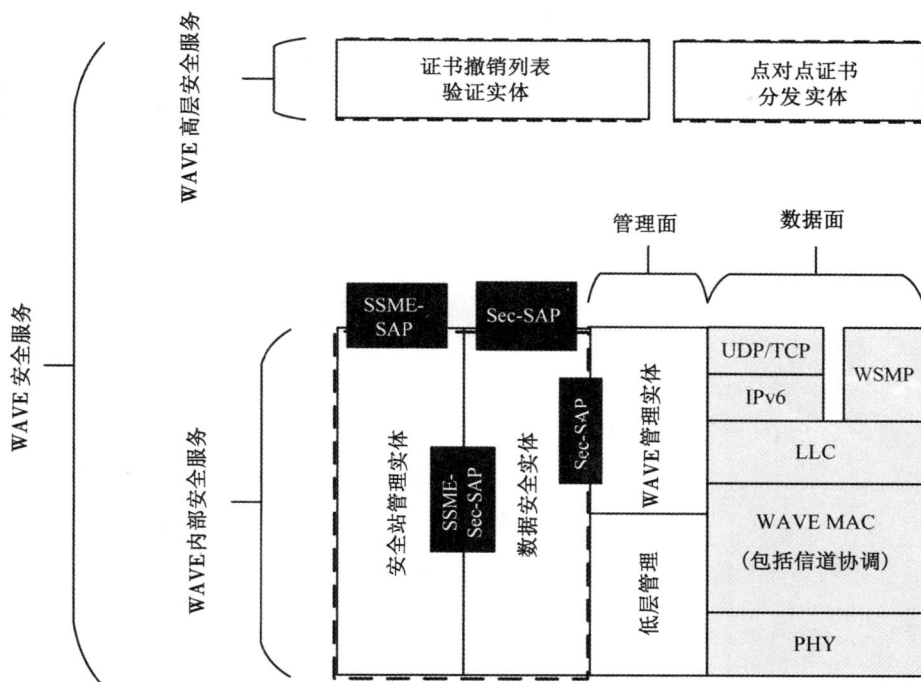

图 2.2　WAVE 安全服务

WAVE 的安全管理主要用于管理证书,包含其有效性、安全级和证书链等;并能够明确上层服务的提供者,同时为其提供证书,安全实体必须将每一份密钥材料给予特定的标识以分辨它们。

(1)证书管理

证书管理实体支持安全处理服务确定证书是否存在,若存在则验证证书的有效性,支持其验证接收到的信息的可信度,同时还管理了存储在安全处理服务中私钥对应的证书的有效性以及其他相关状态信息;没有存储在安全处理服务中私钥对应的证书的有效性和其他相关状态信息(如那些属于对等 WAVE 安全服务或 CA 的证书);作为信任锚的证书。

此外,能够确认之前所接收的协议数据单元(protocol data unit,PDU)是不是已经接收过 PDU。

证书管理信息由 CA 生成,实体可以通过多种方法从 WAVE 安全服务中获得证书管理信息。证书管理实体中保存证书和证书的相关信息。证书管理实体中的证书信息可以被任何连接到其上的实体获取。

（2）权限以及权限的一致性

证书中包含其持有者的权限，具体如下：

① 地理范围：在该地理范围内，该证书有效。

② 有效时间：在该时间范围内，该证书有效。

③ 操作权限：该证书可以进行哪些操作，它通过一些变量来描述该权限（例如，该标准中定义的 PSID 数据类型）。

④ 对于一个 CA 证书而言，证书的类型就是允许它发布其他证书。

CA 的权限中只包含了 PSID，对于 CA 而言，它的证书中的权限是用来限制其发布的证书权限的最大范围。对于拥有终端实体证书的实体来说，证书中的权限的 PSID 限制了其操作范围，而业务特定权限则一般由 PSID 的发布者进行发布。

（3）签名通信与签名证书的一致性

如果通信来源的地理区域在证书中有说明，并且通信在证书的有效期内创建，其截止时间也在证书的有效期内，通信信息和证书中的操作权限一致，证书中的公钥能够用于秘密验证通信中的签名，那么就可以说明签名通信[签名数据和 WSA（WAVE service announcement，WSA）]和签名证书是一致的。

签名数据则是根据此标准规定数据结构进行编码，编码中包含 PSID。如果签名数据中的 PSID 信息是证书操作权限的一员，则意味着签名数据和认证的证书权限一致。同样证书中也包含每个 PSID 的 SSP（service specific permissions，SSP）字段，安全处理服务能够使安全数据交换实体（secure data exchange entity，SDEE）利用 SSP 来验证签名数据。

在 IEEE Std 1609.3 中描述的 WAVE 中的 WSMP 里接收到的签名数据，除非这个签名数据结构中的 PSID 和 WSMP PSID 首部字段一样，否则就认为该签名数据无效。如果签名数据包含了生成时间和过期时间，过期时间在生成时间之后，那么同样认为该签名数据无效。

签名 WSA 可以包含安全或者非安全的服务信息字段，而安全的服务则只能决定安全供应者服务的有效性。如果每个 WSA 中的服务信息实体和其对应的证书中的权限一致，那么这个签名 WSA 就和证书中的操作权限一致。服务信息实体包括 PSID 和服务所提供的优先级。WSA 证书中的权限实体则包括 PSID、服务的最大优先级以及可选的 SSP。

如果 PSID 实体和权限实体的 PSID 实体一样，并且服务信息的优先级小于或等于权限的最大优先级，那么服务信息实体就和权限实体一致。

WSA 签名证书中的权限通过签名 WSA 中的 permission_indices 字段映射到 WSA 中的服务信息上，这个字段是整数数组，并且其长度和 WSA 中服务信息数组的长度一样。如果对于该字段回应的结果为 0，则说明服务信息中描述的是非安全服务；如果不为 0，则表明是证书权限中的相关字段。

（4）发布证书及其子证书的一致性

发布证书及其子证书的一致性检测包括以下方面：

① 子证书的有效地理范围是发布证书的有效地理范围的子集。

② 子证书的有效时间范围是发布证书的有效时间范围的子集。

③ 子证书的权限是发布证书权限的一个子集。

④ 如果发布证书是一个明确的证书或者证书中密码材料可以用于判断它是否为隐式证书，那么该证书可以签名子证书。

⑤ 发布证书中的 permitted_holder_types 判定了其是否可以发布该类型的子证书。证书链只要有一个子证书和其发布证书的验证不通过，那么该子证书之后的证书都是无效的，并且后续证书的安全通信也是无效的。如果子证书和发布证书不一致，但是拥有能够验证发布证书公钥的签名，那么安全服务就认为这个发布证书发布的所有证书都是无效的。

子证书的权限可以在发布证书中详细说明，也可以从发布证书那里继承完全一样的权限（证书中的写法为 from issuer）。

（5）证书链

证书链是一组从"上"到"下"排序的证书，链中的每个证书都是它下面证书的颁发证书，以及它上面证书的下级证书。可以通过关联的终端实体证书来验证接收的签名通信，除了发布证书之外，其余所有的证书都是终端实体证书。当第一个证书的持有者用其私钥来创建第二个证书时，如果通过签名，那么第二个证书就是明确证书；如果通过创建恢复公钥的密码材料，那么第二个证书为隐式证书。证书包含的内容有：属于证书持有者的公钥、与公钥相关的一系列权限、证书发布者的标识符以及可以认证公钥和权限之间关联性的算法模式。

使用与公钥相对应的私钥的实体称为证书持有者，而一个用于验证应用及管理数据有效性的证书为终端实体证书，用于验证另外一个证书有效性的证书为 CA 证书。如果公钥在证书中明确给出，那么这个证书就是明确证书；如果没有明确给出，但通过其他方式可以获得，那么这样的证书为隐式证书。接收方确认一个证书是否有效的必要但不充分条件是可以构造一个从证书到信任锚的证书链，安全服务管理实体(secure service management entity，SSME)存储关于哪些证书是信任锚的信息。所谓信任锚就是证书本身可信，即不依赖其他证书对其验证。信任锚可以是一个根证书，根证书是一个明确证书，能够通过包含在证书中的公钥进行自我认证，所有受信任的根证书都是信任锚；同时，信任锚也可以是一个公认的可信赖的 CA 证书。发送者发送报文的时候对于签名证书的发送有以下情况：签名证书的标识符的 Hash 值、签名证书、证书链，证书链是指从信任锚开始到终端实体证书结束的证书集，但不包括根证书。

为了建立证书链，接收者会使用发送者发送过来的证书以及本地保存的证书副本，接收者只有在从证书到信任锚满足一定条件时才不会拒绝这个证书签名的通信，这些条件包括：信任锚是一个明确证书；所有的明确证书都必须是由明确证书颁发的。

2.3.2.2 安全数据处理

WAVE 安全数据处理主要包括最基本的加密、解密、签名、验证操作，签名时还需要确定证书和待处理数据间的一致性。

（1）安全处理服务实体

安全处理服务接收调用实体的请求，并对每一个输入请求进行响应，并输出包含请求结果的确认信息。安全处理服务包括以下几部分：

① 将不安全的 PDU 转换成安全的 PDU 交给数据平台进行转发，并处理接收到的安全 PDU，包括将安全的 PDU 转化成不安全的 PDU，这些操作统称为数据交换。此标准中指定的安全服务包括：在 PDU 发送前对其进行加密或者签名；在接收到 PDU 后对其做解密或者验证。

② 对 WSA 做签名操作，以及对接收到的已签名的 WSA 做验证操作，WSA 的相关操作由 WME(working memory element，WME)实体处理。

③ 安全管理的相关操作：确定能够获得密码材料(私钥、公钥和证书)；生成证书请求并处理反馈；验证证书撤销列表。

④ 保存私钥及相关证书。

WAVE 安全服务中主要的安全处理有：安全数据交换、签名 WSA 安全管理。其中安全数据交换涉及的操作有：生成签名数据、生成加密数据、验证已签名数据、解密已加密数据。签名 WSA 涉及的操作有：生成签名 WSA、验证收到的已签名 WSA。安全管理涉及的操作有：生成证书请求、验证证书反馈、验证证书撤销列表。

（2）安全数据交换

安全处理服务实体提供安全交换的一些操作：签名、加密、签名和加密、解析接收到的安全数据。这 4 种操作都遵循以下模式：

① 呼叫实体通过请求原语调用安全服务处理一段待定数据。

② 安全服务根据接收到的原语做出相应的处理，并通过确认原语返回呼叫实体一个结果。

③ 这个结果用来表明请求是否成功。

2.3.2.3　密码材料与证书撤销

（1）密码材料

安全处理服务中密码操作的密码材料有：私钥和相关公钥、私钥和相关证书，以及在安全处理服务中没有私钥但有对等实体持有的数字证书。在安全处理服务使用私钥和相关证书后进行的操作有：生成签名数据、解密接收到的加密数据，以及生成签名 WSA 等。如果一个请求中使用了未经验证的配对私钥和相关证书，或者未经验证的配对的私钥和相关公钥，那么 WAVE 安全服务将会拒绝该请求，私钥和公钥只会在证书请求时使用。每个实体拥有的证书可以用来进行以下操作：验证接收到的已签名数据、生成加密数据、验证接收到的已签名 WSA。私钥一般由安全处理服务持有。车联网中的证书的数量基数是非常大的，而且证书本身也有一定的规模，所以当 WAVE 安全模块运行较长时间之后，WAVE 设备的内部存储空间会被较多地占用，此标准中并没有给定删除密钥的机制。

（2）证书撤销信息

CRL 是用于为一个或者多个证书发布撤销信息的已签名的报文，由证书的发布者签名，并且含有该 CA 的标识符的 Hash 值。接收 CRL 的机制不在该标准中。

CRL 的有效性判断要遵循以下标准：

① CRL 的签名证书和信任锚之间可以形成有效的证书链：证书链中的证书都是由该标准中定义的数据组织结构的；证书链中的证书是可匹配的，前一个证书是后一个证书的发布者；证书链中的证书是没有被撤销的；证书链中的证书的签名都可以被前一个证书中的公钥或者本身（信任锚）验证通过。

② CRL 和签名证书之间是可匹配的：CRL 的创建时间和过期时间是在证书的有效时间内；允许对 CRL 签名的证书只有 CA 或者一些特殊的证书，这些特殊的证书在字段 holder_type 中会有特殊的标识；CA 总是有权力对它自身发布的证书发布 CRL 的；CA 会将它发布的证书分成多个系列，将不同系列的 CRL 做撤销，这样可以有效控制 CRL 的大小。

③ CRL 的签名可以由 CA 的证书验证通过。

CRL 可以使用 1609.3 中定义的 WSMP 短消息。某证书被撤销，那么所有在证书撤销之后才接收到的报文都视为无效报文，即使这个报文的生成时间是在证书被撤销之前。某 CA 证书被撤销，那么所有由该证书发布的证书都被视为无效证书，CA 证书之后的证书链里面的证书也被视为无效，在 CRL 发布之后接收到的所有证书都将被视为无效，即使它们的生成时间是在 CRL 发布时间之前。

2.3.2.4 加密操作

在 WAVE 系统中使用的是对称加密和非对称加密相结合的加密技术，加密消息的发送者要知道预期接收者的公钥。对称加密技术比非对称加密技术更加高效，而非对称加密技术能够避免传输对称密钥造成的安全问题，所以此标准使用的加密方法有两个步骤：第一步，发送者选择一个新的对称密钥，并使用该密钥来对信息进行对称加密；第二步，发送者使用接收者的公钥，将对称密钥进行非对称加密。

通过这种方法，可以使用高效的对称加密算法加密大量的消息。在此标准中指定了使用的对称加密算法和非对称加密算法。对称加密算法选用 CCM 模式下 128 位密钥的高级加密标准（advanced encryption standard-counter mode with clipper-block chaining message，AES-CCM）。非对称加密算法选用的是 P-256 的椭圆曲线综合加密方案（elliptic curve integrated encryption scheme，ECIES）。

（1）对发出的消息进行加密

发送者执行的步骤如下：从证书缓存中检索出接收者的私钥；执行检查以确保公钥尚未被撤销；生成一个随机的对称密钥；使用随机的对称密钥和 AES-CCM 算法对消息进行加密，从明文生成密文；使用 ECIES 算法和接收者的公钥对随机的对称密钥进行加密；将密文和已加密的对称密钥打包到一条可以通过无线媒介传输的消息里。

（2）对接收的消息进行解密

接收者执行的指定步骤如下：接收者使用 ECIES 算法和自己的私钥对已加密的对称密钥进行解密；接收者使用解密出来的对称密钥和 AES-CCM 算法对密文进行解密。

2.3.3　SeVeCom 标准

安全车辆通信（secure vehicular communication，SeVeCom）是欧盟资助的一个项目，其重点是提供车辆通信安全要求的完整定义和实施[23]。该项目与欧盟的车车通信联盟密切合作，并与世界其他地方的相关工作建立了牢固的联系，特别是美国的 IEEE 1609 标准。

未来车辆间通信基础设施将被广泛部署，以改善道路安全和优化道路交通，SeVeCom 致力于未来车辆通信网络的安全性，包括车辆间通信和车辆与基础设施通信的安全性和保密性。其目标是定义此类网络的安全架构，并提出在这些网络中集成安全功能的路线图。SeVeCom 提供适当级别保护的体系结构和安全机制的规范。它将解决一些问题，比如责任和隐私之间的明显矛盾，或者一辆车可以在多大程度上核实其他车辆提出的索赔的一致性。在"VANET 安全要求"中，SeVeCom 确定了与车辆通信领域的众多应用安全相关的要求，并基于此分析确定了 23 种安全机制，这些安全机制主要针对于保护 V2I 和 V2V 通信及克服已识别的威胁和攻击。

为了提高未来道路安全应用对各种安全威胁的免疫力，SeVeCom 专注于道路交通特定的通信，包括与交通信息相关的消息、与安全相关的匿名消息和与责任相关的消息。SeVeCom 全面讨论以下主题：密钥和身份管理，安全通信协议（包括安全路由），防篡改设备和加密系统决策，以及隐私。审查三个主要方面：一是威胁，例如伪造信息、拒绝服务或身份欺骗；二是需求，如身份验证、可用性和隐私；三是运营属性，包括网络规模、隐私、成本和信任。为了准备进一步的工作，SeVeCom 将研究以下主题：车载入侵检测、故障检测和数据一致性、安全定位和安全用户界面。加密原语的定义将考虑到特定的操作环境。挑战在于解决各种威胁，移动车辆产生的零星连接和由此产生的实时限制，以及车辆嵌入式系统的低成本要求。这些原语将是现有密码系统对 V2V/V2I 环境的改编。

2.3.4 T/CSAE 标准

T/CSAE 是由中国汽车工程学会（China society of automotive engineers，CSAE）和中国智能网联汽车产业创新联盟发布的团体标准[24]。CSAE 于 2006 年开始启动标准化工作，中国智能网联汽车产业创新联盟（China industry innovation alliance for the intelligent and connected vehicles，CAICV），是由中国汽车工程学会、中国汽车工业协会联合汽车、通信、交通、互联网等领域的企业、高校、研究机构于 2017 年 6 月组建的，工信部作为指导单位。CAICV 下设 V2X、信息安全、预期功能安全等 13 个专业工作组，依托 CSAE 团体标准平台组织开展包括专用通信与网络、安全、车路协同与网联融合等前瞻、交叉、空白领域的团体标准的研究与制定工作。

T/CSAE 标准规定了智能网联汽车车载端信息安全技术要求，适用于具备网联功能的车载端，联网范畴包括车载移动互联网、车际网和车内网。智能网联汽车车辆整体信息安全技术要求及与车联网相关的云端信息安全技术要求、通信协议信息安全技术要求不在该标准的范围之内。标准主要定义了：

（1）车载端安全架构及目标

智能网联汽车的新型业务需求之一是具备网联功能的车载端对外通过蜂窝网络通信、短距离通信和 V2V/V2I 通信与互联网、车际网建立连接，进行数据交换。该标准提出了智能网联汽车信息安全体系及车载端的安全架构，整体安全体系由云端安全、通信安全、车辆安全多个部分构成。车载端整体安全目标是通过车载端各层面各部分的安全措施解决信息安全问题，防止个人信息泄露和由于信息安全事件引起的财产损失。

（2）车载端安全技术要求

安全技术主要考虑整体安全、硬件安全、操作系统安全、应用软件安全、对内通信安全、对外通信安全以及用户数据安全技术要求。

（3）车载端安全技术要求分级

根据车载端技术要求的防护强度，标准将车载端信息安全技术要求自低到高划分为四个等级并给出了分级描述，第四级为最高安全等级。车载端可选不同等级的安全要求和措施，以达到相应的安全级别。每一等级明确了车载端在该等级所应满足的技术要求的最小集合，当车载端满足该集合中的所有适用的安全技术要求时才能标识为达到该安全级别。

2.3.5　J3061 标准

日本汽车工程师协会于 2016 年首次发布了针对现代汽车安全工程的标准 J3061[25]，全称为《车辆物理信息系统网络安全指南》(*Cybersecurity Guidebook for Cyber-Physical Vehicle Systems*)。该标准为网络物理车辆系统定义了一个安全的生命周期框架。它提供了关于与网络安全相关的最佳实践工具和方法的高级指南。这些工具和方法可以适用于现有的开发过程。它建立在许多现有的安全工程和安全系统开发方法的工作基础上，并与汽车系统功能安全标准 ISO 26262 有很强的联系。事实上，J3061 中定义的安全生命周期受到 ISO 26262 中定义的安全生命周期的强烈影响。在 J3061 中明确定义了安全过程和安全过程之间的交互点，以协调这两个工程过程。在某种意义上，它是针对汽车安全过程的信息安全标准。J3061 将系统生命周期划分为概念阶段、产品开发(包括系统、硬件和软件)阶段、生产阶段、操作阶段和服务阶段。它还建议支持过程，如需求、变更和质量管理。

J3061 的概念阶段如图 2.3 所示，其目标是定义高级别的网络安全策略和目标，这些策略和目标将被细化，以包括产品开发阶段的技术细节。

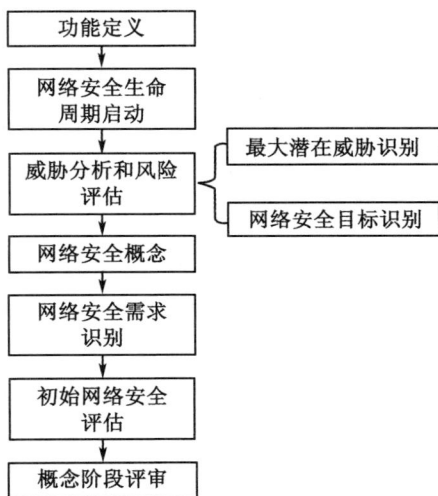

图 2.3　J3061 概念阶段

概念阶段从功能定义开始，该功能定义识别了系统的物理边界和信任边界、正在考虑的系统和工作的范围。在网络安全生命周期启动阶段，该项目是根据网络安全过程进行规划和记录的。概念阶段的主要活动是威胁分析和风险评估。J3061 为风险评估提供了一些方法的建议和支持材料。风险评估的一个子活动是在分析风险后确定高级网络安全要求（即确定网络安全目标）。该网络安全目标可以根据需要避免什么威胁来说明。网络安全概念包括满足网络安全目标的高级网络安全策略。该策略将在生产开发阶段的后期被细化为一个技术策略。基于高级策略，在识别功能性网络安全需求时定义了功能性网络安全需求。这些需求源于满足网络安全目标的网络安全策略。从这个角度来看，功能性的网络安全需求就来自该策略。该策略源于基于风险评估识别威胁和风险的结果。初始网络安全评估对系统的安全水平进行评估。J3061 建议，初始评估只包含高级别的网络安全目标、风险和公开的安全问题。概念阶段评审作为一个质量控制门，对整个概念阶段进行审查。

参考文献

［1］ Asghar M，Doss R R，Pan L.A scalable and efficient PKI based authentication protocol for VANETs［C］.2018 28th International Telecommunication Networks and Applications Conference（ITNAC），IEEE，2018：1-3.

［2］ Vijayakumar P，Chang V，Deborah L J，et al.Computationally efficient privacy preserving anonymous mutual and batch authentication schemes for vehicular ad hoc networks［J］.Future Generation Computer Systems，2018，78：943-955.

［3］ Zhong H，Huang B，Cui J，et al.Conditional privacy-preserving authentication using registration list in vehicular ad hoc networks［J］.IEEE Access，2017（6）：2241-2250.

［4］ Shamir A.Identity-based cryptosystems and signature schemes［C］.Advances in Cryptology：Proceedings of CRYPTO 84 4.Berlin：Springer-Verlag，1985：47-53.

［5］ Zhang C，Lu R，Lin X，et al.An efficient identity-based batch verification scheme for vehicular sensor networks［C］.IEEE INFOCOM 2008：The 27th Conference on Computer Communications，IEEE，2008：246-250.

［6］ Chim T W，Yiu S M，Hui L C K，et al.SPECS：secure and privacy enhancing communications schemes for VANETs[J].Ad Hoc Networks, 2011, 9(2):189-203.

[7] Cui J, Zhang J, Zhong H, et al.SPACF: a secure privacy-preserving authentication scheme for VANET with Cuckoo Filter[J].IEEE Transactions on Vehicular Technology, 2017, 66(11): 10283-10295.

[8] Wang Y, Zhong H, Xu Y, et al.Enhanced security identity-based privacy-preserving authentication scheme supporting revocation for VANETs[J].IEEE Systems Journal, 2020, 14(4): 5373-5383.

[9] Islam S K H, Obaidat M S, Vijayakumar P, et al.A robust and efficient password-based conditional privacy preserving authentication and group-key agreement protocol for VANETs[J].Future Generation Computer Systems, 2018, 84: 216-227.

[10] Jiang Y, Ge S, Shen X.AAAS: an anonymous authentication scheme based on group signature in VANETs[J].IEEE Access, 2020(8): 98986-98998.

[11] Han Y, Xue N N, Wang B Y, et al.Improved dual-protected ring signature for security and privacy of vehicular communications in vehicular ad-hoc networks[J].IEEE Access, 2018(6): 20209-20220.

[12] Liu J, Yu Y, Jia J, et al.Lattice-based double-authentication-preventing ring signature for security and privacy in vehicular ad-hoc networks[J].Tsinghua Science and Technology, 2019, 24(5): 575-584.

[13] Al-Riyami S S, Paterson K G.Certificateless public key cryptography[C].International Conference on The Theory and Application of Cryptology and Information Security.Berlin: Springer-Verlag, 2003: 452-473.

[14] Boneh D, Gentry C, Lynn B, et al.Aggregate and verifiably encrypted signatures from bilinear maps[C].Advances in Cryptology: EUROCRYPT 2003 International Conference on the Theory and Applications of Cryptographic Techniques.Warsaw, Berlin: Springer-Verlag, 2003: 416-432.

[15] Zhong H, Han S, Cui J, et al.Privacy-preserving authentication scheme with full aggregation in VANET[J].Information Sciences, 2019, 476: 211-221.

[16] Xu Z, He D, Kumar N, et al.Efficient certificateless aggregate signature scheme for performing secure routing in VANETs[J].Security and Communi-

cation Networks, 2020: 1-12.

[17] Ma Z, Zhang J, Guo Y, et al. An efficient decentralized key management mechanism for VANET with blockchain[J].IEEE Transactions on Vehicular Technology, 2020, 69(6): 5836-5849.

[18] Wang C, Shen J, Lai J F, et al.B-TSCA: blockchain assisted trustworthiness scalable computation for V2I authentication in VANETs[J].IEEE Transactions on Emerging Topics in Computing, 2020, 9(3): 1386-1396.

[19] IEEE standard for wireless access in vehicular environments: security services for applications and management messages, IEEE Std 1609.2-2016: Revision of IEEE Std 1609.2-2013[S].IEEE, 2019.

[20] CAR 2 CAR Communication Consortium: Manifesto[C/OL].IEEE Vehicular Technology Conference, 2007[2023-01-30].https://www.car-2-car.org/index.php? id=31.

[21] 700 MHz band intelligent transport systems ARIB STD-T109, ARIB STANDARD Ver.1.3[S].ARIB STD-T109, 2017.

[22] 中国汽车工程学会.智能网联汽车车载端信息安全技术要求: T/CSAE101-2018[S].2018.

[23] Leinmüller T, Buttyan L, Hubaux J P, et al.Sevecom: secure vehicle communication[C]//IST Mobile and Wireless Communication Summit, 2006.

[24] 中国汽车工程学会.智能网联汽车车载端信息安全技术要求: T/CSAE 101-2018[S].2018.

[25] SAE international: J3061 cybersecurity guidebook for cyber-physical vehicle systems[S].2016.

第3章 多种场景下的匿名认证机制

3.1 引言

作为智能交通系统的重要组成部分，车联网（VANETs）能够为高速移动的车辆提供稳定的网络通信服务，车联网认证机制作为保证整个网络通信安全的重要机制，逐渐成为当前研究的热点。尽管相关研究人员已经提出了大量支持车辆合法性验证的认证协议，但仍然存在如下问题：① 一旦受信任的假名颁发机构信息被泄露或数据丢失，车联网中车辆的通信信息可能会受到威胁。因此，单纯依靠受信任的假名颁发机构的可靠性在其他实体之间建立信任关系存在一定的危险性。② 在为车辆提供相应的通信服务时，作为路边基础设施的重要支撑，路边单元（RSU）需要存储和维护一些必要的车辆信息，由于其计算和存储容量有限，对 RSU 造成了巨大的计算压力及存储压力。③ 在传统方案中，一旦支持相关协议的设备被部署，很难对其进行优化及升级。因此，针对传统方案中安全体系不完善、效率低下等问题，本章提出多种认证机制，支持车辆的安全通信，保护车辆隐私与数据的安全。

3.2 基于 SDN 的匿名认证机制

作为智能交通系统的重要组成部分，车联网能够为高速移动的车辆提供稳定的网络通信服务。认证作为保障车联网通信安全的重要机制，逐渐成为当前研究的热点。针对现有车联网认证方案计算开销大、传输延迟高等问题以及传统方案中安全体系不完善、效率低下等问题，本节提出了一种基于 SDN（software defined network）的车联网隐私保护认证方案（VANETs privacy-preserving authentication scheme based on SDN，VAS），方案通过整合 SDN，通过取消车辆的证书凭证，降低了认证的计算及传输开销；降低了车辆身份管理的开销，提高了车辆认证的效率。通过支持 SDN RSU 控制器（SDN RSU controller）之间的数据共享，确保车辆身份和通信信息的完整性、机密性、不可否认性以及不可伪造性。方案对包括系统初始化、车联网注册、车辆与基础设施（vehicle-to-infrastructure，V2I）认证协议以及车辆之间（vehicle-to-vehicle，V2V）认证协议等完整的车联网匿名认证系统进行描述，充分保证车辆通信的安全性与可靠性。通过 SVO（Syverson，Van Orschot）逻辑类分析方法对所提出的认证方案进行的安全性论证表明所提出的方案满足安全性要求。性能分析与仿真实验表明与传统的匿名认证方案相比，VAS 支持车联网内部实体更加高效地完成相互认证，建立信任关系。

3.2.1 层次化网络架构

针对车联网部署特点，为实现车辆的区域化管理及与 RSU 之间的协作，方案根据 RSU 部署位置、网络覆盖范围、车辆数量及行驶状态等因素定义安全域划分范围及服务类型，并构建如图 3.1 所示的层次化车联网安全体系，包括安全域的划分及层次化体系的建立。

第一层包括车辆管理局（department of motor vehicles，DMV）、可信权威机构（TA）及 SDN 控制器（SDN controller，用以在 SDN 网络中接收、处理请求）。DMV 为车辆提供登记、用户变更、转让、抵押和注销登记等必要的管理服务，在加入车联网前，车辆首先需要向 DMV 申请登记。TA 负责生成并发布公共系统参数，为其他合法实体颁发相应的公私钥对，支持车辆获取匿名通信服务。此外，TA 需维护车辆注册列表，一旦发现注册的车辆存在违法行为，TA 能够揭露违法车辆真实身份，并更新非法车辆撤销列表。SDN 控制器通过对 SDN RSU 控制器进行系统控制、作为 TA 与网络其他实体的数据传输的中继节点等实现对车联网的维护及管理。

第二层由依托基站（base station，BS）构建的 SDN RSU 控制器组成，其通过获取来自 SDN 控制器的控制信息，对所负责的区域内所有实体进行管理。此外，通过 SDN RSU 控制器组成的系统，能够实现信息的共享。

第三层由 RSU 构成，作为部署于道路两侧的基础设施，RSU 为周边合法车辆提供网络接入服务，同时 RSU 还将所收集的相关数据上传至 SDN RSU 控制器，并通过 SDN RSU 控制器获取协助车辆认证的相关必要数据。

第四层为车辆(vehicle)，其能够在从 TA 获得相应的匿名服务后，实现与 RSU 之间的匿名认证及通信。当完成与 RSU 的初始接入认证后，在 RSU 和 SDN RSU 控制器的协助下，车辆能够实现与其周边其他车辆之间的匿名认证。

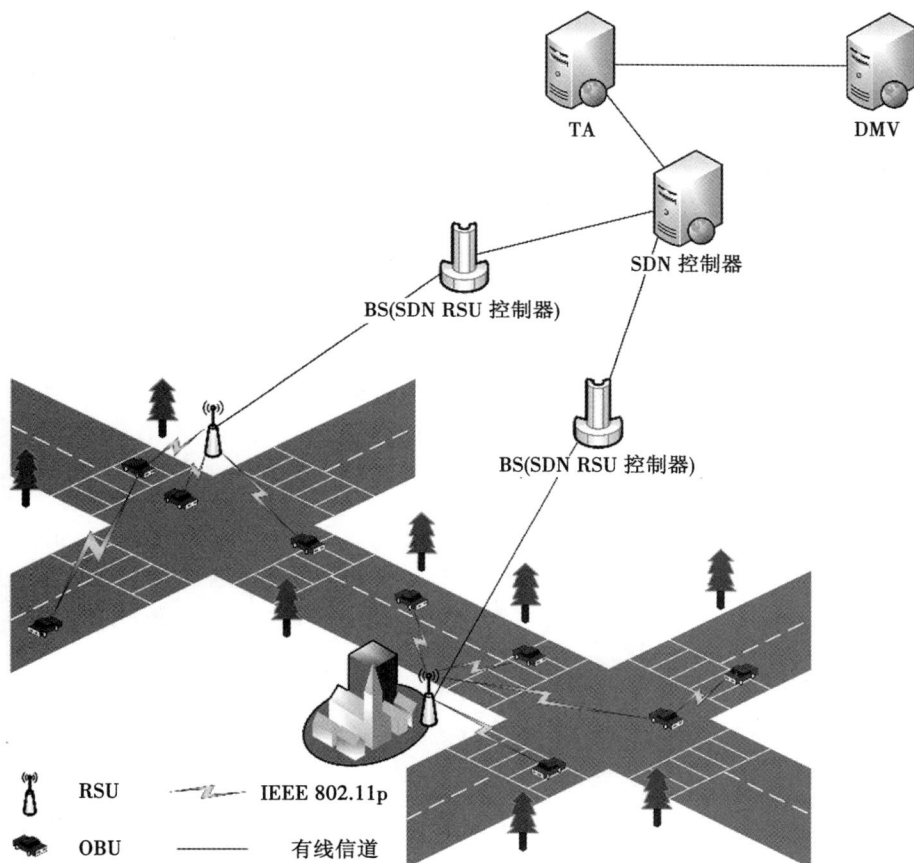

图 3.1 车联网网络架构

3.2.2 威胁模型及安全假设

基于 3.2.1 所介绍的网络体系架构，本方案的威胁模型被定义为：DMV、TA 和 SDN 控制器被认定为完全可信的实体。任何外部攻击者都不能妥协和破坏它们，但存在其所存储的信息被内部泄露的威胁。SDN RSU 控制器和 RSU 被认定为诚实但好奇的实体，这意味着这些实体能够严格遵循所设计的协议，但可能试图通过所获取的数据侵犯车辆的隐私。车辆由于低计算及通信能力，以及较弱的安全内部保障级别等因素，易受到来自外部攻击者的攻击，因此，车辆最有可能对整个车联网络的安全环境造成威胁。

本方案定义安全假设如下：

① DMV、TA 和 SDN 控制器有足够的能力抵御外部攻击。由于 DMV、TA 和 SDN 控制器由政府或监管机构维护，方案默认能够有效抵抗外部攻击者的攻击。

② RSU 控制器可能会尝试获取车辆的身份、位置和通信的信息，这意味着其可能从本地存储的数据中尝试获得车辆的真实信息和行驶轨迹，将所获取的信息与车主的身份信息和隐私关联起来，进而威胁车主的生命及财产安全。

③ RSU 对车辆的真实身份感到好奇。由于车辆需要通过 RSU 连接到主干网，RSU 可能会对转发的数据感兴趣，从而获取车主的爱好、职业等信息。此外，由于每辆车都需要定期广播基本安全信息（basic safety message，BSM），RSU 在收到这些信息时可能会追踪车辆的轨迹。

④ 车辆不仅可以冒充合法用户与其他实体进行通信，还可以伪造虚假信息，恶意破坏道路服务进而影响交通安全。

⑤ 外部攻击者有能力通过车辆广播的消息窃听并收集通信数据，尝试非法获取车辆的通信流量。此外，外部攻击者有能力模拟 RSU 或车辆，以获取目标车辆的身份隐私和位置隐私信息。

3.2.3 系统初始化及注册协议

3.2.3.1 系统初始化

在建立车联网初期，TA 需要在系统初始化阶段生成车联网的系统参数，为整个网络的安全通信提供保障。相关参数标识及说明如表 3.1 所示。

表 3.1 参数标识及说明（一）

标识	说明
id_A	实体 A 的（真实）身份标识
pk_A/sk_A	实体 A 的基于大整数的公钥/私钥
PK_A/SK_A	实体 A 的基于椭圆曲线的公钥/私钥
ps_A	实体 A 的假名
$sessionKey_{A-B}$	实体 A 和实体 B 之间的会话密钥

表 3.1(续)

标识	说明
ts	当前时间戳
C_{A-B}	由实体 A 生成的密文发送至实体 B
$Sign_A$	实体 A 的签名
$\text{Enc}(PK_A, m)$	实体 A 使用公钥 PK_A 加密消息 m
$\text{Enc}\{sessionKey_{A-B}, m\}$	使用实体 A 与实体 B 之间的会话密钥 $sessionKey_{A-B}$ 加密消息 m
$\text{Sign}\{sk_A, m\}$	实体 A 使用私钥 sk_A 签名消息 m

系统初始化，TA 需要执行如下操作：

① 给定安全参数 k，TA 选择阶为 q 的加法循环群 G_1 和乘法循环群 G_T，P 为 G_1 的生成元。

② TA 选择双线性映射：$e: G_1 \times G_1 \rightarrow G_T$，并定义四个哈希函数 H_0，$H_1 \rightarrow G_1$，$H_2: \{0, 1\}^* \rightarrow Z_q^*$，$H_3: \{0, 1\}^* \times G_1 \rightarrow Z_q^*$。

③ TA 选择主密钥 x，x' 并计算 $PK_{TA} = x \cdot P$ 作为公钥。此外，TA 选择 $K \leftarrow \{0, 1\}^n$ 作为秘密值。

④ TA 广播公共参数 $param = \{G_1, G_T, e, q, P, PK_{TA}, H_0, H_1, H_2, H_3\}$ 到整个网络并保存 SK_{TA} 和 K。

3.2.3.2　注册协议

（1）车辆注册协议

在完成向 DMV 申报后，车辆能够将其真实身份信息上传至 TA 申请注册。

① 车辆以离线的方式向 DMV 提交车主身份、车辆状态等基本真实信息申请注册。

② DMV 确认所接收信息的有效性。如果被视为合法车辆，车辆将收到身份确认消息，同时，DMV 通过安全通道向 TA 发送车辆信息。

③ 车辆选择随机数 $a \leftarrow Z_q^*$ 作为密钥协商参数、随机数 $n_1 \leftarrow \{0, 1\}^*$ 作为挑战值，并计算 aP 及密文 $C_{v-TA} = \text{Enc}\{PK_{TA}, id_v \parallel aP \parallel n_1\}$。

④ 车辆发送 C_{v-TA} 到 TA 申请注册。

⑤ 当收到来自车辆的密文 C_{v-TA}，TA 用自己的主密钥 SK_{TA} 解密 C_{v-TA} 获得 ID_v，$a \cdot p$，n_1。TA 通过来自 DMV 的信息验证 ID_v 的合法性，如果 ID_v 是合法的，TA 选择随机数 $r_i \leftarrow \{0, 1\}^*$ 并为车辆计算多个假名 $ps_v^i = H_2(ID_v \parallel r_i)$，私钥 $sk_v^i \in Z_q^*$，以及公钥 $PK_v^i = sk_v^i \cdot P$。

⑥ TA 将 ps_v^i、PK_v^i 以及有效期 exp_v^i 经由 SDN 控制器发送到 SDN RSU 控制器。SDN RSU 控制器存储收到的信息并返回消息确认信息。

⑦ TA 本地存储 id_v，PK_v^i，sk_v^i 以及 exp_v^i 并计算会话密钥 $sessionKey_{TA-v} = sk_{TA} \cdot a \cdot P$。最后 TA 利用会话密钥 $sessionKey_{TA-v}$ 加密 ps_v^i、PK_v^i、sk_v^i、exp_v^i 以及 n_1 得到密文 $C_{TA-v} = Enc\{sessionKey_{TA-v}, ps_v^i \parallel PK_v^i \parallel sk_v^i \parallel exp_v^i \parallel n_1\}$ 并将该密文发送到注册车辆。

⑧ 当收到来自 TA 的密文 C_{TA-v} 后，车辆首先计算会话密钥 $sessionKey_{v-TA} = a \cdot sk_{TA} \cdot P$ 并解密 C_{TA-v} 获得 ps_v^i、PK_v^i、sk_v^i、exp_v^i、n_1。如果 n_1 是合法的，车辆存储收到的假名、公钥、私钥以及有效期；否则车辆遗弃 C_{TA-v} 并重新向 TA 申请注册。

（2）BS 和 RSU 注册协议

在 BS 和 RSU 注册协议中，BS 和 RSU 分别经由 SDN 控制器向 TA 注册获取自己的公钥 PK_{BS}、PK_{RSU}，私钥 SK_{BS}/SK'_{BS}、SK_{RSU}，以及有效期 exp_{BS}、exp_{RSU}，其中 $PK_{BS} = H_0(id_{BS} \parallel exp_{BS})$，$PK_{RSU} = H_0(id_{RSU} \parallel exp_{RSU})$，$SK_{BS} = xPK_{BS}$，$SK'_{BS} = x'PK_{BS}$，$SK_{RSU} = xPK_{RSU}$。

3.2.4　V2I 认证协议

当车辆和 RSU 需要证明其身份的合法性时执行 V2I 认证协议。

① RSU 选择随机数 $r_{RSU} \leftarrow Z_q^*$ 并采用 CC 签名算法签名身份信息 id_{RSU}，时间戳 ts_1，挑战值 n_2，有效期 exp_{RSU} 以及密钥协商参数 $r_{RSU} \cdot P$，得到 $Sign_{RSU} = Sign\{SK_{RSU}, id_{RSU} \parallel exp_{RSU} \parallel ts_1, n_2, r_{RSU} \cdot P\} = \{V, W\}$，其中 $V = r_{RSU}H_0(id_{RSU} \parallel exp_{RSU})$，$W = (r_{RSU}+h)SK_{RSU}$，$h = H_3(id_{RSU} \parallel exp_{RSU} \parallel ts_1 \parallel n_2 \parallel r_{RSU}P, V)$。

② RSU 向周边车辆广播 id_{RSU}，ts_1，n_2，exp_{RSU} 和签名 $Sign_{RSU}$。

③ 当进入 RSU 的通信范围后，车辆能够收到来自 RSU 的广播消息。车辆首先检查时间戳 ts_1 以及 exp_{RSU} 是否有效，如果 ts_1 或 exp_{RSU} 过期，则认证失败。否则车辆计算 $h = H_3(id_{RSU} \parallel exp_{RSU} \parallel ts_1 \parallel n_2 \parallel r_{RSU} \cdot P, V)$ 并检查等式 $e(P, W) == e(PK_{TA}, V+hH_0(id_{RSU} \parallel exp_{RSU}))$ 是否成立。如果等式成立，车辆采用 BLS 签名机制签名 ps_v^i，时间戳 ts_2，挑战值 n_3 得到签名 $Sign_v = Sign\{sk_v^i, ps_v^i \parallel ts_2 \parallel n_3\} = sk_v^i H_0(ps_v^i \parallel ts_2 \parallel n_3)$，同时车辆计算会话密钥 $sessionKey_{v-RSU} = sk_v^i \cdot r_{RSU} \cdot P$ 并加密 n_2 得到 $C_{v-RSU} = Enc\{sessionKey_{v-RSU}, n_2\}$。

④ 车辆发送 ps_v^i，ts_2，n_3，签名 $Sign_v$ 以及 C_{v-RSU} 到 RSU。

⑤ 当收到来自车辆的消息后，RSU 检查 ts_2 是否新鲜，如果有效，RSU 根据 ps_v^i 本地查询 PK_v^i。如果查询为空，RSU 向 RSU 控制器发送获取数据更新请求，获取最新数据。然后 RSU 检查等式 $e(P, Sign_v) == e(PK_v^i, H_0(ps_v^i \parallel ts_2 \parallel n_3))$ 是否成立，如果等式成立，RSU 相信签名 $Sign_v$ 的合法性。RSU 继续计算会话密钥 $sessionKey_{RSU-v} = r_{RSU}PK_v^i$ 并加密挑战值 n_3，得到 $C_{RSU-v} = \mathrm{Enc}\{sessionKey_{RSU-v}, n_3\}$。

⑥ RSU 发送密文 C_{RSU-v} 到车辆。

⑦ 车辆解密 C_{RSU-v} 并验证 n_3 的合法性。如果 n_3 合法，车辆相信其与 RSU 之间建立了安全信道。否则 V2I 认证失败。

⑧ 在车辆与 RSU 通信期间，RSU 需要向车辆发送本地存储的周边车辆的假名和公钥信息以支持 V2V 认证。同时，RSU 作为中间设备，支持车辆与 BS 之间安全通信，以支持车辆的假名更换并分发车辆撤销列表。

3.2.5　V2V 认证协议

车辆在更换假名前需要通过与周边其他车辆建立安全信道实现数据交换，需要执行 V2V 认证协议。其目的不仅在于确认周边车辆的合法性，还需保证数据传输过程中的安全性。

① 车辆 v 选择假名 ps_v^i、时间戳 ts_3、挑战值 n_4，并用私钥 sk_v^i 签名消息得到 $Sign_v = \mathrm{Sign}\{sk_v^i, ps_v^i \parallel ts_3 \parallel n_4\} = sk_v^i \cdot H_0(ps_v^i \parallel ts_3 \parallel n_4)$。

② 车辆 v 发送 ps_v^i、ts_3、n_4 和 $Sign_v$ 到车辆 v'。

③ 车辆 v' 首先检查 ts_3 的新鲜性并通过 ps_v^i 本地查找 PK_v^i。当查询到 PK_v^i，车辆通过验证判断等式 $e(P, Sign_v) == e(PK_v^i, H_0(ps_v^i \parallel ts_3 \parallel n_4))$ 是否成立验证 $Sign_v$ 的合法性。如果 ts_3 新鲜且签名 $Sign_v$ 合法，车辆 v' 签名假名 $PS_{v'}^i$、时间戳 ts_4 和挑战值 n_5 得到 $Sign_{v'} = \mathrm{Sign\_}sk_{v'}^i\{ps_{v'}^i, ts_4, n_5\} = sk_{v'}^i \cdot H_0(ps_{v'}^i \parallel ts_4 \parallel n_5)$。同时车辆 v' 计算与车辆 v 的会话密钥 $sessionKey_{v'-v} = sk_{v'}^i \cdot PK_v^i$ 并加密挑战值 n_4 得到密文 $C_{v'-v} = \mathrm{Enc}\{sessionKey_{v'-v}, n_4\}$。

④ 车辆 v' 发送 $ps_{v'}^i$，ts_4，n_5，$Sign_{v'}$ 和 $C_{v'-v}$ 到车辆 v。

⑤ 当收到来自车辆 v' 的消息后，车辆 v 确认 ts_4 的新鲜性。如果 ts_4 新鲜，车辆 v 通过 ts_4 查询 $PK_{v'}^i$ 并验证签名 $Sign_{v'}$ 的合法性。如果签名被认定为合法，车辆 v 计算与车辆 v' 的会话密钥 $sessionKey_{v-v'} = sk_v^i \cdot PK_{v'}^i$ 并解密密文 $C_{v'-v}$ 验证 n_4 的合法性。如果 n_4 被验证合法，车辆 v 相信其与车辆 v' 建立了可信的安全信道。此时，车辆 v 加密挑战值 n_5 得到密文 $C_{v-v'} = \mathrm{Enc}\{sessionKey_{v-v'}, n_5\}$。

⑥ 车辆 v 发送密文 $C_{v-v'}$ 到车辆 v'。

⑦ 车辆 v' 解密密文 $C_{v-v'}$ 并验证 n_5 的合法性，如果 n_5 合法，车辆 v' 相信其与车辆 v 建立了可信的安全信道。

3.2.6　安全性分析

① 匿名性。在车辆注册阶段，TA 通过计算 $PS_v^i = H_2(id_v \parallel r_i)$ 将车辆的真实身份 id_v 隐藏在假名 PS_v^i 中。攻击者只有通过第二原像攻击[1]寻找 x，使 x 满足 $H_2(id_v \parallel r_i) = H_2(x)$ 才能获取车辆的真实身份 id_v。然而由于哈希函数的弱碰撞性，通过 $H_2(id_v \parallel r_i)$ 计算 x 的概率是可忽略不计的。

② 认证。车辆通过发送利用 BLS 签名算法生成的签名证明其身份的合法性。由于所有合法公钥都存储在 SDN RSU 控制器中，并经由 RSU 分发到所有被认证的车辆中，攻击者无法生成一组合法假名、公钥和私钥伪装合法车辆参与身份验证。同时，由于文献[2]和文献[3]论证了所提出的签名算法的安全性，保证了所提出的方案能够抵抗 MOV（Menezes，Okamoto，Vanstone）攻击。在 CDH 假设及 GDH 假设成立的前提下，攻击者无法通过监听车辆的通信数据获得会话密钥。

③ 可记账性和凭证撤销。1609.2 标准要求整个网络能够及时记录非法车辆的行为，并通过分发非法车辆的撤销列表将非法车辆及时移出车联网。本节所提出的认证方案支持车辆报告非法车辆的行为。非法车辆一旦得到确认，车辆撤销协议保证非法车辆的公钥被移除，相应的真实身份被及时暴露。此外，可记账性隐含不可否认性，这意味着发送方不能拒绝发送的所有消息。在本节的认证方案中，所有签名都需要通过存储在 SDN RSU 控制器中的公钥进行验证，公钥与车辆真实身份之间的映射存储在 TA 中。因此，车辆不能拒绝自己发送的签名。此外，车辆生成的签名也暗示了其真实身份。

④ 车辆凭证受限。车联网要求合法车辆的凭证需受到时间和使用场景的限制。在本节方案中，存储在 SDN RSU 控制器中的所有合法公钥必须在有效期内使用。一旦公钥过期，车辆必须再次与 TA 通信以获得新的假名、公钥和私钥。此外，所有签名都需要包含时间戳和挑战值，以抵抗重放攻击[4]和女巫攻击[5]。

⑤ 最小隐私暴露。在认证协议中，所有发送的认证消息只能共享认证过程中所需的信息，而不能暴露更多的信息，以防止导致隐私泄露。在本节的认证

方案中，签名消息只包含假名、时间戳和挑战值，无须传输其他消息。

⑥ 不可链接性。车辆身份和消息的不可链接性是防止车辆被外部攻击者跟踪的重要安全保障。所提出的认证方案支持假名交换方案（细节在第 4 章介绍）以保证每辆车的身份都能够通过与周围车辆的合作隐藏位置信息。此外，当假名发生变化时，车辆的公钥和私钥也发生同步变化。因此，在身份验证和消息传输中，攻击者无法通过链接假名更改前后发送的不同消息、追踪车辆的轨迹或传输的数据。

⑦ 分布式权限。为了保障车辆的隐私，不允许单一机构同时拥有存储车辆真实身份、获取车辆轨迹和撤销车辆的权力。在所提出的方案中，TA 维护车辆真实身份和初始假名的映射关系，SDN RSU 控制器保护车辆公钥和有效期列表的安全，SDN 控制器执行非法车辆的非法行为验证和确认。因此，本方案中的任何一个实体都无法单独同时拥有车辆真实身份、获取车辆轨迹和撤销车辆的权力。

⑧ 完美的前向隐私保护。由于攻击者的主动攻击，车辆的长期密钥可能存在未来被泄露的风险。完美的前向隐私确保当车辆的私钥泄露时，过去加密的数据和记录无法被解密恢复。在本节所提出的认证方案中，由于车辆的私钥 SK_v^i 由 TA 随机选择，其公钥通过计算 $PK_v^i = SK_v^i \cdot P$ 被随机化，攻击者无法通过获取车辆的公钥来链接车辆的所有公钥。因此，即使知道车辆的某一个私钥，攻击者也无法伪装成其他合法身份以其他车辆执行 V2V 认证，获取车辆发送的消息的隐私信息，从而保证本方案满足完美的前向隐私保护。

3.2.7　性能分析

本节在计算开销和通信开销两方面对所提出的方案 VAS 与 EAAP[6]、TAAP[7] 和 LIAP[8] 进行对比。此外，利用 Veins 仿真架构，本节基于平均认证延迟和丢包率两种性能分析指标对上述方案进行仿真性能测试。

3.2.7.1　计算开销

计算开销指的是在认证过程中所消耗计算时间的总和。由于双线性映射，点乘的计算时间为哈希函数、椭圆曲线加法运算的数千倍[9]，本节仅关注高计算开销的操作。为了获取每个高开销运算操作的计算开销，相关密码学操作标识和说明如表 3.2 所示。

表 3.2　密码学操作标识和说明

标识	说明
T_{mtp}	map-to-point 的执行时间
T_{bp}	对称型双线性配对的执行时间
T_{bp-pm}	用于配对的点乘的执行时间

① 在 EAAP 的车辆匿名认证过程中，车辆独立生成临时匿名证书并基于证书生成合法签名参与认证。给定公共参数 P，A_1，B_1，长期授权密钥 $AK = \{DID_{\mu_i}, T_i, E_i\}$，车辆首先选择临时私钥 $r \leftarrow Z_q^*$ 并计算对应的公钥 $Y = r \cdot P$。车辆选择 μ，k_1，$k_2 \leftarrow Z_q^*$ 并生成临时匿名证书：

$$\gamma_U = \mu \cdot B_1$$
$$\gamma_V = T_i + \mu \cdot A_1$$
$$\lambda = (\mu + r_k) \bmod q$$
$$\lambda_1 = (\mu + k_1) \cdot \gamma_U$$
$$\lambda_2 = (\mu + k_1) \cdot \gamma_U - (\mu + k_2) \cdot \gamma_V$$

最后车辆计算挑战值 $c = H(DID_\mu \| A_1 \| B_1 \| E_i \| \gamma_U \| \gamma_V \| Y \| \lambda_1 \| \lambda_2)$，$\delta_1 = (r - k_1) \bmod q$，$\delta_2 = (r - k_2) \bmod q$，签名 $Sign = (r + H(m))^{-1} \cdot P$，临时匿名证书 $Cert = \{Y \| E_i \| DID_\mu \| \gamma_U \| \gamma_V \| c \| \lambda \| \delta_1 \| \delta_2\}$。车辆发送消息 m，签名 $Sign$，公钥 Y 及证书 $Cert$ 到验证者。

当收到来自车辆的消息后，验证者计算：

$$N_i = E_i + DID_{\mu_i}$$
$$\lambda_1' = \lambda \cdot \gamma_U - \delta_1 \cdot \gamma_U$$
$$\lambda_2' = \lambda \cdot \gamma_U + \delta_2 \cdot \gamma_V - \delta_1 \cdot \gamma_U - \lambda \cdot \gamma_V$$
$$c' = H(DID_\mu \| A_1 \| B_1 \| E_i \| \gamma_U \| \gamma_V \| Y \| \lambda_1' \| \lambda_2')$$

验证者通过判断等式 $c == c'$ 是否成立验证临时证书及公钥的合法性。如果等式成立，验证者通过验证等式

$$e(Sign, Y + H(m) \cdot P) == e(P, P)$$

确认签名的合法性。如果等式成立，则认证成功，否则认证失败。因此 EAAP 的计算开销包括 14 个点乘运算和两个双线性映射运算。

② 在 TAAP 中，给定私钥 x，群证书 C_1，C_2，群公钥 Y_{GM}，$Y_{GM,1}'$，$Y_{GM,2}'$，Y_{GT}，车辆选择随机数 r，α，β，$s \leftarrow Z_q^*$，消息 m，车辆生成并向验证者发送签名 $<\sigma_1, \sigma_2, \sigma_3, \sigma_4, \sigma_5, \sigma_6, \sigma_7, \sigma_8, \sigma_9, \sigma_{10}, \sigma_{11}>$，其中 $\sigma_1 = C_1 + x \cdot Y_{GM}$，$\sigma_2 = C_2 +$

$r \cdot P$, $\sigma_3 = \alpha \cdot P_1$, $\sigma_4 = \beta \cdot P_2$, $\sigma_5 = x \cdot P_1$, $\sigma_6 = x \cdot \sigma_2$, $\sigma_7 = \alpha \cdot \sigma_2$, $\sigma_8 = \beta \cdot \sigma_2$, $\sigma_9 = x \cdot H_1(m)$, $\sigma_{10} = H_2(m \parallel \sigma_1 \parallel \sigma_2 \parallel \sigma_3 \parallel \sigma_4 \parallel \sigma_5 \parallel \sigma_6 \parallel \sigma_7 \parallel \sigma_8 \parallel \sigma_9 \parallel s \cdot H_1(m))$, $\sigma_{11} = s - x \cdot \sigma_{10}$。

当收到来自车辆的消息后,验证者通过验证下述等式:

$$e(\sigma_1, P_1)e(\sigma_6, Y'_{GM,1}) == e(P_2, Y'_{GM,2})$$

$$e(\sigma_2, \sigma_3) == e(\sigma_7, P_1)$$

$$e(\sigma_2, \sigma_4) == e(\sigma_8, P_2)$$

$$e(\sigma_2, \sigma_5)e(\sigma_6, P_1) == e(\sigma_7 + \sigma_8, Y_{GT})$$

$$\sigma_{10} == H_2(m \parallel \sigma_1 \parallel \sigma_2 \parallel \sigma_3 \parallel \sigma_4 \parallel \sigma_5 \parallel \sigma_6 \parallel \sigma_7 \parallel \sigma_8 \parallel \sigma_9 \parallel x \cdot H_1(m))$$

是否成立,确定车辆身份的合法性。如果上述等式成立,验证者相信车辆是一个合法的实体;否则,认证失败。因此,TAAP 的计算开销包括 11 个点乘运算、10 个双线性映射运算以及 4 个 map-to-point 运算。

③ 在 LIAP 中,给定车辆的真实身份 rid,车辆选择随机数 $k \leftarrow Z_q^*$ 并计算假名 $PID = \{PID_1, PID_2\}$,私钥 $PSK = \{PSK_1, PSK_2\}$,其中 $PID_1 = k \cdot P$,$PID_2 = H(k \cdot PK_{CA})$,$PSK_1 = x_1 \cdot PID_1$,$PSK_2 = x_2 \cdot H(PID_1, PID_2)$。车辆计算基于消息 m 的签名 $\sigma = PSK_1 + h(m) \cdot PSK_2$,并发送 PID,m,σ 和 RSU 公钥 PK_R 到验证者。

当收到消息后,验证者需要验证等式

$$e(\sigma, P) == e(PID_1, RPK_1)e(h(m)H(PID_1, PID_2), RPK_2)$$

是否成立,如果等式成立,车辆和车辆发送的签名被认为是合法的,否则验证者拒绝和车辆继续通信。因此 LIAP 的计算开销包括 6 个点乘操作、3 个双线性映射操作以及 3 个 map-to-point 操作。

④ 在 VAS 方案中,给定假名 PS_v^i、时间戳 ts 及挑战值 n,车辆需要通过计算 $Sign = Sign\{sk_v^i, ps_v^i \parallel ts \parallel n\} = sk_v^i \cdot H_0(ps_v^i \parallel ts \parallel n)$ 生成签名。当验证方收到车辆的签名消息后,车辆通过验证等式

$$e(sk_v^i, H_0(ps_v^i \parallel ts \parallel n)) == e(P, Sign)$$

是否成立,确定车辆及其签名的合法性。如果等式成立,则认证成功;否则认证失败。因此 VAS 的计算开销包括 1 个点乘操作、2 个双线性映射操作和 2 个 map-to-point 操作。

表 3.3 所示为上述四个方案的计算开销对比。

表 3.3 计算开销对比（一）

方案	证书及签名生成	证书及签名验证
EAAP	$7T_{bp-pm}$	$7T_{bp-pm}+2T_{bp}$
TAAP	$10T_{bp-pm}+2T_{mtp}$	$1T_{bp-pm}+10T_{bp}+2T_{mtp}$
LIAP	$5T_{bp-pm}+2T_{mtp}$	$1T_{bp-pm}+3T_{bp}+1T_{mtp}$
VAS	T_{bp-pm}	$2T_{bp}+2T_{mtp}$

从表 3.3 中可以看出，在车辆证书及签名生成过程中，由于 VAS 仅需执行 1 次点乘运算，因此拥有最低的计算开销。在证书及签名验证阶段，由于高的 map-to-point 计算开销，因此，EAAP 及 LIAP 能够更加快速地完成车辆的身份验证。但在总开销方面，与 EAAP、TAAP 以及 LIAP 相比，VAS 拥有最低的计算开销。

3.2.7.2　通信开销

通信开销被定义为在认证过程中需要传输的所有消息的长度。根据文献 [10]，阶 q 为 160 B 的 E 类椭圆曲线素数 p 为 128 B。对于群 $E(Fq)$ 的点包含 x 和 y 坐标，这意味着群 G_1 上的每个点的长度为 $128×2=256$ B。此外，哈希函数 $\{0,1\}^* \rightarrow Z_q^*$，时间戳和有效期分别为 20，4，4 B。由于所有方案需满足 DSRC/WAVE 协议标准，基本配置信息在通信开销对比过程中将被忽略。

① 在 EAAP 中，车辆发送消息 m、签名 $Sign$、公钥 Y 及证书 $Cert$ 到验证者，其中 $Sign$，$Y \in G_1$，$Cert = \{Y \| E_i \| DID_\mu \| \gamma_U \| \gamma_v \| c \| \lambda \| \delta_1 \| \delta_2\}$，$E_i$，$DID_\mu$，$\gamma_U$，$\gamma_v$，$\lambda \in G_1$，$c$，$\delta_1$，$\delta_2 \in Z_q^*$。因此 EAAP 的通信开销为：

$$7×256+3×20+|m| = 1852+|m|\ （B）$$

② 对于 TAAP 认证，为了证明车辆的合法性，车辆需要传输消息 m 及签名 $<\sigma_1,\sigma_2,\sigma_3,\sigma_4,\sigma_5,\sigma_6,\sigma_7,\sigma_8,\sigma_9,\sigma_{10},\sigma_{11}>$，其中 $\{\sigma_i\}_{i\in[1,11]} \in G_1$。因此 TAAP 的通信开销为：

$$11×256+|m| = 2816+|m|\ （B）$$

③ 在 LIAP 中，车辆需要发送 PID，m，σ 和 RSU 公钥 PK_R 到验证者。其中，$PID = \{PID_1,PID_2\} \in G_1$，$\sigma$，$PK_R \in G_1$，因此 LIAP 的通信开销为：

$$4×256+|m| = 1024+|m|\ （B）$$

④ 在 VAS 中，车辆被要求发送签名 $Sign$、假名 ps_v^i、时间戳 ts 及挑战值 n 到验证者，以证明身份的合法性，其中 $Sign \in G_1$，$ps_v^i \in Z_q^*$，$n \in Z_q^*$。因此，VAS

的通信开销为：

$$256+2\times20+4=300 \quad （B）$$

上述方案对比的通信开销见表 3.4。从表中可以看出 VAS 的通信开销为固定的 300 B，优于其他方案。

表 3.4　通信开销对比（一）

方案	消息-签名	通信开销/B
EAAP	$7|G_1|+3|Z_q^*|+|m|$	$1852+|m|$
TAAP	$11|G_1|+|m|$	$2816+|m|$
LIAP	$4|G_1|+|m|$	$1024+|m|$
VAS	$|G_1|+2|Z_q^*|+|ts|$	300

3.2.7.3　仿真实验

本节基于 Veins[11] 车联网仿真框架测试 EAAP、TAAP、LIAP 及 VAS 在平均认证延迟和丢包率两方面的性能。Veins 是一个开源网络框架，基于 DESR/WAVE 标准协议，Veins 支持对车联网研究人员提出的基于车联网的方案进行仿真模拟。Veins 可以使用 OMNeT++ 和 SUMO 的 GUI 及 IDE 进行快速设置和交互式操作模拟，从而确保车联网的仿真尽可能真实。实验采用基于配对密码学库（pairing-based cryptography library，PBC）[12] 以支持基于双线性映射的密码学操作。实验平台信息包括：硬件（2.6 GHz Intel（R）Core（TM）i7-6700HQ CPU，2GB RAM），操作系统（Debian 9.4）。实验基于 Type E 类曲线实现双线性映射 $e: G_1\times G_1\to G_T$，其中，G_1 为加法循环群，G_T 为乘法循环群，P 为 G_1 的生成元，p 为 1024 b，素数 q 为 160 b。仿真地图依托于基于 OpenStreetMap 获得的中国广州天河区地图（.osm 文件）。通过 SUMO 自带的 netvert 命令将.OSM 文件转化为道路描述文件（.net.xml），通过 SUMO 自带的 randomTrip.py 脚本模拟生成车辆的行驶轨迹（.trip.xml），通过 SUMO 自带的 dpolyconvert 命令模拟地形文件（.poly.xml），最后通过建立.sumo.cfg 文件将.net.xml、.trip.xml 以及.poly.xml 进行整合，形成基于真实地图场景的配置文件。广州 OSM 地图、SUMO 地图如图 3.2 所示，仿真参数如表 3.5 所示。

(a) OSM

(b) SUMO

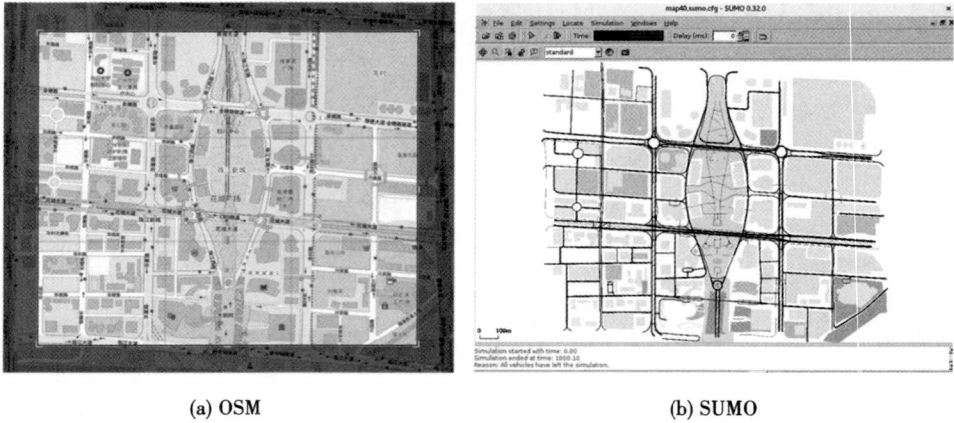

图 3.2　网络地图

表 3.5　仿真参数

仿真参数	配置
硬件平台	CPU：2.6 GHz Intel(R)Core(TM)i7-6700HQ，2 GB RAM
操作系统	Debian 9.4
流量模拟器	SUMO
集成开发环境	OMNeT++
仿真架构	Veins
仿真面积	2000 m×2000 m
数据传输率	6 Mb/s
传输功率	20 mW
仿真时间	500 s
汽车数量	20~200 辆

（1）平均认证延迟

V2I 平均认证延迟（average authentication delay，AD）为 RSU 和 RSU 覆盖的所有车辆在一定时间范围内完成认证协议所需时间的平均值。平均认证延迟的定义如下：

$$AD = \frac{1}{N} \sum_{i=1}^{N} \left(T_{end}^{i} - T_{start}^{i} \right)$$

其中，N 为在 RSU 通信范围内的车辆的数量，T_{end}^{i} 为 V2I 认证的结束时间，T_{start}^{i} 为 V2I 认证的开始时间。

图 3.3 展示了 EAAP、TAAP、LIAP、VAS 在 RSU 覆盖范围内车辆数为 20～200 时，V2I 平均认证延迟的仿真结果。可以看到，随着 RSU 覆盖车辆数量的增加，平均认证延迟趋于稳定增加。由于信道带宽受限，计算开销和通信开销较高的 EAAP、TAAP 和 LIAP 会导致更长的平均认证延迟。此外，随着车辆数量的增加，RSU 处理消息的效率继续降低，而 VAS 的平均认证延迟保持稳定。

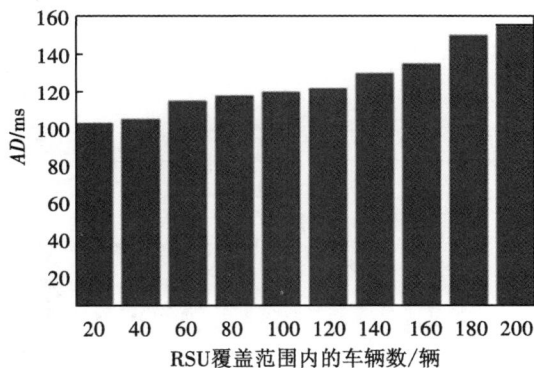

（a）EAAP

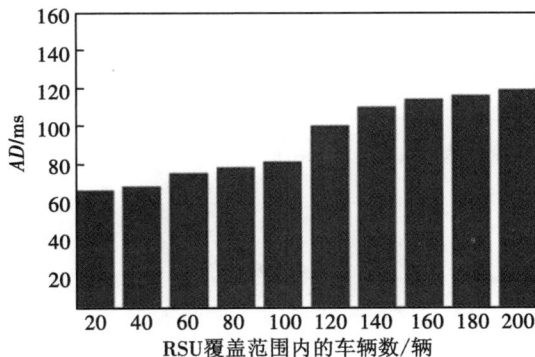

（b）TAAP

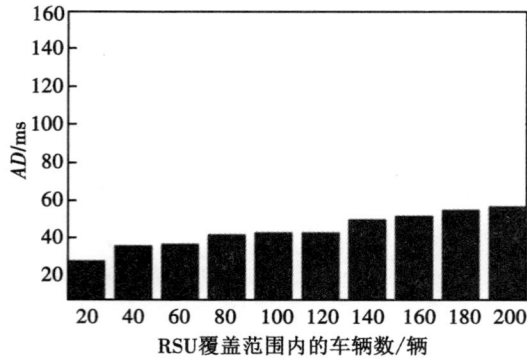

（c）LIAP

（d）VAS

图 3.3　平均认证延迟对比

（2）丢包率

丢包率（packet loss rate，PR）为丢弃数据包占发送数据包总量的百分比。丢包率的定义如下：

$$PR = \frac{1}{N} \sum_{i=1}^{N} \frac{D_i}{R_i}$$

其中，N 表示 RSU 通信范围内的车辆数量；D_i 表示丢弃的数据包数量；R_i 表示发送的数据包总数。

图 3.4 展示了丢包率与 RSU 内车辆数量之间的关系。在 V2I 相互认证中，由于网络带宽的限制，随着车辆数量的增加，信噪比逐渐降低。同时，当大量车辆向 RSU 发送消息时，不得不面对信道拥塞的问题，更容易导致丢包率增加。由于 EAAP、TAAP 和 LIAP 要求车辆向 RSU 发送消息所消耗的通信开销过

大,从而导致了更长的传输延迟和更高的丢包率。

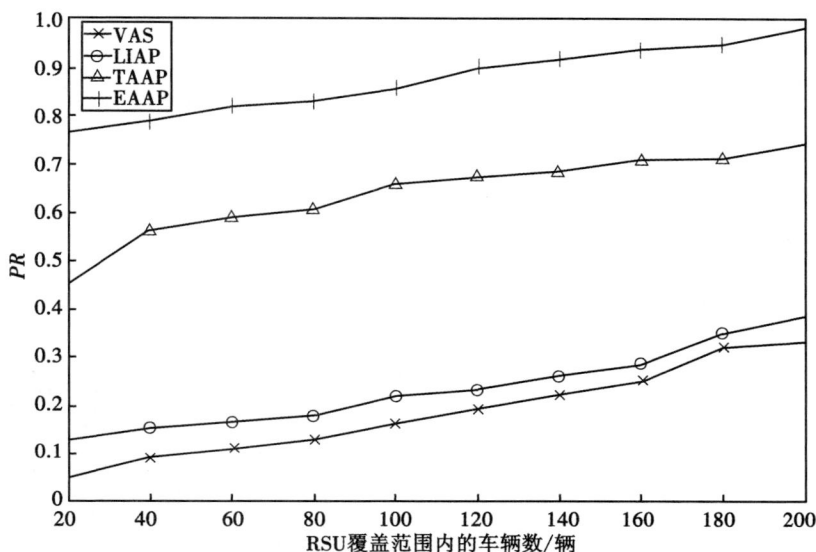

图 3.4 丢包率对比

3.2.8 总结

实现安全高效的假名颁发、出示、解析、基于假名认证及通信被认为是保障保护车辆隐私,维护通信安全的关键。本节提出了一种基于 SDN 的隐私保护认证方案(VAS)。本节提出了层次化网络架构、威胁模型和安全假设,并通过整合 SDN 和采用基于配对的签名算法对车辆身份管理和匿名认证提供支持以保护车辆的通信安全。安全性分析、性能分析和仿真实验表明,本节所提出的方案能够安全高效地满足车联网内车辆的通信需求。

3.3 基于环签名的匿名认证机制

3.3.1 网络架构和信任模型

如图 3.5 所示,整个网络架构由三部分组成。第一部分是可信权威机构(TA),负责生成和发布公共参数,为 RSU 和车辆颁发相应的合法私钥。此外,TA 在建立假名环方面也发挥着重要作用。第二部分是路边单元(RSU)。在该方案中，RSU 协助合法车辆实现匿名通信。第三部分是车辆。一旦被认定为合法节点，车辆就能够以匿名方式从 RSU 获得相应的网络服务。

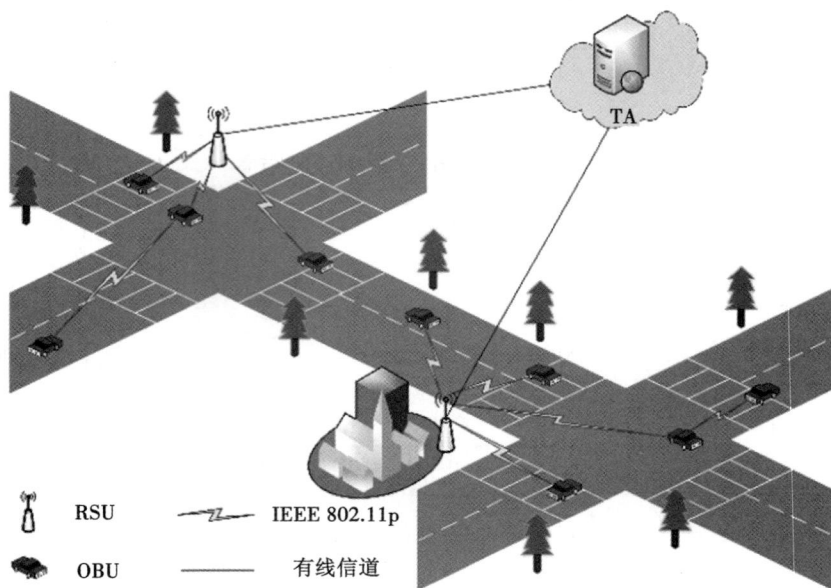

图 3.5　网络架构

本节方案的信任模型如图 3.6 所示。TA 作为可信权威机构，受到 VANETs 中所有其他实体的信任。通过提交合法注册证书，其他实体和 TA 可以建立信任关系。车辆和 RSU 不信任除 TA 以外的任何实体。本方案的目的是以匿名的方式建立车辆和 RSU 之间的信任关系。

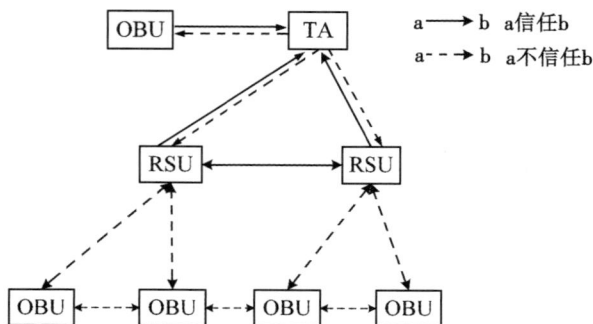

图 3.6　信任模型

3.3.2　系统初始化

在系统初始化期间，TA 生成并发布公共参数。方案细节如下：

① TA 选择一个阶为 q 的加法循环群 G_1 和一个乘法循环群 G_T，P 为 G_1 的生成元。

② TA 选择双线性映射：$e: G_1 \times G_1 \to G_T$ 和三个哈希函数 $H_1: \{0, 1\}^* \to G_1$，$H_2: \{0, 1\}^* \to Z_q^*$，$H_3: \{0, 1\}^* \times G_1 \to Z_q^*$。

③ TA 选择主密钥 $sk_{TA} \in Z_q^*$ 并计算 $PK_{TA} = sk_{TA}P$ 作为公钥。此外，TA 选择 $k \in \{0, 1\}^n$ 作为秘密值。

④ TA 广播公共参数 $param = \{G_1, G_T, e, q, P, PK_{TA}, H_1, H_2, H_3\}$ 到整个网络并保存 sk_{TA} 和 k。

3.3.3　初始注册协议

在本节中，车辆和 RSU 将身份信息发送给 TA 进行注册，以获取私钥或假名。

3.3.3.1　车辆注册协议

车辆生成注册消息并发送给 TA 以获取私钥。细节如下。

① 车辆生成会话密钥 $sessionKey_{v-TA} \in \{0, 1\}^*$ 并选择随机数 $n_1 \in Z_q^*$。车辆加密消息 $<id_v, sessionKey_{v-TA}, n_1>$ 得到密文 $C_{v-TA} = Enc\{PK_{TA}, id_v \| sessionKey_{v-TA} \| n_1\}$。

② 车辆发送 C_{v-TA} 到 TA。

③ 在收到来自车辆的密文后，TA 解密 C_{v-TA} 并得到 $<id_v, sessionKey_{v-TA}, n_1>$。TA 利用 K 加密 id_v 得到车辆的假名 $ps_v = Enc\{k, id_v\}$。TA 计算车辆假名对应的公私钥对 $PK_v = H_1(ps_v)$，$SK_v = sk_{TA}PK_v$。最后，TA 加密 $<ps_v, SK_v, n_1+1>$ 得到密文 $C_{TA} = Enc\{K_{v-TA}, ps_v \| SK_v \| n_1+1\}$。

④ TA 发送 C_{TA} 到车辆。

⑤ 当收到密文 C_{TA} 后，车辆解密 C_{TA} 以获得 $<ps_v, SK_v, n_1+1>$。车辆验证 n_1+1 是否正确，如果验证成功，车辆存储 ps_v，SK_v，否则注册失败。

3.3.3.2　RSU 注册协议

RSU 能够通过 RSU 注册协议获取私钥。

① RSU 选择会话密钥 $sessionKey_{RSU-TA} \in \{0, 1\}^*$ 和随机数 $n_2 \in Z_q^*$。RSU 加密消息 $<id_{RSU}, sessionKey_{RSU-TA}, n_2>$ 得到密文 $C_{RSU-TA} = Enc\{PK_{TA}, id_{RSU} \| sessionKey_{RSU-TA} \| n_2\}$。

② RSU 发送 C_{RSU-TA} 到 TA。

③ 在收到来自 RSU 的密文后，TA 解密 C_{RSU-TA} 并得到 $C_{RSU-TA} = \text{Enc}\{PK_{TA}, id_{RSU}, sessionKey_{RSU-TA}, n_2\}$。TA 计算 RSU 对应的公私钥对 $PK_{RSU} = H_1(id_{RSU})$，$SK_{RSU} = sk_{TA}PK_{RSU}$。TA 选择 n 个已经注册车辆的假名：$\{ps_i\}_{i \in [1, n]}$ 并通过加密数据 $<SK_{RSU}, n_2+1, \{ps_i\}_{i \in [1, n]}>$ 得到密文 $C_{TA} = \text{Enc}\{sessionKey_{v-TA}, ps_v \| SK_v \| n_1+1\}$。

④ TA 发送 C_{TA} 到 RSU。

⑤ 当收到密文 C_{TA} 后，车辆解密 C_{TA} 以获得 $<SK_{RSU}, n_2+1, \{ps_i\}_{i \in [1, n]}>$。车辆验证 n_2+1 是否正确，如果验证成功，车辆存储 SK_{RSU}，$\{ps_i\}_{i \in [1, n]}$，否则注册失败。

⑥ 如图 3.7 所示，在成功验证来自 TA 的密文后，RSU 生成空间为 n 的存储空间，并将假名集 $\{ps_i\}_{i \in [1, n]}$ 按顺序依次存储生成假名环。最后 RSU 随机选择索引指针（index），指向环中的某一个假名。

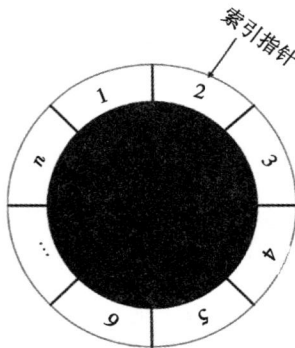

图 3.7 假名环

3.3.4 初始认证协议

当车辆首次进入 RSU 的覆盖范围时，车辆执行初始认证以建立与 RSU 之间的信任关系。在此过程中，车辆和 RSU 使用 Chen 和 Malonelee 提出的签密机制以及 Choon 和 Cheon 设计的签名机制，以实现相互认证。此外，密文和签名还包含密钥协商参数，以协助通信双方建立会话密钥。一旦车辆和 RSU 之间建立了信任关系，车辆将获得假名环。初始身份验证协议如下。

① 车辆选择随机数 n_3 并利用签密算法签密 $<ps_v, n_3, ts_1>$ 得到 $CS_v = Sign\_Cry\{SK_v, PK_{RSU}, ps_v \| n_3 \| ts_1\}$。

② 车辆发送 CS_v 到 RSU。

③ 当收到来自车辆的密文后，RSU 解密并验证 CS_v 以得到 <ps_v，n_3，ts_1>。RSU 继续验证时间戳 ts_1 的新鲜性，如果 ts_1 不新鲜，认证失败。否则，RSU 继续选择随机数 n_4，$r_v \in Z_q^*$，生成会话密钥 $sessionKey_{RSU-v} = r_{RSU}r_vPK_v$ 并计算签名 $Sign_{RSU} = \mathrm{Sign}\{SK_{RSU}，id_{RSU} \parallel ts_2 \parallel n_4\}$，密文 $C_{RSU-v} = \mathrm{Enc}\{sessionKey_{RSU-v}，n_3\}$。

④ RSU 发送 <id_{RSU}，ts_2，n_4，$Sign_{RSU}$，C_{RSU-v}> 到车辆。

⑤ 当收到来自 RSU 的消息后，车辆验证时间戳 ts_2 的新鲜性，如果 ts_2 不新鲜，认证失败。否则，车辆生成会话密钥 $K_{RSU-v} = r_vr_{RSU}PK_v$ 并解密 C_{RSU-v} 以得到 n_3。如果 n_3 是合法的，则认证成功。最后车辆加密 n_4 得到 $C_{v-RSU} = \mathrm{Enc}\{sessionKey_{v-RSU}，n_4\}$。

⑥ 车辆发送 C_{v-RSU} 到 RSU。

⑦ 当收到来自车辆的密文 C_{v-RSU} 后，RSU 首先进行解密获取 n_4，如果 n_4 是合法的，则 RSU 相信与车辆之间建立了安全信道。此时，RSU 将收到的假名 PS_v 替换索引指针指向的假名，随机选择包含 PS_v 的 n 个假名 set_{PS} 并签名假名集得到证书 $Cert = \mathrm{Sign}\{SK_{RSU}，set_{PS} \parallel exp\}$。最后，RSU 加密 <$set_{PS}$，$exp$，$Cert$> 得到 C_{RSU-v}。

⑧ RSU 发送 C_{RSU-v} 到车辆。

⑨ 当收到来自 RSU 的密文 C_{RSU-v} 后，车辆解密密文并存储 <set_{PS}，exp，$Cert$>。

3.3.5　切换认证协议

一旦车辆在初始认证中离开 RSU_1，进入 RSU_2 的覆盖范围，就会触发切换认证协议。在交接认证过程中，车辆生成环形签名进行认证。RSU_2 匿名验证签名。

① 车辆首先选择随机数 n_5 并利用私钥生成环签名 $Sign_v = Sign\_ring\{SK_v，id_{RSU} \parallel Cert \parallel n_5 \parallel ts_3 \parallel r_vPK_v\}$。

② 车辆发送消息 <set_{PS}，id_{RSU}，exp，$Cert$，n_5，ts_3，r_vPK_v，$Sign_v$> 到 RSU_2。

③ 当收到来自车辆的消息后，RSU_2 分别验证 <exp，ts_3，$Sign_v$> 的有效性。如果上述验证成功，RSU_2 相信该车辆是合法的。此时 RSU_2 计算会话密钥 $sessionKey_{RSU_2-v} = r_{RSU_2}r_vPK_v$ 并计算签名 $Sign_{RSU_2} = \mathrm{Sign}\{SK_{RSU_2}，id_{RSU_2} \parallel ts_4 \parallel n_6 \parallel r_{RSU_2}PK_{RSU_2}\}$，密文 $C_{RSU_2-v} = \mathrm{Enc}\{sessionKey_{RSU_2-v}，n_5\}$。

④ RSU_2 发送 $<id_{RSU_2}$, ts_4, n_6, $r_{RSU_2}PK_{RSU_2}$, $Sign_{RSU_2}$, $C_{RSU_2}>$ 到车辆。

⑤ 当收到来自 RSU_2 的消息后，车辆验证时间戳 ts_4 和签名 $Sign_{RSU_2}$ 的有效性，如果认证成功，车辆生成会话密钥 $sessionKey_{v-RSU_2}=r_v r_{RSU_2}PK_{RSU_2}$ 并解密 C_{RSU_2} 以得到 n_5。如果 n_5 是合法的，则认证成功。最后，车辆加密 n_6 得到 $C_{v-RSU_2}=$ Enc$\{sessionKey_{v-RSU_2}, n_6\}$。

⑥ 车辆发送 C_{v-RSU_2} 到 RSU_2。

⑦ 当收到来自车辆的密文 C_{v-RSU_2} 后，RSU_2 首先进行解密获取 n_6，如果 n_6 是合法的，则 RSU_2 相信与车辆之间建立了安全信道。

一旦车辆的证书即将到期，车辆需要从正在访问的 RSU_2 请求一个新的假名环。车辆应通过安全通道将自己的假名 PS_v 发送至 RSU_2。在收到来自车辆的请求后，RSU_2 将执行初始认证验证协议中的步骤⑦到⑨。

3.3.6 V2V 认证协议

为了实现在车辆 i 和车辆 j 之间建立信任关系，V2V 认证协议执行如下：

① 车辆 i 首先选择随机数 n_7 并利用私钥生成环签名 $Sign_i=Sign\_ring\{SK_i, id_{RSU_i} \| Cert_i \| n_7, ts_5, r_i PK_i\}$。

② 车辆 i 发送 $<set_{PS_i}, id_{RSU_i}, exp_i, Cert_i, n_7, ts_5, r_i PK_i, Sign_i>$ 到车辆 j。

③ 当收到来自车辆 i 的消息后，车辆 j 首先验证 exp_i, $Cert_i$, $Sign_i$ 的合法性，如果验证成功，车辆 j 计算会话密钥 $sessionKey_{i-j}=r_j r_i PK_i$，并计算签名 $Sign_j=Sign\_ring\{SK_j, id_{RSU_j} \| Cert_j \| n_8 \| ts_6 \| r_j PK_j\}$ 及密文 $C_{j-i}=$ Enc$\{sessionKey_{j-i}, n_7\}$。

④ 车辆 j 发送 $<set_{PS_j}, id_{RSU_j}, exp_j, Cert_j, n_8, ts_6, r_j PK_j, Sign_j, C_{j-i}>$ 到车辆 i。

⑤ 当收到来自车辆 j 的消息后，车辆 i 首先验证 exp_j, $Cert_j$, $Sign_j$ 的合法性，如果验证成功，车辆 i 计算会话密钥 $sessionKey_{j-i}=r_i r_j PK_j$ 并解密密文 C_{j-i}；如果 n_7 是合法的，车辆 i 加密 n_8 得到密文 $C_{i-j}=$ Enc$\{sessionKey, n_8\}$。

⑥ 车辆 i 发送 C_{i-j} 到车辆 j。

⑦ 当收到来自车辆 i 的密文 C_{i-j} 后，车辆 j 首先进行解密获取 n_8，如果 n_8 是合法的，则车辆 j 相信与车辆 i 之间建立了安全信道。

3.3.7　安全性分析

① 正确性：在 V2V 相互验证中，如果消息 m 已正确签名，且签名在传播过程中未被篡改，签名能够被验证算法所验证。

② 最小暴露：本节所提出的认证协议通过一组合法的假名执行身份验证，无须额外披露车辆的真实身份。

③ 条件匿名 & 分布式解析权限：在 V2V 相互验证中，即使攻击者可以监听所有环成员的假名，确定车辆真实假名的概率也小于 $1/m$，其中 m 是存储在车辆中的假名环成员的数量。此外，RSU 或 TA 无法独立识别车辆的真实身份。然而，在某些特殊场景中，可以使用 id_{RSU} 和 Cert 从 RSU 获取非法车辆的假名 ps_v，然后 TA 使用 k 解密 ps_v 并揭示非法车辆的真实身份。因此，通过 RSU 和 TA 的合作，可以识别车辆的真实身份。

④ 完美的转发隐私：环成员的身份以匿名形式显示，每辆车的签名不包含完全相同的成员。因此，在验证车辆签名后，验证者不能降低通过签名或消息获得签名者真实身份的概率。

⑤ 不可伪造性：在不知道车辆私钥的情况下，攻击者伪造合法环形签名的可能性可以忽略不计，即使其能够从随机预言机模型中获得 m 的签名。

3.3.8　性能分析

3.3.8.1　计算开销

计算开销是指车辆在认证过程中需要执行的计算总量。由于车辆计算能力较弱，其计算成本对认证效率有很大影响。因此，对 EDKM[13] 和 PACP[14] 的 V2V 认证进行了比较分析。方案中相关密码学操作执行时间如表 3.6 所示。

表 3.6　密码学操作执行时间（一）

标识	说明	时间/ms
T_{mtp}	map-to-point 的执行时间	4.4
T_{bp}	对称型双线性配对的执行时间	4.5
T_{bp-pm}	用于配对的点乘的执行时间	0.6

在 EDKM 中，为了解析签名 σ，车辆 i 计算 $U=H_1(r_2 \parallel m) \in G_1$，$V=H_1(r_2 g_1 \parallel m) \in G_1$，$T_1=\alpha U$，$T_2=\alpha V_i+A_i^{j,k}$ 和 $\delta=\alpha x_i$，其中 r_2 和 α 为随机数，x_i，$A_i^{j,k}$ 为组密钥。车辆 i 随机选择 r_α，r_x，r_δ，并计算 R_1，R_2，R_3，c，s_α，s_δ：

$$R_1 = r_\alpha U$$

$$R_2 = e(T_2, P_1)^{r_x} e(V_i, P_2)^{-r_\alpha} e(V_i, P_1)^{-r_\delta}$$

$$R_3 = r_x T_1 - r_\delta U$$

$$c = H_2(m \parallel r_2 \parallel T_1 \parallel T_2 \parallel R_1 \parallel R_2 \parallel R_3)$$

$$s_\alpha = r_\alpha + c_\alpha, \quad s_x = r_x + c x_i$$

$$s_\delta = r_\delta + c\delta$$

最后得到签名 $\sigma = (r_2, T_1, T_2, c, s_\alpha, s_x, s_\delta)$。

在接收到签名后，车辆 j 计算：

$$U = H_1(r_2 \parallel m)$$

$$V_j = H_1(r_2 g_1 \parallel m)$$

$$R_1' = s_\alpha U - c T_1$$

$$R_2' = e(T_2, P_1)^{s_x} e(v_j, P_2)^{-s_\alpha} e(v_j, P_1)^{-s_\delta} (e(T_2, P_2)/e(PK^1_{RM_j}, PK^1_{RM_j}))^c$$

$$R_3' = s_x T_1 - s_\delta U$$

最后检查是否成立，如果成立，则签名是合法的，否则认证失败。因此，EDKM 的计算开销为：

$$CC_{EDKM} = 26 T_{bp-pm} + 8 T_{bp} + 4 T_{mtp}$$

在 PACP 中，为了实现相互认证，车辆需要执行如下的加解密操作：$\Gamma^j_{(a,i)} = U \oplus V^{s^j_{(a,i)}}$，$\lambda^j_{(a,i)} = e(\Gamma^j_{(a,i)}, \sigma^j_a P)$，$\rho = H_2(k, m)$，$C = <H(\rho P) \oplus (\lambda^j_{(a,i)})^k$，$e(P, \sigma^j_{(a,i)} P)^k$，$m \oplus H_1(e(\sigma^j_a P, H(\rho P) P))>$，以及 $M' = W \oplus H_1(e(\sigma^j_a P, \Gamma^j_{(a,i)} P))$。在此基础上，BLS 签名算法被用于签名的生成和验证，因而需要额外执行两个 Hash-to-point 运算、两个双线性对运算和一个点乘法运算。

因此，PACP 在认证过程中，所消耗的计算开销为：

$$CC_{PACP} = 16 T_{bp-pm} + 6 T_{bp} + 6 T_{mtp}$$

在本方案（APPAS）中，为了签名消息 m，车辆 i 需要计算 $h_i = H_2(m \parallel L \parallel U_i)$ 并得到 $U_s = r_s' Q_{ID} - \sum_{i \neq s} \{U_i + h_i Q_{ID}\}$，$h_s = H_0(m \parallel L \parallel U_s)$ 以及 $V = (h_s + r_s') S_{ID}$。给定签名 $\sigma = \{\bigcup_{i=1}^n \{U_i\}, V\}$，验证车辆 j 首先计算 $h_s = H_0(m \parallel L \parallel U_s)$ 并检查 $e(P_{pub}, \sum_{i=1}^n U_i + h_i Q_{ID}) == e(P, V)$ 以验证签名的合法性。因此，APPAS 的计算开销为：

$$CC_{APPAS} = (n^2 + n + 1) T_{bp-pm} + 2 T_{bp} = (n^2 + n + 1) \times 0.6 + 8.8 \quad (ms)$$

其中，n 是签名环的大小。

3.3.8.2　通信开销

通信开销（CO）是指 V2V 身份验证中传输的总消息大小。由于 EDKM 和 PACP 没有定义消息 m 的内容，因此消息 m 的大小被忽略。根据文献[15]，参数的长度见表 3.7。

表 3.7　参数长度（一）

参数	消息大小／B
G_1 群元素	128
G_2 群元素	40
Z_q^*	20
$Hash_{sha-256}$	256
有效期	4
证书	120

在 EDKM 中，签名为 $\sigma = (r_2, T_1, T_2, c, s_\alpha, s_x, s_\delta)$，其中 $r_2 \in Z_q^*$，$T_1 \in G_1$，$T_2 \in G_1$，$c \in Z_q^*$，$s_\alpha \in G_1$，$s_x \in G_1$，$s_\delta \in G_1$。因此，EDKM 的计算开销为：

$$CO_{EDKM} = 6 \times 128 + 2 \times 20 = 808 (B)$$

在 PACP 中，车辆为了证明其合法性，车辆广播 $PN_{(a,i)}^j = <\sigma_a^j P, \gamma_{(a,i)}^j, t_{(a,i)}^j, SIG(t_{(a,i)}^j, \gamma_{(a,i)}^j; S_{R_i})>$，其中，$\sigma_a^j P \in G_1$，$\gamma_{(a,i)}^j \in G_1$，$t_{(a,i)}^j$ 为有效期，$SIG(t_{(a,i)}^j, \gamma_{(a,i)}^j; S_{R_i}) \in G_1$，此外在认证过程中，还需传输密文 $C = <H(\rho P) \oplus (\lambda_{(a,i)}^j)^k, e(P, \sigma_{(a,i)}^j P)^k, M \oplus H_1(e(\sigma_a^j P, H(\rho P)P))>$。因此，PACP 的通信开销为：

$$CO_{PACP} = 4 \times 128 + 120 + 4 + 2 \times 256 = 1148 (B)$$

在 APPAS 中，签名为 $\sigma = \{\bigcup_{i=1}^{n} \{U_i\}, V\}$，其中 $U_i \in G_1$，$V \in G_1$。因此，AP-PAS 的计算开销为：

$$CO_{APPAS} = n \times 128 + 128 = (n+1) \times 128 \quad (B)$$

因此，当 n 小于 6 时，APPAS 拥有比较低的通信开销。

3.3.8.3　信令开销

信令开销是指认证信令成本的数量。本节采用流体流动模型分析信令开销。在流体流动模型中，假设所有子网都是半径相同的圆，车辆的运动方向在 ρ 范围内。交叉率 R 和信号成本（SC）可定义为：

$$R = \frac{\rho v L}{\pi}$$

$$SC = TD \times R$$

其中，ρ，v，L 指的是车辆的密度、平均速度以及子网半径；TD 为传输延迟。假设传输延迟 $TD = 20$ s，$L = 100$ m，$\rho = 0.1$ m^{-2}，$v = 0 \sim 40$（m/s）。图 3.8 展示了 APPAS 的结果，从图中能够看到，在假名数量为 7~9 时，本方案的信令开销较低。

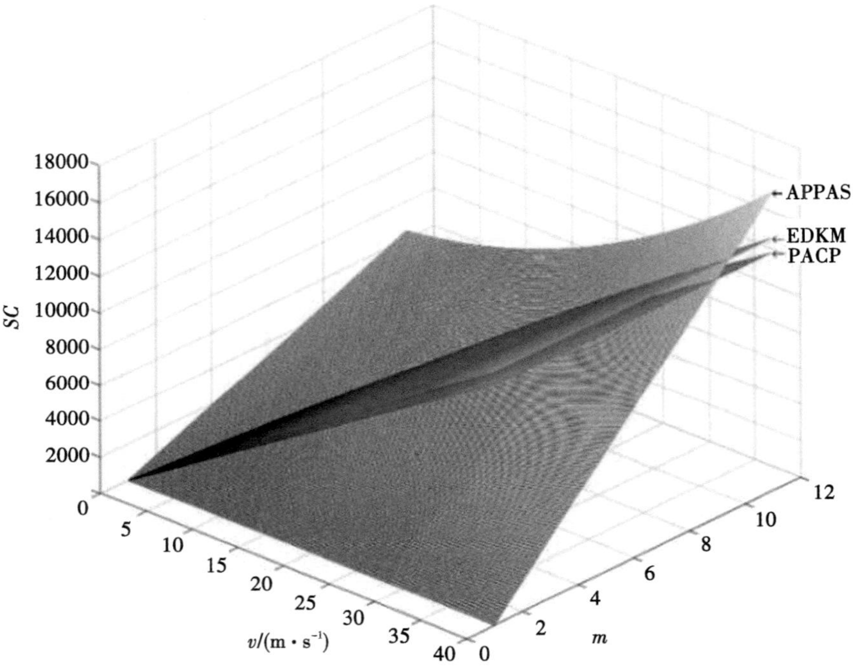

图 3.8　信令开销

3.3.9　总结

假名和群签名是 VANETs 中实现车辆匿名认证的两种重要方法。然而，这些机制会受到隐私强度或效率的影响。在本节中，将身份的环签名机制和假名结合起来，提出了一种有效的认证方案，以满足 VANETs 中匿名认证的需求。安全性和性能分析表明，该方案是安全且高效的。

3.4　基于边缘计算的匿名认证机制

在信息化飞速发展的时代，智能城市和智能交通概念的提出推动了智能城市交通网络的发展[16]。而作为智能交通重要技术支持的车联网，其发展也迎来了良好的机遇[17]。VANETs 将会极大地丰富车辆用户的生活，为智能化城市的发展提供强有力的技术支撑。因此，VANETs 正成为工业界和学术界关注的焦点[18]。然而，VANETs 的发展也同样面临着诸多挑战，其中，用户最为关注的是 VANETs 的安全问题。只有通过认证合法的车辆才能接入到 VANETs 中。但是，现有的 VANETs 接入认证方案具有不同的缺陷，无法保持安全性与效率之间的平衡。而随着雾计算概念的提出，将 VANETs 与雾计算结合，利用雾计算的独特优势降低 OBU 的计算压力以提高认证效率成为未来发展的趋势[19]。因此，本节提出了雾计算架构下的 VANETs 匿名接入认证方案，使用基于身份的短群签名（identity-based short group signature，ISGS）机制，实现匿名接入认证并提高了效率。方案中使用多重假名以保护 OBU 的身份隐私。本节所给出的雾计算架构下的 VANETs 接入认证协议主要包括在网络架构中网络实体 RSU 与 OBU 向 TA 注册的协议，RSU 与 OBU 之间的接入认证协议，OBU 与 OBU 之间的认证协议，涉及 TA、RSU 和 OBU 三种网络实体的恶意节点的识别和撤销协议。

3.4.1　网络架构和信任模型

一般的 VANETs 包含三种网络实体——OBU、RSU 和 TA，其中 RSU 也作为雾节点。如图 3.9 所示为本节所提出的雾计算下的 VANETs 接入认证方案的信任模型。TA 和 RSU 通过有线安全信道连接，TA 完全可信。RSU 通过无线信道与 OBU 进行通信。RSU 与 OBU 之间互不信任。OBU 之间以线通信的方式进行通信且彼此不信任。另外，本节设集成在 OBU 上的 TPD 足够安全，并且 TPD 中的信息只能由 TA 修改。

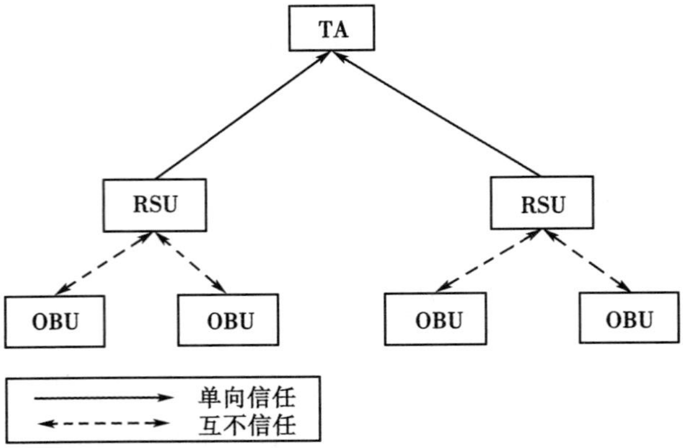

图 3.9　信任模型

3.4.2　系统初始化

为了便于描述，首先给出了在协议描述中会使用到的主要参数标识及说明，如表 3.8 所示。

表 3.8　参数标识及说明(二)

标识	说明
id	OBU 的真实身份
ps_{id}	OBU 的初始假名
R_{id}	RSU 的真实身份
ts_i	时间戳
T	群签密钥的有效期
gPk/gSk	群公/私钥
sk_V/sk_R	OBU/RSU 的私钥
ps_i/x_i	OBU 的第 i 个假名/第 i 个随机数
b_i/sk_i	群签私钥对
$sessionKey_{A-B}$	网络实体 A 与 B 之间的共享密钥
N	OBU 的初始信任值
$Enc\_BF(PK_A, m)$	使用 BF 加密机制利用实体 A 的公钥(PK_A)加密消息 m
$Enc\{K_{A-B}, m\}$	使用对称加密机制利用实体 A 与 B 之间的共享密钥加密消息 m
$Sign\_CC\{SK_A, m\}$	使用 CC 签名机制利用实体 A 的私钥 SK_A 对消息 m 进行签名
$Sign\_ISGS\{GSK_A, m\}$	使用 ISGS 签名机制利用实体 A 的群签私钥 GSK_A 对消息 m 进行签名

在系统初始化阶段，TA 生产并发布公共参数，过程如下。

① TA 选取两个大素数 p，q，并选取椭圆曲线 E：$y^2 \equiv x^3 + 1$。

② TA 生成两个 q 阶循环群 G_1，G_2，一个双线性映射 e：$G_1 \times G_2 \rightarrow G_2$。

③ TA 选取群 G_1 的一个生成元 P，并选取一个随机数 $s \in Z_q^*$，然后计算系统公钥 $P_{pub} = sP$。

④ TA 选取 4 个哈希函数：H：$\{0, 1\}^* \rightarrow G_1$，$H_1$：$\{0, 1\}^* \times G_1 \rightarrow Z_q^*$，$H_2$：$G_1 \rightarrow Z_q^*$，$H_3$：$\{0, 1\}^* \times G_1 \rightarrow G_1$。

⑤ TA 公开系统参数 $param = \{p, q, e, P, P_{pub}, H, H_1, H_2, H_3\}$。

3.4.3　注册协议

车载单元（OBU）与路边单元（RSU）均需要向 TA 注册。

（1）OBU 注册

① OBU 通过安全信道将真实身份 id 发送至 TA。

② TA 计算 $ps_{id} = Enc\_BF(PK_{TA}, id)$，并将 ps_{id} 发送给 OBU，作为其初始假名。然后，TA 为 OBU 设置初始信任值 N 并计算签名私钥 $sk_v = sQ_{idV}$，其中 $Q_{idV} = H(ps_{id})$。

③ TA 通过有线安全信道将 $\{sk_v, Q_{idV}, ps_{id}, N\}$ 发送至 OBU。

④ OBU 接收 TA 发送的信息并存储于 TPD 中。

（2）RSU 注册

① RSU 通过安全信道将真实身份 R_{id} 发送给 TA。

② TA 计算 RSU 的签名私钥 $sk_R = sQ_{idR}$，其中 $Q_{idR} = H_1(R_{id})$，然后 TA 选取随机数 $gSk \in Z_q^*$ 作为 RSU 的群私钥，并计算 RSU 的群公钥 $gPk = gSkP$。

③ TA 将 $\{sk_R, Q_{idR}, gSk, gPk\}$ 通过安全信道发送至 RSU。

④ RSU 接收并保存。

3.4.4　V2I 认证协议

当 OBU 移动到 RSU 的通信范围内时，需要执行 OBU 和 RSU 之间的 V2I 认证协议。

① RSU 生成签名 $\delta_1 = Sign\_CC\{SK_{SR}, \{gPk, ts_1\}\} = \{U_{RSU}, V_{RSU}\}$，其中 $U_{RSU} = r_{RSU}Q_{idR}$，$V_{RSU} = (r_{RSU} + h_{RSU})sk_R$，$h_{RSU} = H_1(gPk \parallel ts_1, U_{RSU})$，$r_{RSU} \in Z_q^*$ 为随机数，然后定期向周围广播 $\{\delta_1, R_{id}, gPk, ts_1\}$。

② 当 OBU 接收到 $\{\delta_1, R_{id}, gPk, ts_1\}$ 时，首先检查时间戳 ts_1 是否新鲜。如果时间戳新鲜，则 OBU 计算等式 $e(P, V_{RSU}) == e(P_{pub}, U_{RSU}+h_{RSU}Q_{idR})$ 是否成立，如果成立，则 RSU 被认为是合法的。否则 OBU 拒绝接入此 RSU，并运行至下个 RSU 通信范围进行接入。验证成功后，OBU 计算签名 $\delta_2 = Sign\_CC\{sk_V,$ $\{r_{OBU}, ts_2\}\} = \{U_{OBU}, V_{OBU}\}$，其中 $r_{OBU} \in Z_q^*$ 为随机数，$U_{OBU} = r_{OBU}Q_{idR}$，$V_{OBU} = (r_{OBU}+h_{OBU})sk_V$，$h_{OBU} = H_1(r_{OBU} \| ts_2, U_{OBU})$。然后计算 OBU 与 RSU 之间的共享密钥 $K_{v-r} = gPkr_{OBU} = sk_R P_{rOBU}$，$c = E\_K_{v-r}(ps_{id})$。并将 $\{c, \delta_2, r_{OBU}P, ts_2\}$ 发送至 RSU。

③ 接收到 $\{c, \delta_2, r_{OBU}P, ts_2\}$ 之后，RSU 首先检查时间戳 ts_2 是否新鲜。如果时间戳新鲜，则 RUS 计算与接入 OBU 之间的共享密钥 $sessionKey_{v-r} = r_{OBU}Psk_R = r_{OBU}gPk$，然后使用共享密钥 $sessionKey_{v-r}$ 解密消息 c 得到 ps_{id}。然后 RSU 验证等式 $e(P, V_{OBU}) == e(P_{pub}, U_{OBU}+h_{OBU}Q_{idV})$ 是否成立。如果等式成立，则 RSU 认为该 OBU 合法，否则拒绝为该 OBU 提供接入服务。验证成功之后，RSU 选取随机数 $x_i \in Z_q^*$，$i \in \{1, 2, 3, \cdots, k\}$，并计算 $ps_i = \{ps_{i,1}, ps_{i,2}\}, QV_i$，其中 $ps_{i,1} = x_iP$，$ps_{i,2} = ps_{id} \oplus H_2(x_i \cdot P_{pub})$，$QV_i = H(ps_{i,2})$，$sk_i = sk_R \cdot QV_i$。最后 RSU 选择 T 为群签密钥的有效期，计算 $c_1 = E\_K_{v-r}(<sk_i, ps_i, T>)$，并将密文 c_1 返回给 OBU。

④ 接到密文 c_1 之后，OBU 解密 c_1 得到列表 sk_i, ps_i, T。然后 OBU 为每个 ps_i 选择一个 b_i，且满足 $b_ips_i \equiv 1 \bmod \varphi(n)$。最后，OBU 将群签密钥列表 $b_i, sk_i,$ ps_i, T 存储于 TPD 中，完成 V2I 协议。

3.4.5 V2V 认证协议

在完成 V2I 认证协议之后，接入到 VANETs 的合法 OBU 得到它们的假名和群签名密钥对。因此 OBU 之间可以进行双向认证以进行安全通信。

① OBU_i 随机选择一个假名 ps_i 和其对应的群签密钥对 $<sk_i, b_i>$，并选取随机数 $x_{OBUi} \in Z_q^*$，然后计算 $A_i = x_{OBUi}P$，$B_i = x_{OBUi}^{-1}sk_i + H_3(gPk \| ts_i, A_i)b_i$，并计算签名 $\delta_3 = Sign\_ISGS\{SK_{OBUi}, \{gPk, ts_i\}\} = \{A_i, B_i\}$，并将 $\{\delta_3, ts_i, ps_i, gPk\}$ 发送给 OBU_j。

② 接收到 $\{\delta_3, ts_i, ps_i, gPk\}$ 之后，OBU_j 首先检查时间戳 ts_i 是否新鲜。如果时间戳新鲜，则计算 $\alpha = e(ps_{i,2}gPk, QV_i)$，$\beta = (A_i, ps_iB)$，$\gamma = e(A_i, H(gPk \| ts_i, A_i))$，并检验等式 $\beta = \alpha\gamma$ 是否成立。如果等式成立，OBU_j 选取随机数 $x_{OBUj} \in$

Z_q^*，计算共享密钥 $sessionKey_{v-v}=A_i r_{OBUi} P_{rOBUj}$，并存储在 TPD 中。然后 OBU$_j$ 选取一个假名 ps_j，群签名密钥对 $<sk_j，b_j>$，并计算 $A_j=x_{OBUj}P$，$B_j=x_{OBUj}^{-1} sk_j+H_3(gPk \parallel ts_j，A_j)b_j$ 和签名 $\delta_4=Sign\_ISGS\{SK_{OBUj}，\{gPk，ts_j\}\}=\{A_j，B_j\}$，然后将 $\{\delta_4，ts_j，ps_j，gPk\}$ 发送给 OBU$_i$。

③ 接收到 $\{\delta_4，ts_j，ps_j，gPk\}$，OBU$_i$ 以同样的过程对 OBU$_j$ 的签名 δ_4 进行验证。如果验证成功，则 OBU$_i$ 计算共享密钥 $sessionKey_{v-v}=A_j r_{OBUj} P_{rOBUj}$，并存储于 TPD 中，完成 V2V 认证。

3.4.6　恶意节点的识别和撤销协议

恶意节点的识别和撤销流程如下。

① 当一个车载单元 OBU$_j$ 接收到 OBU$_i$ 发送的消息 m，并认为此消息为虚假消息，则 OBU$_j$ 利用 OBU$_i$ 发送的消息 m 和发送消息时所用的假名 V_i，生成一个报告 $report$，并将报告发送至邻近的 RSU。

② RSU 接收到一个报告 $report$ 之后，将此报告通过安全信道发送给 TA。

③ TA 接收到报告之后，首先检查消息 m 是否为虚假消息，如果是，TA 通过 V_i 计算并追踪该车辆的真实身份。

④ TA 首先计算 $sps_{i,1}=s \cdot x_i \cdot P=x_i \cdot P_{pub}$，然后计算 $ps_{id}=ps_{i,2} \oplus H_2(x_i \cdot P_{pub})=ps_{i,2} \oplus H_2(sps_{i,1})$，最后 TA 使用系统主密钥 s 解密 ps_{id} 得到 OBU$_i$ 的真实身份。

⑤ TA 追踪到 OBU$_i$ 的真实身份并使该节点的信任值减去相应的 ω；若此时该节点的信任值小于临界值 k，则该节点被认定为恶意节点。

⑥ TA 向所有 RSU 广播该车辆的 ps_{id}，使所有 RSU 停止向该节点提供服务，同时进行线下处理，以达到撤销恶意节点的目的。

3.4.7　安全性分析

本小节针对给出的方案，给出如下的安全性分析：

① 认证：本节方案能够保证 OBU 与 RSU 之间及 OBU 之间的双向认证。

② 匿名性：在 OBU 与 RSU 的双向认证过程中，OBU 所出示的是 TA 为其颁发的匿名身份，而 OBU 之间认证所用的是 RSU 为 OBU 颁发的匿名身份。因此在最坏的情况下，假如多个 RSU 被攻破，由于 OBU 不需要在经过每个 RSU 时更换假名，因此攻击者也无法从 RSU 处得到其生成假名的 V_{id}，无法揭示

OBU 的真实身份，最大程度地保护了用户的身份隐私。

③ 可追溯性：一旦需要揭示 OBU 的真实身份，TA 能够根据该节点的匿名身份经过计算得到其真实身份。

④ 不可链接性：OBU 在接入到 RSU 后，RSU 为 OBU 颁发多个假名，在通信时 OBU 随机选取一个假名作为匿名身份，攻击者无法对多条消息进行关联分析。

⑤ 其他类型攻击：本方案可以抵御假冒攻击、篡改攻击、重放攻击、窃听攻击和密钥窃取攻击。

在 OBU 和 RSU 初始认证阶段，使用 CC 签名机制，其签名的验证公钥以及签名私钥由 TA 计算并通过安全信道发送给相关实体，因此攻击者无法冒充其他节点来伪造签名。因此本节方案能防止假冒攻击。

根据本节方案，接收方在收到安全消息之后，会在验证阶段通过检验等式是否成立来进行判断，如果消息被篡改，则会导致验证失败，有效地防止了篡改攻击。

根据本节方案，OBU 在签名后的消息中加入了当前时间戳 ts_i，可以有效地防止重放攻击。

而在 OBU 向 RSU 申请群签密钥以及匿名身份后，RSU 会将群签密钥和匿名身份用会话密钥加密生成密文后发送给 OBU，可以有效防止在密钥传输过程中的密钥窃取攻击。

从上述分析可以看出，本节所提出的方案可以满足 VANETs 安全要求，因此，本节提出的方案被认为是完整的。

3.4.8 性能分析

本节从三个方面分析了本节所提出的方案（AAAS）的性能：计算开销、通信开销、服务比率，并对以下几个典型的方案之间进行对比：AAAS，CPAS[20]，ACPN[21]，PACP[14]。

3.4.8.1 计算开销

计算开销是相关的网络实体在 V2I 和 V2V 认证过程中消耗的时间。随着边缘计算框架的部署，RSU 通常具有丰富的计算资源，因此 RSU 作为雾节点的计算开销不做考虑。本节主要对不同方案下 OBU 端的计算开销进行了对比分析。在协议认证过程中的主要计算操作包括：双线性对、哈希到点、加密和点乘等。与上述计算操作相比,普通哈希、点加以及对称加密的计算开销可以忽略。表 3.9 给出了相关密码学操作执行时间。

表 3.9 密码学操作执行时间(二)

标识	说明	时间/ms
T_{RSA}	RAS 加密的执行时间	0.79
T_{mtp}	map-to-point 的执行时间	4.406
T_{bp}	对称型双线性配对的执行时间	4.5
T_{bp-pm}	用于配对的点乘的执行时间	0.6

在本节提出的方案中的 V2I 认证过程中,OBU 通过检验 $e(P, V_{RSU}) = e(P_{pub}, U_{RSU} + h_{RSU}Q_{idR})$ 验证 CC 签名并生成 CC 签名。此外 OBU 还需要计算共享密钥 $K_{v-r} = gPkr_{OBU}$。因此,方案在 V2I 认证过程中的计算开销为:

$$CC_{AAAS-V2I} = 2T_{mtp} + 2T_{bp} + 3T_{bp-pm}$$

在 AAAS 方案的 V2V 认证过程中,OBU 需要计算 ISGS 签名 $A_j = x_{OBUj}P$, $B_j = x_{OBUj}^{-1}sk_j + H_3(gPk \parallel ts_j, A_j)b_j$。之后验证 ISGS 签名并检验等式 $\beta = \alpha\gamma$ 是否成立。由以上分析,AAAS 方案在 V2V 认证过程的计算开销为:

$$CC_{AAAS-V2V} = 2T_{mtp} + 3T_{bp} + 7T_{bp-pm}$$

$$CC_{CPAS-V2I} = 3T_{mtp} + 3T_{bp} + 7T_{bp-pm}$$

而在 CPAS 方案的 V2V 认证过程中,OBU 计算数字签名:$h_i = H_1(PID_i, T_i)$, $h_i' = H_2(PID_i, M_i, tt_i, T_i, U_i) \in Z_q^*$,然后 OBU 检验等式 $e(V_i, P) = e(h_1P_{pub} + h_i'h_RT_i, Q) \cdot e(U_i, Q')$ 是否成立。因此,CPAS 方案的 V2V 认证过程的计算开销为:

$$CC_{CPAS-V2V} = 3T_{mtp} + 3T_{bp} + 5T_{bp-pm}$$

在 ACPN 的 V2I 认证过程中,OBU 生成假名 $PS_v = Time \parallel E_{PK}(id_v) \parallel HR \parallel RSU$。OBU 生成假名 $r = e(P_1, P)$, $v = h(m, r)$, $u = v \cdot S_1D + kP_1$。然后 OBU 验证两个签名,通过计算 $r = e(u, P) \cdot e(H(id), -Q_TA)$ 并验证等式 $v = h(m, r)$ 是否成立。因此,ACPN 方案的 V2I 认证过程的计算开销为:

$$CC_{ACPN-V2I} = 5T_{mtp} + 5T_{bp} + 4T_{bp-pm}$$

在 ACPN 的 V2V 认证过程中,OBU 生成签名 $\sigma = H_1(m, R)x + r$,并验证签名 (S, σ, R),检验等式 $e(P_{pub}, S) = e(P \cdot H_1(m, R)R, Q_{id})$ 是否成立。因此,ACPN 方案在 V2V 认证过程中的计算开销为:

$$CC_{ACPN-V2V} = 2T_{mtp} + T_{bp} + 3T_{bp-pm}$$

在 PACP 方案的 V2I 认证过程中,OBU 生成 IBS 签名,并验证 RSU 发送的签名。由于作者没有说明具体的签名方案，假设其签名也为 CC 签名，因此，PACP 方案的 V2I 认证的计算开销为：

$$CC_{PACP-V2I} = 6T_{mtp} + 6T_{bp} + 18T_{bp-pm}$$

在 PACP 的 V2V 认证过程中，OBU 的计算过程与 V2I 过程基本一致。除此之外 OBU 需要生成一个签名以及验证 RSU 为被认证 OBU 颁发的签名，此过程中 OBU 须执行 2 个哈希到点、2 个双线性对和 1 个点乘操作。由以上分析可知，PACP 方案的 V2V 认证过程的计算开销为：

$$CC_{PACP-V2V} = 6T_{mtp} + 6T_{bp} + 16T_{bp-pm}$$

根据研究结果显示，本节提出的方案 AAAS 在 V2I 认证过程相比于其他三种方案具有较低的计算开销。而在 V2V 认证过程，AAAS 相比 CPAS、PACP 具有较低的计算开销，但略高于 ACPN。此外，所提出的研究方案 AAAS 的总计算开销低于以上其他三种方案。表 3.10 给出了四种方案的计算开销对比。

表 3.10　计算开销对比（二）

方案	V2I 认证	V2V 认证	总开销
CPAS	$3T_{mtp} + 3T_{bp} + 7T_{bp-pm}$	$3T_{mtp} + 3T_{bp} + 5T_{bp-pm}$	$6T_{mtp} + 6T_{bp} + 12T_{bp-pm}$
ACPN	$5T_{mtp} + 5T_{bp} + 4T_{bp-pm} + T_{RSA}$	$2T_{mtp} + T_{bp} + 3T_{bp-pm}$	$7T_{mtp} + 6T_{bp} + 7T_{bp-pm}$
PACP	$6T_{mtp} + 6T_{bp} + 18T_{bp-pm}$	$6T_{mtp} + 6T_{bp} + 16T_{bp-pm}$	$12T_{mtp} + 12T_{bp} + 34T_{bp-pm}$
AAAS	$2T_{mtp} + 2T_{bp} + 3T_{bp-pm}$	$2T_{mtp} + 3T_{bp} + 7T_{bp-pm}$	$4T_{mtp} + 5T_{bp} + 10T_{bp-pm}$

3.4.8.2　通信开销

本小节的传输开销分析是针对 V2I 和 V2V 认证过程中传输消息的总的大小。表 3.11 给出了各个参数的字节长度。

针对 AAAS 方案，OBU 从 RSU 接收到 $\{\delta_1, R_{id}, gPk, ts_1\}$ 并向 RSU 发送 $\{c, \delta_2, r_{OBU}, P, ts_2\}$，其中 $\delta_1 = \{U_{RSU}, V_{RSU}\}$，$\delta_2 = \{U_{OBU}, V_{OBU}\}$，$c = E\_K_{r-v}\{V_{id}\} V_i = \{V_{i1}, V_{i2}\}$，$V_{id}$ 和 R_{id} 为 OBU 和 RSU 的身份。V_{i1}，V_{i2}，gPk，r_{OBU}，$P \in G_2$，U_{RSU}，U_{OBU}，V_{RSU}，$V_{OBU} \in G_1$，ts_1，ts_2 为时间戳。因此，AAAS 方案的 V2I 传输开销为：

$$TO_{AAAS-V2I} = 40 \times 4 + 128 \times 4 + 20 \times 2 + 4 \times 2 = 720 \text{（B）}$$

表 3.11　参数长度（二）

参数	字节长度/B
G_1 群元素	128
G_2 群元素	40
时间戳	4
OBU 证书	120
哈希值	20

在 V2V 认证过程中，OBU_i 向 OBU_j 发送 $\{\delta_3, V_i, gPk, ts_i\}$，而 OBU_j 向 OBU_i 发送 $\{\delta_4, V_j, gPk, ts_j\}$，$ts_i$，$ts_j$ 为时间戳。因此 AAAS 方案的 V2V 传输开销为：

$$TO_{AAAS-V2V} = 40 \times 6 + 128 \times 4 + 4 \times 2 = 760 \text{（B）}$$

针对 CPAS 方案的 V2I 认证，OBU 接收到 $<id_R, M_i, tt_R, \tau_i^R>$，并发送 $<PID_i, M_i, tt_R, \tau_i>$，其中 $\tau_i^R = (T_R, U_i^R, V_i^R)$，$T_R, U_i^R, V_i^R \in G_1$。因此，CPAS 的 V2I 认证传输开销为：

$$TO_{CPAS-V2I} = 128 \times 6 + 20 \times 4 + 4 \times 2 = 856 \text{（B）}$$

在 V2V 认证过程中，接收到 $<PID_i, M_i, tt_R, \tau_i>$ 并发送 $<PID_i', M_i', tt_R', \tau_i'>$。因此，CPAS 的 V2V 认证传输开销：

$$TO_{CPAS-V2V} = 128 \times 6 + 20 \times 4 + 4 \times 2 = 856 \text{（B）}$$

针对 ACPN 方案的 V2I 认证过程，OBU 接收到 RSU 发送的 $<id_r, T, pkc, adv, nonce, SIG_r(id_r \parallel T)>$ 和 $<id_r, t, nonce, SIG_r(id_r \parallel T)>$ 并发送，其中 $SIG_r(id_r \parallel T) = \{u, v, r\}$，$u \in G_1$，$r, pkc \in G_2$，$T$，$t$ 为时间戳。因此，ACPN 的 V2I 认证传输开销为：

$$TO_{ACPN-V2I} = 40 \times 1 + 128 \times 6 + 20 \times 7 + 4 \times 3 = 960 \text{（B）}$$

在 V2V 认证过程中，OBU 发送 $<PS_v, t, nonce, SIG_v^{online}(SIG_v^{online}(PS_v \parallel T))>$，并接收到被认证 OBU 发送的 $<PS_v, t, nonce, SIG_v^{online}(SIG_v^{online}(PS_v \parallel T))>$，其中 t 为时间戳，因此 ACPN 的 V2V 认证传输开销为：

$$TO_{ACPN-V2V} = 40 \times 2 + 128 \times 6 + 20 \times 2 + 4 \times 2 = 896 \text{（B）}$$

针对 PACP 方案，在 V2I 认证过程中，OBU 向 RSU 发送 $<\Delta_\alpha, SIG(\Delta_\alpha, S_\alpha)>$，并接收 $<\tau_{(a,i)}, SIG(\tau_{(a,i)}, t_{(a,i)}, S_{R_i}), \gamma_{(a,i)}, Cert_{(a,i)}>$。其中 $\Delta_\alpha = <\beta_\alpha, SIG(\beta_\alpha, S_{MVD}), k_{(a,i)}>$，假设 $SIG(\Delta_\alpha, S_\alpha)$ 为 CC 签名，而 $\tau_{(a,i)}, \Delta_\alpha \in G_1$。因此，PACP 的 V2I 认证传输开销为：

$$TO_{PACP-V2I} = 40 + 128 \times 8 + 120 \times 2 + 4 \times 2 = 1312 \text{（B）}$$

在 V2V 认证过程中，OBU 发送 $<PN^j, \sigma_j>$，接收被认证 OBU 发送的 $<PN^j, \sigma_j>$。其中 $PN^j = <\sigma_\alpha^j P, \tau_{(a,i)}, t_{(a,j)}^j, SIG(\tau_{(a,i)}, t_{(a,i)}), Cert_{(a,i)}>$，$\sigma_j, \sigma_\alpha^j P, \tau_{(a,i)}, t_{(a,j)}^j \in G_1$。因此，PACP 的 V2V 认证传输开销为：

$$TO_{PACP-V2V} = 128 \times 10 + 120 \times 2 + 4 + 40 \times 2 = 1604 \text{（B）}$$

与 CPAS、ACPN、PACP 相比，AAAS 方案在 V2I 和 V2V 认证过程具有较低的传输开销，四种方案对比如表 3.12 所示。

表 3.12   通信开销对比(二)   单位:B

认证过程	AAAS	CPAS	ACPN	PACP
V2I	720	856	960	1312
V2V	760	856	896	1604
总传输开销	1480	1712	1856	2916

3.4.8.3   服务比率

在 V2I 认证过程中,RSU 为 OBU 提供服务。RSU 为 OBU 提供服务的能力用服务比率来衡量。相关参数标识及说明如表 3.13 所示。

表 3.13   参数标识及说明(三)

标识	说明
R_{range}	RSU 有效通信范围为 300 m
v	车辆平均速度为 10~40 m/s
d	每个 RSU 通信范围内车辆数量为 100~400 辆
ρ	单位时间内 OBU 发送请求的概率
X	在密度为 d 时请求 OBU 的个数,X 服从二项分布 $B(d,\rho)$
T_k	RSU 和 OBU 在 V2I 协议中的计算开销

依据文献[22]的公式分析 RSU 为 OBU 提供服务的服务成功率,过程如下。

$$P\{X=x\}=\binom{d}{x}\rho^x(1-\rho)^{d-x},\ x=0,1,2,\cdots,d$$

$$E(X)=\sum_{x=0}^{d}k^2\binom{d}{x}\rho^x(1-\rho)^{d-x}$$

其中 $E(X)$ 为服务请求的平均数目的期望:

$$S_{req}=E(X)=d\rho$$

为了衡量 RSU 为 OBU 提供接入服务的能力,假设 RSU 可以提供服务的最大数量为 S_{max},车辆平均速度为 v,RSU 有效的无线通信覆盖范围为 R_{range},计算开销为 T_k。因此,有:

$$S_{max}=\frac{R_{range}}{vT_k}$$

完成接入服务的个数为:

$$S_{cas}=\begin{cases}S_{req},\ S_{req}\leqslant S_{max}\\S_{max},\ S_{req}>S_{max}\end{cases}$$

服务比率为:

$$S_{radio} = \frac{S_{cas}}{S_{req}}$$

基于分析的计算开销,本小节给出不同方案下的服务比率。

依据表 3.10,假设 RSU 的计算开销较小,为 19.612ms 时,得

$$T_{k-AAAS} = 19.612 + (2T_{mtp} + 2T_{bp} + 3T_{pm}) = 39.224(\text{ms})$$

$$T_{k-CPAS} = 19.612 + (3T_{mtp} + 3T_{bp} + 7T_{pm}) = 50.53(\text{ms})$$

$$T_{k-ACPN} = 19.612 + (5T_{mtp} + 5T_{bp} + 4T_{pm} + T_{RSA}) = 60.732(\text{ms})$$

$$T_{k-PACP} = 19.612 + (6T_{mtp} + 6T_{bp} + 18T_{pm}) = 83.848(\text{ms})$$

依据表 3.10,假设 RSU 的计算开销较大,为 64.236ms,则可得以下等式。

$$T_{k-AAAS} = 64.236 + (2T_{mtp} + 2T_{bp} + 3T_{pm}) = 83.848(\text{ms})$$

$$T_{k-CPAS} = 64.236 + (3T_{mtp} + 3T_{bp} + 7T_{pm}) = 95.154(\text{ms})$$

$$T_{k-ACPN} = 64.236 + (5T_{mtp} + 5T_{bp} + 4T_{pm} + T_{RSA}) = 111.356(\text{ms})$$

$$T_{k-PACP} = 64.236 + (6T_{mtp} + 6T_{bp} + 18T_{pm}) = 128.372(\text{ms})$$

最后,图 3.10 和图 3.11 给出了服务比率的对比。从结果来看,在相同车速车辆密度下,AAAS 具有更好性能。同时,服务比率随着 RSU 计算开销的增加而降低。

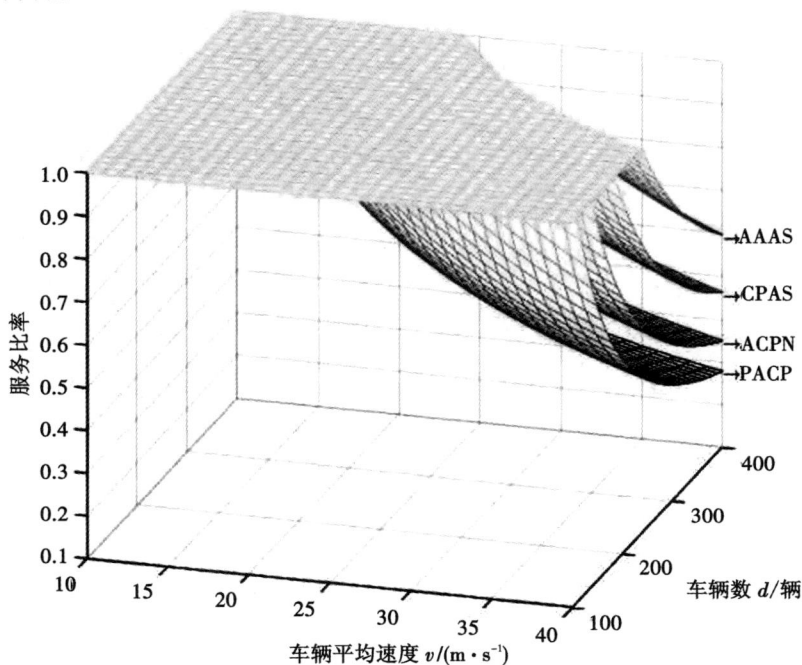

图 3.10 当 RSU 端计算开销为 19.612ms 时的服务比率对比

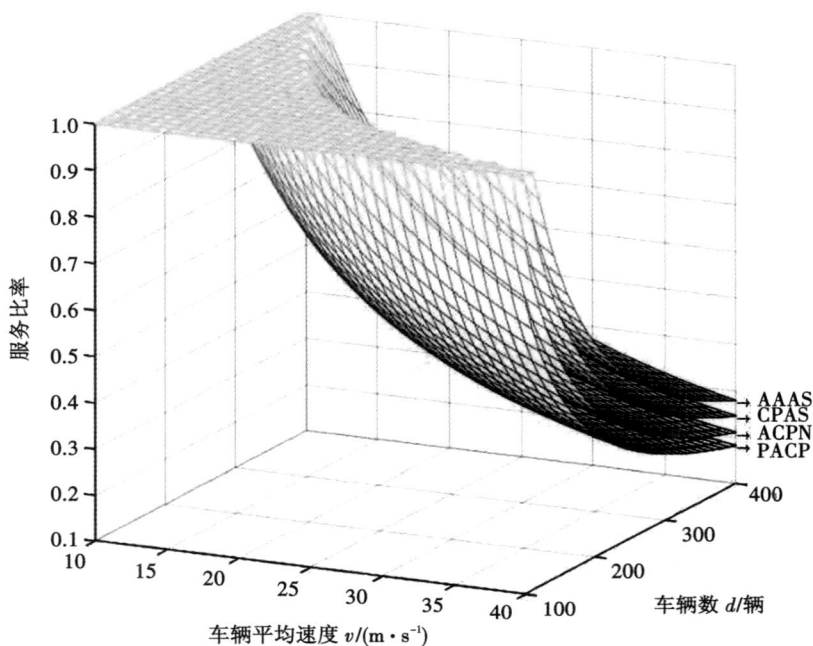

图 3.11　当 RSU 端计算开销为 64.236ms 时的服务比率对比

3.4.9　总结

本节介绍了一种雾架构下隐私保护的 VANETs 接入认证方案。方案基于身份的短群签名技术、基于身份的 CC 签名技术并融合了雾计算架构，建立了层次化的网络架构，提出了雾计算架构下 VANETs 匿名接入认证方案。该方案利用群签和多重假名机制有效地保护了 OBU 节点的身份隐私，提高了 V2I 和 V2V 认证的效率。通过安全性证明和分析证明了协议是安全的。然后使用 NS2 网络模拟器对本节给出的接入认证方案进行仿真模拟，并对模拟数据进行分析，分析结果显示，方案在保证隐私保护的前提下具有较低的 V2I 和 V2V 认证延迟。

3.5　基于 Elgamal 的匿名认证机制

在智能交通系统中，车联网能够实现车与车以及车与基础设施之间的实时信息交互。并且在提高交通安全、减少环境污染、缓解交通拥堵、提供便利等方面具有积极作用。由于车联网中采用的无线通信技术本质上是广播，车辆之间通信具有开放性，因此需要保护车联网在通信过程中产生的车辆位置、轨迹等敏感信息，否则不仅会造成隐私泄露，还会给驾驶者的生命财产安全造成威胁。为了解决这个问题，在 WAVE-1609.2 中提出通过授权访问的方式对个人数据进行隐私保护，但由于一些安全应用的实现依赖于经常广播车辆位置等隐私数据，因此完全隐私难以实现。本节提出了一种基于匿名证书系统的匿名认证方案，将 Elgamal 加密用于对匿名凭证进行身份审查，并应用双线性对检查 Elgamal 密文的有效性，旨在设计一种安全性与性能相对较好的匿名认证方案。

3.5.1　网络架构

车联网是一种以车辆为节点的特殊类型的移动自组织网络，其特殊性主要体现在以下几个方面：① 节点高速移动性；② 节点移动规律性；③ 节点信息私密性；④ 信息交换频繁；⑤ 交通场景差异性；⑥ 节点携带资源相对充足；⑦ 无线通信信道不稳定。车联网一般由路边单元(RSU)、车载单元(OBU)、可信权威机构(TA)组成，可以实现车对车(V2V)及车对基础设施(V2I)的通信，如图 3.12 所示。

关于车联网中的实体介绍如下：

① 路边单元(RSU)：在车联网中，RSU 是一种安装在路侧的基站，采用 DSRC 技术与车辆进行通信。作为车载单元和可信权威机构之间的中间实体，RSU 的存储和计算能力均居中。

② 车载单元(OBU)：OBU 安装在车辆上，定期广播与交通相关的状态信息，如位置、速度等。OBU 同样采用 DSRC 技术，与 RSU 及其他车辆进行通信。

③ 凭证颁发者(简称"颁发者")：具有较高计算能力和存储能力的可信第三方，负责 RSU 和车辆的注册工作，为车辆颁发匿名凭证等信息，以实现 V2V、V2I 通信中的隐私保护。

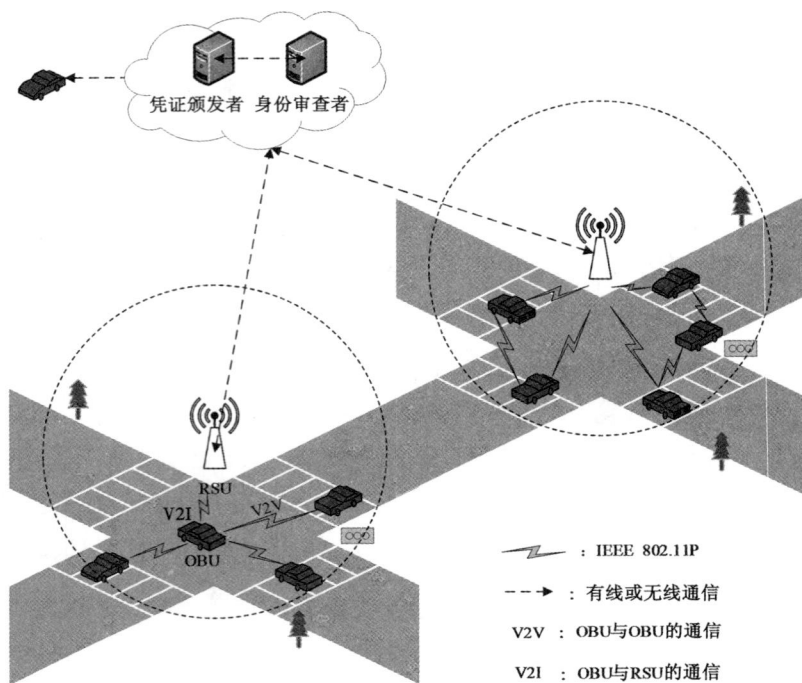

图例：

⚡ ： IEEE 802.11P

--→ ： 有线或无线通信

V2V ： OBU与OBU的通信

V2I ： OBU与RSU的通信

图 3.12　车联网通信模型

④ 身份审查者(简称"审查者")：具有较高计算能力和存储能力的可信第三方，负责车辆的身份审查工作。

3.5.2　方案概述

考虑到隐私性，提出的匿名认证方案有 Issuer(颁发者)，User(用户)，Inspector(审查者)三个模块，提供用于 V2V 和 V2I 通信的匿名车联网络。而 User 又分为 Prover(示证者)和 Verifier(验证者)两个模块。确切地说，Issuer 模块运行在 RSU 上，向 OBU 发出匿名凭据。Prover 模块在 OBU 上运行，通过向 Verifier 出示短期凭证来证明凭证的所有权。Verifier 模块在 OBU、RSU 上运行，以检查凭证的有效性和所有权。Inspector 模块运行在一个或多个权威机构(TA)上，用于在发生不当行为时检索车辆的身份。

方案中的主要过程包括凭证颁发、凭证出示和身份审查。首先在凭证发布过程中，Issuer 运行 Credential_Issue( )算法来向 Prover 颁发匿名凭证。Prover 在 Credential_Verify( )算法验证匿名证书的有效性。

在接下来的凭证出示过程中，Prover 运行 Token_Generate( )算法生成一个随机的短期凭证，Verifier 通过调用 Token_Verify( )或者 Batch_Verify( )算法验证该凭证的有效性。该过程可以用于在 VANETs 中与其他车辆/RSU 通信。这意味着消息是在共享密钥下加密的。

如果 Prover 有任何错误行为，Verifier 将证据转发给 Issuer，Issuer 检查通过后则将身份审查所需的参数发送给 Inspector，身份审查过程将被激活，Inspector 运行 Token_Inspect( )算法来与 Issuer 进行合作检索 Prover 的公钥。

3.5.3　系统初始化

系统初始化阶段为 Issuer，Prover，Verifier 和 Inspector 生成后续认证和撤销过程所需的参数。

TA 生成两个生成元 P，Q，并构造了素数阶为 p 的两个乘法循环群 G_1，G_2 和双线性映射 $e: G_1 \times G_2 \rightarrow G_T$；并定义哈希函数 $\hat{H}: G_T \rightarrow G_1$，$H: G_1 \times \{0, 1\}^* \rightarrow Z_q^*$。因此系统的公共参数为 $(e, P, Q, G_1, G_2, G_T, p)$。

Inspector 选取随机数 $\alpha \in_R Z_q^*$，并计算 $P_1 = \alpha P$，$P_2 = -\alpha Q$。Inspector 的私钥为 $SK_{ins} = \alpha$，公钥为 $PK_{ins} = (P_1, P_2)$。

Issuer 选择随机数 $s_{is} \in_R Z_q^*$，并计算自己的私钥 $x_{is} = s_{is} P$ 和公钥 $X_{is} = e(P, Q)^{s_{is}}$。Issuer 的公钥为 $PK_{is} = X_{is}$，私钥为 $SK_{is} = x_{is}$。

Prover 随机选取私钥 $SK_p = x_p \in_R Z_q^*$，并计算公钥 $PK_p = X_p = x_p P$。

3.5.4　匿名凭证颁发协议

匿名证书颁发过程包括 Credential_Issue( )和 Credential_Verify( )。

在 Credential_Issue( )阶段，Issuer 利用自己的私钥、Inspector 的公钥和 Prover 的公钥计算 Prover 的匿名凭证。具体过程如算法 3.1 所示。

算法 3.1　Credential_Issue( )

Input：x_{is}，X_p，P_1，P

Output：$\mathcal{C}$

//Generate an Elgamal ciphertext

$$r \in_R Z_q^*$$

$$C_1 = x_{is} + X_p + rP_1$$

$$C_2 = -rP$$

return $\mathcal{C} \leftarrow (C_1, C_2)$

此外，Prover 还需要向 Inspector 完成注册：

① Prover 首先生成关于公钥 X_p 的 n 组承诺 $(i \in (1, n))$：$r_i \in_R Z_q^*$，$M_i = X_p +$

$r_i P_1$，$\hat{M}_i = -r_i P$，$\hat{e}_i = e(M_i, Q)$；并将 $\hat{M}_i$，$\hat{e}_i$ 发送给 Inspector。

② Inspector 对 $\hat{e}_i$ 进行签名 $\sigma_i = -\alpha \hat{H}(\hat{e}_i)$，存储$(\sigma_i, \hat{M}_i, \hat{e}_i)$并返回 σ_i。

③ Prover 存储$(r_i, M_i, \sigma_i)$$(i \in (1, n))$。

Prover 在收到来自 Issuer 的匿名凭证后，将使用 Issuer 和 Inspector 的公钥验证该凭证的正确性，具体过程如算法 3.2 所示。

算法 3.2　Credential_Verify( )

Input：$\mathcal{C}$，X_p，X_{is}，P_2，Q

Output：accept or reject；

If $e(C_1, Q) = X_{is} \cdot e(X_p, Q) \cdot e(C_2, P_2)$ **then**

　　accept；

else

　　reject；

end if

3.5.5　凭证出示与验证协议

凭证的出示和验证过程涉及三种算法：Token_Generate( )，Token_Verify( ) 和 Batch_Verify( )。

给定由 Issuer 颁发的匿名凭据 $\mathcal{C}$，Prover 可以生成多个不可链接的凭证来与其他车辆或者 RSU 进行交互。凭证生成的具体过程如算法 3.3 所示。此处

算法 3.3　Token_Generate( )

Input：msg，$\mathcal{C}$，P_1，P，X_p，x_p，r''，M，σ，ts

Output：$P = (u, v, d, e')$，$\mathcal{C}' \leftarrow (C_1', C_2')$

//生成随机匿名凭证

　　$r' \in_R Z_q^*$

　　$C_1' = C_1 + (r' + r'') P_1$

　　$C_2' = C_2 - r' P$

　　$y, s \in_R Z_q^*$

　　$D = yP + sP_1$

　　$e' = H(D \| msg \| ts)$

　　$u = y + e' \cdot x_p$

　　$v = s + e' \cdot r''$

return $P = (u, v, d, e')$，$\mathcal{C}' \leftarrow (C_1', C_2')$

定义该过程中采用的 r_i 为 r''，M_i 为 M，σ_i 为 σ。

Verifier 在接收到短期凭证之后，根据 Issuer 和 Inspector 的公钥检查其有效性。凭证验证的具体过程如算法 3.4 所示。

算法 3.4   Token_Verify( )

Input：P，$\mathcal{C}'$，msg，ts，Q，P_2，X_{is}，M，σ

Output：accept or reject；

$e_1 = H(D \parallel msg \parallel ts)$

$\hat{e} = e(M, Q)$

if $e' = e_1$ and $e(C_1' + \sigma, Q) = X_{is} \cdot \hat{e} \cdot e(C_2' + \hat{H}(\hat{e}), P_2)$ and $D + e'M = uP + vP_1$ **then**

    accept；

else

    reject；

end if

为了解决签名延迟，文献[23-25]提出了批量验签算法。批量验签算法使得车辆可以同时验证收到的多条信息，而不需要对收到的信息进行单独验证，因此可以降低签名验证延迟。同时，使用双线性配对构造算法可以更好地构造批量验签算法来降低计算开销。批量验签算法如算法 3.5 所示，其中 n 表示在给定验签周期内所收到的消息数目。

算法 3.5   Batch_Verify( )

Input：n 个 P，$\mathcal{C}'$，msg，ts，Q，P_2，X_{is}，M，σ

Output：accept or reject；

---

for 对于在给定时间内收到的 n 条消息 **do**

    $e_i = H(D_i \parallel msg_i \parallel ts_i)$

    $\hat{e}_i = e(M_i, Q)$

end for

if $(e_i' = e_i)$ and $\sum_{i=1}^{n}(D_i + e_i'M_i) = (\sum_{i=1}^{n} u_i) \cdot P + (\sum_{i=1}^{n} v_i) \cdot H_1$

$e(\sum_{i=1}^{n}(C_{1i}' + \sigma_i), Q) = \prod X_{is} \cdot e(\sum_{i=1}^{n} M_i, Q) \cdot e(\sum_{i=1}^{n}(C_{2i}' + \hat{H}(\hat{e}_i)), H_2)$ **then**

    accept；

else

    reject；

end if

3.5.6 匿名凭证身份审查协议

身份审查允许 Verifier 在诚实用户的匿名性和行为不端用户的责任性之间进行权衡。Inspector 独立于 Verifier，只有它们之间互相协作才能恢复出行为不端的 Prover 的真实身份。当 Prover 出现不合法的行为时，可以保证有条件的匿名。当用户发现他人有违规行为时，便向 Issuer 发送目标用户的违规证据以及短期凭证。然后，Issuer 首先验证检举者是否为合法用户，若检举者为合法用户，则继续验证违规证据的正确性。如果验证成功，则 Issuer 将把目标用户的短期凭证转发给 Inspector。Inspector 执行算法 3.6 来获取 $\overline{\omega}$ 并返还给 Issuer。Issuer 通过计算 $X_P = M + \overline{\omega}$ 来得到目标用户的公钥。算法 3.6 的具体过程如下所示。

算法 3.6　Token_Inspect( )

Input：C_1'，C_2'，σ，$\hat{e}$，Q，X_{is}，α

Output：$\overline{\omega}$

遍历数据库（σ_i，$\hat{M}_i$，$\hat{e}_i$）

if $e(C_1' + C_2', Q) = X_{is} \cdot \hat{e}$ **then**

$\quad \overline{\omega} = \alpha \hat{M}$

end if

如果进一步涉及证书撤销，Inspector 将向 TA 报告不当行为的用户公钥，以便在不同 Issuer 覆盖的多个匿名区域内跟踪该用户，并防止该用户从其他 Issuer 处获得任何新的匿名凭证。

3.5.7 安全性分析

为了充分证明提出的匿名认证方案的安全性，本小节将对提出的方案进行安全性分析。VANETs 中的车载单元会定期发布安全消息，包含了车辆的速度、位置等信息。全局外部被动攻击者可以监控全网的消息来追踪目标车辆的位置，同时也可以预测车辆的行动轨迹；而内部被动攻击者则可以通过合法身份在网络中发布虚假消息来满足一些恶意的目的。所提出的匿名认证方案可以抵御以上攻击。为了保证方案的安全性和隐私性，将从以下几个方面对方案进行定性分析：

① 最小隐私暴露（minimum disclosure）：当 Prover 需要被其他 Verifier 验证时，Prover 只需要将随机化之后的匿名凭证，也即 *Token*，发送给 Verifier。而生成的参数 *Token* 都是随机数，这满足了最小披露。

② 不可链接（unlinkability）：两个或多个 *Token* 之间不可链接。因为 *Token* 是基于一系列的随机数生成的。每次随机数的选择不同，结果也会不同。因此，即使攻击者监听到了全网的消息，也不能将任何一对消息进行关联，这满足了不可链接性。

③ 可用性（availability）：当 Prover 获取了匿名凭证 *Cred* 之后，可以基于该匿名凭证生成多个 *Token* 来达到匿名认证的目的，而不是像一些方案在 OBU 中存储大量假名。因此，验证过程中总是至少有一个可用的凭证 *Token*。

④ 条件匿名（conditional anonymity）：当 Prover 与他人通信时，Prover 使用凭证 *Token* 来进行匿名认证，这保护了 Prover 的真实身份，使 Verifier 只知道 Prover 是合法的，而不知道 Prover 的真实身份，这保证了方案的匿名性。但是，当 Prover 在使用匿名凭证有违规行为时，也即内部攻击者通过合法身份进行不合法的行为时，Issuer 和 Inspector 可以通过合作从 *Token* 中恢复出违规的 Prover 的 X_p，这保证了方案的有条件的匿名性。

3.5.8　性能分析

本小节将对方案在 VANETs 中的可行性进行分析，并从通信开销和计算开销方面对方案进行性能分析，并与 CLS[26] 和 SDGP[27] 进行对比。

3.5.8.1　通信开销

通信开销为参与通信过程的两个实体之间传输的消息大小。本小节将分别分析匿名认证方案中匿名凭证颁发过程、凭证出示过程以及身份审查过程的通信开销。方案参数长度如表 3.14 所示。

表 3.14　参数长度

参数	描述	长度/b
ℓ_{G_1}, ℓ_{G_2}, ℓ_{G_T}	G_1, G_2, G_T 中元素的长度	1024
$\ell_{Z_q^*}$	Z_q^* 中元素的长度	160
ℓ_H	哈希函数的长度	256

在本节提出的方案中，每当用户需要进行匿名凭证验证时，它都会向 Verifier 出示一个凭证(P, C, M, σ)，该凭证长度为 712 B。

SDGP 是一种需要 OBU 和 RSU 之间多次交互的认证协议，其中 V2I 和 V2V 认证过程的通信开销是不同的。V2I 认证时，OBU 发送公钥、时间戳、密文以及对应的 HMAC 给 RSU。RSU 验证消息后，将密文以及时间戳返回给 RSU。最后，OBU 向 RSU 发送时间戳、密文和对应的 HMAC。V2I 身份验证中 SDGP 的总体通信开销为 1260 B。V2I 认证完成后，RSU 与 OBU 协商组密钥进行 V2V 通信。OBU 首先向 RSU 发送密文和相应的 HMAC，RSU 再将基于组密钥生成的密文和相应的 HMAC 发送回 OBU。在 V2V 认证过程中，OBU 将密文和对应的 HMAC 发送到 RSU。然后 RSU 将该区域内所有合法 OBU 的假名（设 n 为 OBU 的数量）和 HMAC 发送回 OBU。SDGP 在 V2V 认证中的总体通信开销线性复杂度为$(256n+1184)$ B。

CLS 方案中的 V2I 认证也需要 OBU 和 RSU 之间的多次交互。OBU 将自己的身份发送给 RSU，然后 RSU 生成一个假名并将其发送给 OBU。最后，OBU 向 RSU 发送一个关于假名的签名。在 V2I 身份验证中，CLS 的总体通信开销为 896 B。在 CLS 协议的 V2V 认证中，OBU 使用公钥在假名上签名。V2V 认证中 CLS 的通信开销为 640 B。

从以上分析可知，本节提出的匿名认证方案在 V2I 和 V2V 通信中是一种非交互协议，而 SDGP 方案和 CLS 方案都是 OBU 和 RSU 之间的交互协议。本节提出的方案在 V2V 和 V2I 认证下的具体通信成本是相同的，比 SDGP 中的 V2I 认证低 43.5%，明显低于 V2V 认证的 SDGP（具有线性复杂度），比 CLS 中的 V2I 认证低 20.5%，比 V2V 认证的 CLS 高 11.3%

3.5.8.2 计算开销

计算开销是由方案的各个过程中涉及的每个实体来单独计算的。认证过程的计算开销指的是 Prover 通过随机化匿名凭据并在 Token_Generate( ) 中生成非交互的零知识证明来生成 Token。然后 Verifier 执行 Token_Verify( ) 或者 Batch_Verify( ) 来验证 Token 的有效性。密码构造块的基本运算决定了所提出的匿名认证方案的基本运算。匿名认证方案所需要的基本运算为双线性配对 T_{bp} 和用于配对的点乘 T_{bp-pm}。

在验证过程中，Prover 的计算开销为 $4T_{bp-pm}$，Verifier 单独验证一个 Token 或 n 个 Token 的计算开销分别为 $3T_{bp}+3T_{bp-pm}$ 或 $3T_{bp-pm}+(n+3)T_{bp}$。

SDGP 协议的 V2I 和 V2V 认证的计算开销分别为 $4T_{bp}+8T_{bp-pm}$ 和 $(n+4)T_{bp-pm}$，其中 n 为进入或离开 RSU 区域的合法车辆数量。

CLS 协议中 V2I 和 V2V 认证的计算开销分别为 $4T_{bp}+9T_{bp-pm}$ 和 $4T_{bp}+7T_{bp-pm}$。

图 3.13 将本节提出的认证机制的计算开销与 CLS 和 SDGP 方案进行了比较。可以看出，本节提出的认证机制在 V2I 和 V2V 两个方面的计算开销都比 CLS 方案小得多。与 SDGP 方案相比，当进入或离开 RSU 区域的车辆数量大于 $13(n \geqslant 13)$ 时，本节提出的认证机制在 V2I 认证上的成本大大降低，在 V2V 认证上的计算成本显著低于 SDGP 方案。

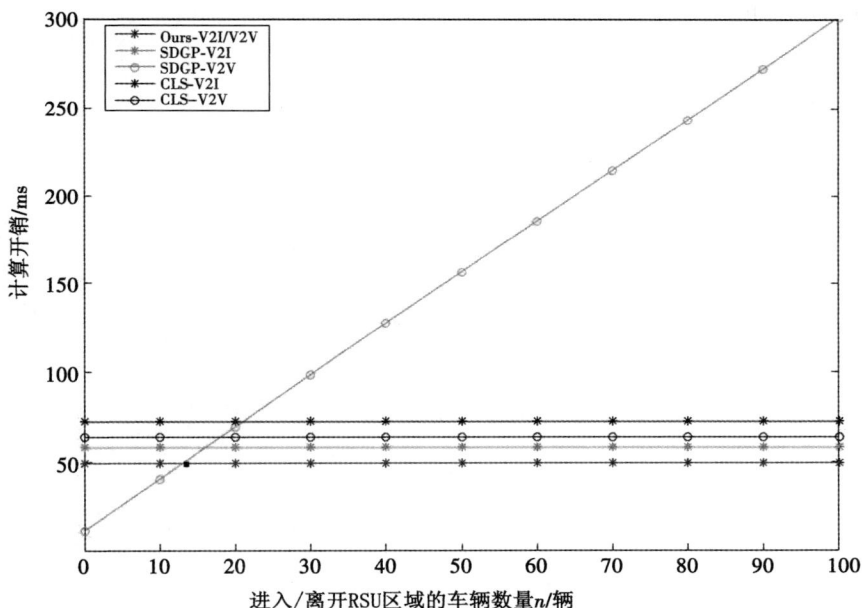

图 3.13　计算开销对比

3.5.9　总结

本节提出了一种基于 Elgamal 的匿名认证机制，以确保车联网中的安全、隐私性通信。在 VANETs 中，除非在车辆存在不当行为需要对匿名身份进行审查时，用户均可以保持有条件的匿名性。安全性分析以及性能分析结果表明该匿名认证方案具有良好的安全性、隐私性。本节详细分析了该方案的性能，并与 SDGP 和 CLS 两种车辆网络匿名认证方案进行了比较。结果表明，该方案在通信开销、计算开销方面均优于 SDGP 和 CLS。此外，通过仿真对比了批量认证过程在不同验签周期下的计算开销和认证延迟，当验签数量大于 11 时，本节提出的方案的批验开销要优于部分方案。

参考文献

[1] Lee J, Stam M.MJH：a faster alternative to MDC-2[C].Cryptographers' Track at the RSA Conference.Berlin：Springer-Verlag, 2011：213-236.

[2] Boneh D, Lynn B, Shacham H.Short signatures from the Weil pairing[C].International Conference on the Theory and Application of Cryptology and Information Security.Berlin：Springer-Verlag, 2001：514-532.

[3] Wu W, Mu Y, Susilo W, et al.Identity-based proxy signature from pairings [C].Proceedings of the International Conference on Autonomic and Trusted Computing, 2007：22-31.

[4] Al-Shareeda M A, Anbar M, Hasbullah I H, et al. Review of prevention schemes for replay attack in vehicular ad hoc networks(VANETs)[C].2020 IEEE 3rd International Conference on Information Communication and Signal Processing(ICICSP), IEEE, 2020：394-398.

[5] Rabieh K, Mahmoud M M E A, Guo T N, et al.Cross-layer scheme for detecting large-scale colluding Sybil attack in VANETs[C].2015 IEEE International Conference on Communications(ICC), IEEE, 2015：7298-7303.

[6] Azees M, Vijayakumar P, Deboarh L J.EAAP：efficient anonymous authentication with conditional privacy-preserving scheme for vehicular ad hoc networks[J].IEEE Transactions on Intelligent Transportation Systems, 2017, 18 (9)：2467-2476.

[7] Shao J, Lin X, Lu R, et al.A threshold anonymous authentication protocol for VANETs[J].IEEE Transactions on Vehicular Technology, 2016, 65(3)：1711-1720.

[8] Wang S, Yao N.LIAP：a local identity-based anonymous message authentication protocol in VANETs[J].Computer Communications, 2017, 112：154-164.

［9］　Boneh D, Gentry C, Gorbunov S, et al.Fully key-homomorphic encryption, arithmetic circuit ABE and compact garbled circuits［C］.Advances in Cryptology:EUROCRYPT 2014:33rd Annual International Conference on the Theory and Applications of Cryptographic Techniques, Copenhagen.Berlin:Springer-Verlag, 2014:533-556.

［10］　Caro A De, Iovino V.jPBC:java pairing based cryptography［C］.Proceedings of the International Symposium on Computers and Communications, 2011:850-855.

［11］　Sommer C, German R, Dressler F.Bidirectionally coupled network and road traffic simulation for improved IVC analysis［J］.IEEE Transactions on Mobile Computing, 2011, 10(1):3-15.

［12］　Lynn B, Shacham H, Steiner M, et al.The pairing-based cryptography library［EB/OL］.［2020−09−05］.https://crypto.stanford.edu/ pbc/times.html.

［13］　Sun Y, Feng Z, Hu Q, et al.An efficient distributed key management scheme for group-signature based anonymous authentication in VANET［J］.Security and Communication Networks, 2012, 5(1):79-86.

［14］　Huang D, Misra S, Verma M, et al.PACP:an efficient pseudonymous authentication-based conditional privacy protocol for VANETs［J］.IEEE Transactions on Intelligent Transportation Systems, 2011, 12(3):736-746.

［15］　Adams C, Cain P, Pinkas D, et al.Internet X.509 public key infrastructure time-stamp protocol(TSP)［S］.2001.

［16］　夏昊翔, 王众托.从系统视角对智慧城市的若干思考［J］.中国软科学, 2017(7):66-80.

［17］　李馥娟, 王群, 钱焕延.车联网安全威胁综述［J］.电子技术应用, 2017, 43(5):29-33.

［18］　Zhang J, Wang F Y, Wang K, et al.Data-driven intelligent transportation systems:a survey［J］.IEEE Transactions on Intelligent Transportation Systems, 2011, 12(4):1624-1639.

［19］　Hou X, Li Y, Chen M, et al.Vehicular fog computing:a viewpoint of vehicles as the infrastructures［J］.IEEE Transactions on Vehicular Technology, 2016, 65(6):3860-3873.

［20］ Shim K A.CPAS: an efficient conditional privacy-preserving authentication-scheme for vehicular sensor networks［J］.IEEE Transactions on Vehicular Technology, 2012, 61(4): 1874-1883.

［21］ Li J, Lu H, Guizani M.ACPN: a novel authentication framework with conditional privacy-preservation and nonrepudiation for VANETs［J］.IEEE Transactions on Parallel & Distributed Systems, 2015, 26(4): 938-948.

［22］ Lu R, Lin X, Zhu H, et al.ECPP: efficient conditional privacy preservation protocol for secure vehicular communications［J］.Proceedings-IEEE INFOCOM, 2008: 1229-1237.

［23］ Wang Q, Gao D, Foh C, et al.Protocols design and area division for privacy-preserving delay-aware authentication in vehicular networks［J］.IEEE Transactions on Vehicular Technology, 2021, 70(11): 11129-11144.

［24］ Wang P, Chen C M, Kumari S, et al.HDMA: hybrid D2D message authentication scheme for 5G-enabled VANETs［J］.IEEE Transactions on Intelligent Transportation Systems, 2020, 22(8): 5071-5080.

［25］ Yang Y, Zhang L, Zhao Y, et al.Privacy-preserving aggregation-authentication scheme for safety warning system in fog-cloud based VANET［J］.IEEE Transactions on Information Forensics and Security, 2022(17): 317-331.

［26］ Kumar P, Kumari S, Sharma V, et al.Secure CLS and CL-AS schemes designed for VANETs［J］.The Journal of Supercomputing, 2019, 75(6): 3076-3098.

［27］ Han M, Hua L, Ma S.A self-authentication and deniable efficient group key agreement protocol for VANET［J］.KSII Transactions on Internet and Information Systems, 2017, 11(7): 3678-3698.

第4章 假名管理性能优化机制

4.1 引言

在车联网内部实体的通信过程中，为了保证行驶安全，车辆需要定期向周围车辆和 RSU 发送基本安全信息（basic safety message，BSM）[1-2]。BSM 保证车辆能够快速收集周边路况信息，一旦遇到危险，能够及时做出适当的驾驶操作。然而，与此同时，车辆通信范围内的攻击者能够通过对 BSM 的窃听来收集和聚合接收到的数据，从而造成车辆的位置隐私和车主的个人隐私受到威胁。为了保护车辆位置隐私，IEEE 1609.2 标准建议使用假名替换车辆的真实身份参与通信[1]，使攻击者无法利用车辆的真实身份来获得车主的隐私。但是，如果没有有效的策略来支持假名更换，攻击者仍然可以通过长期跟踪车辆将假名与车辆真实身份联系起来，从而侵犯车辆的位置隐私。为了解决上述难题，保护车辆隐私，本章提出了多种假名更换机制。

4.2 基于聚合签名的假名更换机制

4.2.1 系统架构

基于聚合假名的车联网假名更换方案的系统架构同样由四类实体组成：可信权威机构（TA）、基站（BS）、路边单元（RSU）和车辆。在第 3 章每个实体的功能基础上，BS 为所管理地区的车辆生成临时假名；RSU 为车辆提供与假名相关的认证和更换服务；为了保护车辆位置隐私，在图 4.1 所示的四种场景下，需要可用的策略来支持假名更换。

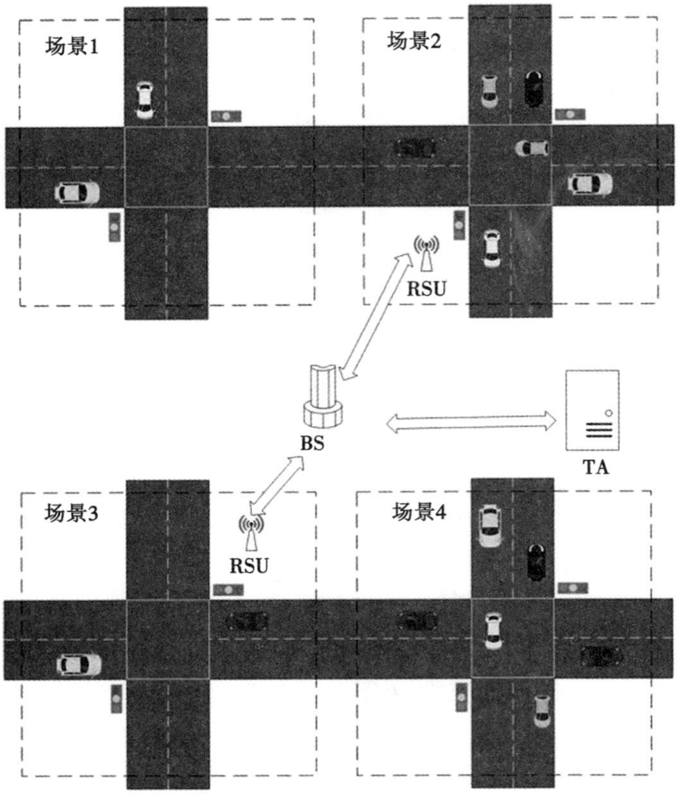

图 4.1 假名更换场景

① 场景1。在车辆密度低且无 RSU 的区域，如果车辆行驶状态存在不可忽略的差异，则很难制定有效的假名更换机制，以抵抗外部攻击者的跟踪。然而，本节希望提供一种有效的机制来充分利用这种场景，尽可能获取足够的有用信息，从而提供更高级别的位置隐私保护。

② 场景2。该区域车辆密度高，存在 RSU 为周围车辆提供服务。在这种情况下，车辆和 RSU 可以合作更换其假名，并抵御外部攻击者的攻击，以保护车辆的位置隐私。

③ 场景3。存在 RSU，但车辆密度较低。RSU 可以为即将用完假名的车辆提供假名更换服务。

④ 场景4。该地区车辆密度高，无 RSU。车辆可以使用假名机制，通过彼此之间的合作更换其假名。

由于大多数假名更换机制都是基于场景 2 和场景 3，PCP 重点关注场景 1

和场景 4 中的假名更换细节。

4.2.2　敌手模型

假设敌手是全球被动攻击者(global passive adversaries, GPA)。全球攻击者拥有窃听整个网络通信信息的能力。被动攻击者指的是攻击者只会窃听车联网中的通信流量[3]。因此,GPA 能够窃听感兴趣区域内所有车辆的 BSM。在 PCP 中,假设 GPA 已经知道假名更换策略,车辆在行驶中需要定期向附近的车辆广播 BSM,包括其标识符、位置、速度和方向等。如果车辆长时间不更改其标识符,GPA 能够窃听车辆发送的 BSM,跟踪指定车辆,通过句法链接攻击和语义链接攻击获取车辆的轨迹和隐私。

4.2.3　假名颁发协议

假名颁发协议被称为协议 1。完成 V2I 身份验证后,车辆 v 可以通过安全通道向 RSU 发送消息,并在 BS 域内申请多个临时假名和证书。当接收到来自车辆 v 的消息时,RSU 将消息转发给 BS。BS 能够为车辆生成多个新的假名、公钥、私钥、证书和组密钥。之后,BS 计算 BS 和车辆之间的会话密钥,通过会话密钥对这些消息进行加密以生成密文,并通过 RSU 将密文、标识和公钥发送给车辆。从 BS 接收消息时,车辆 v 计算其与 BS 之间的会话密钥,以解密密文,从 BS 获得多个新的假名、公钥、私钥、证书和组密钥。在这里,车辆 v 可以使用 BS 发布的假名与 BS 域中的其他实体通信,并定期更换假名以提高其匿名性。假名颁发协议的细节如协议 4.1 所示。

协议 4.1　假名颁发协议

1　v:

　　compute $C_{v-RSU} = \text{Enc}\{sessionKey_{v-RSU}, req\}$;

2　$v \rightarrow \text{RSU}$: C_{v-RSU};

3　RSU:

　　decrypt C_{v-RSU};

　　compute $C_{RSU-BS} = \text{Enc}\{sessionKey_{RSU-BS}, req \parallel ps_v^i\}$;

4　RSU$\rightarrow$BS: id_{RSU}, C_{RSU-BS};

5　BS:

　　decrypt C_{RSU-BS} to get req, ps_v^i;

---

query PK_v^i, exp_v^i;

compute $\{ps_i^{BS}\}_{i\in[1,m]}$, $\{sk_i^{BS}\}_{i\in[1,m]}$, $\{PK_i^{BS}\}_{i\in[1,m]}$, $\{Cert_i^{BS}\}_{i\in[1,m]}$, k_{BS}, $sessionKey_{BS-v}$,

C_{BS-v}:

$ps_i^{BS} \leftarrow \{0,1\}^n$,

$sk_i^{BS} \leftarrow Z_q^*$,

$PK_i^{BS} = sk_i^{BS} \cdot P$,

$Cert_i^{BS} = \{\sigma_1, \sigma_i, \omega, s_i\}$,

$\sigma_1 = Sign\{SK_{BS}, \omega\} = \{U, V\}$, $U = r_{BS} \cdot PK_{BS}$, $h = H_3(\omega, U)$, $V = (r_{BS}+h) \cdot SK_{BS}$,

$\sigma_i = H_2(ps_i^{BS}) \cdot SK'_{BS} + r(s_i \cdot H_0(id_{BS} \| exp_{BS}) + H_2(ps_i^{BS}) \cdot H_1(PK_i^{BS}))$,

$\omega = r \cdot P$,

$r, s_i \leftarrow Z_q^*$,

$k_{BS} \leftarrow \{0,1\}^n$,

$sessionKey_{BS-v} = r_{BS} \cdot PK_v^i$,

$C_{BS-v} = Enc\{sessioonKey_{BS-v}, ps^{BS} \| sk^{BS} \| PK^{BS} \| Cert^{BS} \| k_{BS}\}$;

store ps^{BS}, sk^{BS}, ps_v^i, exp_v^i;

6　$BS \rightarrow RSU \rightarrow v$: id_{BS}, exp_{BS}, C_{BS-v}, P_{pub}^{BS};

7　v:

compute $sessionKey_{BS-RSU} = sk_v^i \cdot P_{pub}^{BS}$

decrypt C_{BS-v};

store ps^{BS}, SK^{BS}, PK^{BS}, $Cert^{BS}$, k_{BS}, id_{BS} and P_{pub}^{BS}.

① 车辆 v 用会话密钥 $sessionKey_{v-RSU}$ 加密假名请求 req 得到密文 $C_{v-RSU} = Enc\{sessionKey_{v-RSU}, req\}$，并发送密文 C_{v-RSU} 和 ps_i 到 RSU。

② RSU 解密 C_{v-RSU} 并获得车辆 v 的请求 req；并将 req, ps_i, exp_i 和 r_vP 经过安全信道发送至 BS。

③ 在收到来自车辆的 req, ps_i, exp_i 和 r_vP 后，BS 为车辆 v 选择密钥 k_{BS}，多个 BS 范围内有效的假名集 $ps^{BS} = \{ps_1^{BS}, ps_2^{BS}, \cdots, ps_n^{BS}\}$，私钥集 $sk^{BS} = \{sk_1^{BS}, sk_2^{BS}, \cdots, sk_n^{BS}\}$，并计算公钥集 $PK^{BS} = \{PK_1^{BS}, PK_2^{BS}, \cdots, PK_n^{BS}\}$ 和证书 $Cert^{BS} = \{Cert_1^{BS}, Cert_2^{BS}, \cdots, Cert_n^{BS}\}$，以及 BS 与车辆 v 之间的共享密钥 K_{BS-RSU}，密文 C_{BS-RSU}。其中 $k_{BS} \in \{0,1\}^n$，$ps_i^{BS} \in \{0,1\}^n$，$sk_i^{BS} \in Z_q^*$，$PK_i^{BS} = sk_i^{BS}P$，$Cert_i^{BS} = \{\sigma_1, \sigma_i, \omega, s_i\}$，$\sigma_1 = Sign\{sk_{BS}, \omega\} = \{U, V\}$，$U = r_{BS}PK_{BS}$，$h = H_5(\omega, U)$，$V = (r_{BS}+h)sk_{BS}$，$\sigma_i = H(PS_i^{BS})SK'_{BS}(s_iH_1(id_{BS})+H_2(PK_i^{BS})^{H(ps_i^{BS})})^r$，$\omega = rP$，$r, s_i \in$

Z_q^*, $sessionKey_{BS-RSU} = r_{BS} r_v P$, $C_{BS-v} = \text{Enc} \{ sessionKey_{BS-v}, ps^{BS} \| sk^{BS} \| PK^{BS} \| Cert^{BS} \| k_{BS} \}$。最后，BS 将 ps^{BS}，sk^{BS}，PK^{BS} 和 exp_i 存储在本地匿名链列表中。

④ BS 通过 RSU 向车辆 v 发送 id_{BS}，C_{BS-v}，P_{pub}^{BS} 和假名有效期 exp_{BS}。

⑤ 车辆 v 计算 $K_{BS-RSU} = r_v P_{pub}^{BS}$，并解密 C_{BS-v}，最后车辆 v 存储 ps^{BS}，sk^{BS}，PK^{BS}，$Cert^{BS}$，k_{BS} 和 exp_{BS}。

4.2.4 假名更换协议

当车辆 v 行驶在道路上，车辆 v 被要求定期广播 BSM，如果遇到其他车辆，车辆 v 相信存在假名更换的机会，此时车辆与周围其他车辆（如车辆 v'）将会执行假名更换协议，尝试与附近的其他车辆通信以更换假名。与传统的混合区机制不同，该协议不需要 RSU 的协助，这意味着 BS 域中的所有车辆都可以独立地更换其假名。

假名更换协议包括两个阶段：假名共享阶段和假名更换阶段。在假名共享期间，车辆共享自己存储的假名、证书和驾驶状态。如果收到的假名数量不够，或者车辆之间的驾驶差异很大，则车辆仅存储收到的信息。否则，车辆会存储接收到的信息，并开始假名更换周期。在此期间，所有车辆都会更换其假名，并作为群成员与其他实体进行通信。假名更换协议的详细信息描述如协议 4.2 所示。

协议 4.2 假名更换协议

1 v_i：

    compute $Sign_{v_i} = \text{Sign} \{ sk_i^{BS}, ps_i^{BS} \| PK_i^{BS} \| ts_i \| t_{start} \| t_{end} \| t_{change} \| change\_request \}$；

2 $v_i \rightarrow$ other vehicles (e.g. v_j)：ps_i^{BS}, PK_i^{BS}, $Cert_i^{BS}$, ts_i, t_{start}, t_{end}, t_{change}, $Sign_{v_i}$, $change\_request$；

3 v_j：

    verify $Sign_{v_i}$；

    update and add new ps_i^{BS}, PK_i^{BS}, $Cert_i^{BS}$ into $PS\text{-}Cert\text{-}List_j$；

    compute $C_j = \text{Enc} \{ k_{BS}, PS\text{-}Cert\text{-}List_j \}$；

4 $v_j \rightarrow$ surrounding vehicles (e.g. v_k)：C_j

5 v_k：

    decrypt C_j；

    add ps_j^{BS}, PK_j^{BS}, $Cert_j^{BS}$ into $PS\text{-}Cert\text{-}List_k$；

    compute

$$PK^{BS} = PK^{BS} \cup PK_i^{BS},$$

$$ps^{BS} = ps^{BS} \cup ps_i^{BS},$$

$$Cert^{BS} = \prod_{i=1}^{size} Cert_i^{BS} = \{\sigma_1, \sigma_2\}, \text{ where } \sigma_2 = \prod_{i=1}^{size} \sigma_i;$$

6　all vehicles：

if $num \geq threshold$ and $t == t_{change}$ **then**

all vehicles change pseudonym ps^{BS} and $Cert^{BS}$;

end if

① 车辆 v 选择随机数 $r_v \in Z_q^*$，广播假名更换请求 $request = \{ps_i^{BS}, PK_i^{BS},$ $Cert_i^{BS}, ts_i, Sign_i, change\_request\}$，其中 $sign_v = Sign\{sk_i^{BS}, ps_i^{BS} \| PK_i^{BS} \| Cert_i^{BS} \| ts_i \|$ $change\_request\} = \{\sigma_{v-1}, \sigma_{v-2}\}$，其中，$\sigma_{v-1} = Sign\{sk_i^{BS}, w_v\} = \{U_v, V_v\}$，$U = r_v PK_i^{BS}$，$h_v = H_5(w_v, U_v)$，$V_v = (r_v + h_v) sk_i^{BS}$，$\sigma_i = (sk_i^{BS})^{H(ps_i^{BS})}$ $(H_1(id_{BS})^{s_i} H_2(PK^{BS})^{H(ps_i^{BS})})^r$，$w_v = r_v P$，$r, s_i \in Z_q^*$。

② 车辆 v' 验证 $sign_v$ 的合法性。

③ 车辆 v' 向车辆 v 发送响应消息 $response = \{ps_i'^{BS}, PK_i'^{BS}, Cert_i'^{BS}, ts_i', Sign_i',$ $change\_response\}$，其中 $Sign_i' = Sign\{sk_i'^{BS}, ps_i'^{BS} \| PK_i'^{BS} \| Cert_i'^{BS} \| ts_i' \| change\_$ $response\}$。

④ 车辆 v 收集其他车辆的响应消息，确定响应数量 num，如果响应车辆是足够多的，车辆 v 用 K_{BS} 加密 ps_i^{BS}，num，t_{start}，t_{end}，t_{change} 得到 $reply = Enc\{K_{BS}, ps_i^{BS}$ $\| num \| t_{start} \| t_{end} \| t_{change}\}$，否则用 K_{BS} 加密 ps_i^{BS}，num，t_{start}，t_{end} 得到 $reply' = Enc$ $\{K_{BS}, ps_i^{BS} \| num \| t_{start} \| t_{end}\}$。

⑤ 车辆 v 广播 $reply$ 或 $reply'$。

⑥ 车辆 v' 解密 $reply$ 或 $reply'$ 得到 ps_i^{BS}，num，t_{start}，t_{end}，t_{change} 或 ps_i^{BS}，num，t_{start}，t_{end}。

⑦ 所有车辆广播用 k_{BS} 加密广播 $PS\text{-}Cert\text{-}List$ 得到 $m = Enc\{k_{BS}, PS\text{-}Cert\text{-}List\}$。

⑧ 收到来自其他车辆的 m 后，车辆 v 解密 m 并添加 $PS\text{-}Cert\text{-}List$ 到本地 $PS\text{-}Cert\text{-}List$ 中；并计算 $Cert^{BS} = \prod_{i=1}^{size} Cert_i^{BS} = \{\sigma_1, \sigma_2\}$，$ps^{BS} = \sum_{i=1}^{size} ps_i$，$\sigma_2 = \prod_{i=1}^{size} \sigma_i$，$size = |PS\text{-}Cert\text{-}List|$。

⑨ 如果收到的是 $reply'$，所有车辆在 t_{change} 范围内改变假名为 ps^{BS}。

4.2.5　安全性分析

在本节中，首先证明了假名更换协议中证书 $Cert^{BS}$ 的正确性，其能够保证假名更换后车辆的合法性。然后对改进的基于身份的聚合签名机制进行形式化的安全性分析。最后，对方案进行定性安全分析。

4.2.5.1　正确性分析

定理 4.1：在假名更换协议中，如果签名验证算法输出 1，则证书被认定为正确生成。

证明：给定多个车辆的假名及证书：$<ps_1^{BS}$，$Cert_1^{BS}>$，$<ps_2^{BS}$，$Cert_2^{BS}>$，…，$<ps_{num}^{BS}$，$Cert_{num}^{BS}>$，证书 $Cert^{BS}$ 中的 σ_2 计算及验证细节如下。

① σ_2 的计算过程：

$$\sigma_2 = \sum_{i=1}^{num} \sigma_i$$

$$= \sum_{i=1}^{num} \left(H_2(ps_i^{BS}) \cdot sk_{BS}' + r \cdot \left(s_i \cdot H_0(id_{BS} \| exp_{BS}) + H_2(ps_i^{BS}) \cdot H_1(PK_i^{BS}) \right) \right)$$

$$= (sk_{BS}') \cdot \sum_{i=1}^{num} H_2(ps_i^{BS}) + r \cdot \left(\sum_{i=1}^{num} s_i \cdot H_0(id_{BS} \| exp_{BS}) + \sum_{i=1}^{num} H_2(ps_i^{BS}) \cdot H_1(PK_i^{BS}) \right)$$

② 对于给定的 $<ps_1^{BS}$，ps_1^{BS}，…，$ps_{num}^{BS}>$、$<PK_1^{BS}$，PK_1^{BS}，…，$PK_{num}^{BS}>$、$<s_1$，s_2，…，$s_{num}>$、ω、id_{BS}、exp_{BS} 和 PK_{TA}'，通过检查下列等式是否成立验证 σ_2 的合法性：

$$e(\sigma_2, P) = e(H_0(id_{BS} \| exp_{BS}), P) \sum_{i=1}^{num} H_2(ps_i^{BS}) \cdot e \left(\sum_{i=1}^{num} s_i H_0(id_{BS} \| exp_{BS}) + \sum_{i=1}^{num} H_2(ps_i^{BS}) H_1(PK_i^{BS}), \omega \right)$$

③ 通过下述推导，证明上述等式的正确性：

$$e(\sigma_2, P) = e \left(sk_{BS}' \cdot \sum_{i=1}^{num} H_2(ps_i^{BS}) + r \cdot \left(\sum_{i=1}^{num} s_i \cdot H_0(id_{BS} \| exp_{BS}) + \sum_{i=1}^{num} H_2(ps_i^{BS}) \cdot H_1(PK_i^{BS}) \right), P \right)$$

$$= e \left(s' \cdot PK_{BS} \cdot \sum_{i=1}^{num} H_2(ps_i^{BS}) + r \cdot \left(\sum_{i=1}^{num} s_i \cdot H_0(id_{BS} \| exp_{BS}) + \sum_{i=1}^{num} H_2(ps_i^{BS}) \cdot H_1(PK_i^{BS}) \right), P \right)$$

$$= e\left(PK_{BS} \cdot \sum_{i=1}^{num} H_2(ps_i^{BS}),\ s' \cdot P \right) e\left(\sum_{i=1}^{num} s_i \cdot H_0(id_{BS} \parallel exp_{BS}) + \right.$$

$$\left. \sum_{i=1}^{num} H_2(ps_i^{BS}) \cdot H_1(PK_i^{BS}),\ r \cdot P \right)$$

$$= e\left(H_0(id_{BS} \parallel exp_{BS}),\ PK'_{TA} \right)^{\sum_{i=1}^{num} H_2(ps_i^{BS})} \cdot e\left(\sum_{i=1}^{num} s_i \cdot H_0(id_{BS} \parallel exp_{BS}) + \right.$$

$$\left. \sum_{i=1}^{num} H_2(ps_i^{BS}) H_1(PK_i^{BS}),\ \omega \right)$$

显然，如果验证者遵循上述算法，合法的 σ_2 总能被成功验证。此外，σ_1 的正确性已在 CC 签名算法[4]中被证明。

4.2.5.2　形式化安全分析

（1）安全模型

本方案的安全模型定义为敌手 A 与挑战者 C 之间的游戏，其中安全模型允许敌手 A 能够请求最多 q_{H_1} 次 $\mathcal{H}_1$ 询问、q_{H_2} 次 $\mathcal{H}_2$ 询问、q_e 次密钥提取询问以及 q_s 次签名询问。基于安全模型的游戏被定义如下：

初始化阶段：挑战者 C 运行系统建立算法，并将生成的系统参数发送至敌手 A。挑战者 C 保留主密钥。

查询阶段：敌手 A 询问随机预言机并执行多项式有界的密钥提取询问和签名询问。在密钥提取询问中，敌手 A 选择身份 id，挑战者 C 运行密钥提取算法并将 id 对应的私钥发送到敌手 A。在一个签名询问中，敌手 A 提交身份 id 和消息 m、m'，挑战者 C 通过运行密钥提取算法获得私钥 sk_{ID}，并利用私钥 sk_{ID} 运行签名算法，将结果返回敌手 A。

伪造阶段：敌手 A 输出 id_τ、消息 m_τ 和 m'_τ 以及签名 $\sigma_\tau = \{\sigma_{\tau-1},\ \sigma_{\tau-2},\ \omega_\tau,\ s_\tau\}$。如果 σ_τ 对于 id_τ，m_τ，m'_τ 是一个合法的签名且没有执行 id_τ 的密钥提取询问和关于 $<id_\tau,\ m_\tau,\ m'_\tau>$ 的签名询问，则敌手 A 赢得这个游戏。

（2）安全性证明

定理 4.2：给定阶为 q 的一个加法循环群 G_1 和一个乘法循环群 G_T。如果存在一个 PPT 敌手 A 在最长运行时间 t 内，以 ε 的优势执行最多 q_e 次密钥提取询问，则存在挑战者 C 以最多 $\varepsilon(1-1/q)/eq_e$ 的优势攻破 CDH 假设。

证明：定义 δ 为 0-1 概率分布，其中 δ 表示 1 的概率，$1-\delta$ 表示 0 的概率。安全证明如下：

初始化阶段：挑战者 C 运行 $(c,\ P_{pub}) \leftarrow CC\_Setup(1^k)$ 获得主密钥和系统公

钥。挑战者 C 计算 $P'_{pub}=a \cdot P$，初始化 4 个空列表 $\mathcal{H}_0^{list}$，$\mathcal{H}_1^{list}$，$\mathcal{H}_2^{list}$，$\mathcal{L}^{list}$ 并发送系统公共参数 $Param=\{p,G_1,G_T,P,P_{pub},P'_{pub}\}$ 到敌手 A。

查询阶段：敌手 A 询问随机预言机并执行多项式有界的密钥提取询问和签名询问，挑战者 C 进行如下响应：

$\mathcal{H}_0$ 询问：假定敌手 A 执行了最多 q_{H_0} 次 $\mathcal{H}_0$ 询问。对于每个 id_i 的 $\mathcal{H}_0^{list}$ 随机预言机查询，挑战者 C 执行如下操作：

① 如果 id_i 在 $\mathcal{H}_0^{list}$ 中，返回 $H_0(id_i)$ 作为应答。

② 如果 id_i 不存在 $\mathcal{H}_0^{list}$ 中，挑战者 C 抛硬币 $c_i \leftarrow \{0,1\}$。如果 $c_i=0$，则选择 $k_i \leftarrow Z_q^*$ 并计算 $H_0(id_i)=k_i \cdot P$。如果 $c_i=1$，挑战者 C 定义 $k_i=b$，$H_0(id_i)=b \cdot P$。挑战者 C 添加 $\{id_i,H_0(id_i),c_i,k_i\}$ 到 $\mathcal{H}_0$ 中并返回 $H_0(id_i)$ 作为敌手 A 的应答。（当 $k_i=b$ 时，k_i 的值未知）

$\mathcal{H}_1$ 询问：假定敌手 A 执行了最多 q_{H_1} 次 $\mathcal{H}_1$ 询问。对于每个消息 m_i 的 $\mathcal{H}_1^{list}$ 随机预言机查询，挑战者 C 选择 $\alpha_i,\beta_i \leftarrow Z_q^*$ 并设置 $H_1(m_i)=\alpha_i \cdot b \cdot P+\beta_i \cdot P$。挑战者 C 添加 $\{m_i,H_1(m_i),\alpha_i,\beta_i\}$ 到 $\mathcal{H}_1^{list}$ 中并返回 $H_1(m_i)$ 作为敌手 A 的应答。

$\mathcal{H}_2$ 询问：假定敌手 A 执行了最多 q_{H_2} 次 $\mathcal{H}_2$ 询问。对于每个消息 m_i' 的 $\mathcal{H}_2^{list}$ 随机预言机查询，挑战者 C 选择 $h_i \leftarrow Z_q^*$，将 h_i 作为询问的应答返回敌手 A 并添加 (m_i',h_i) 到 $\mathcal{H}_2^{list}$ 列表。

密钥提取询问：假定敌手 A 执行了最多 q_e 次密钥提取查询。当敌手 A 请求 ID_i 的私钥时，挑战者 C 根据 id_i 查询 $\mathcal{H}_0^{list}$ 得到 k_i。如果 $c_i==0$，挑战者 C 计算 $sk_i \leftarrow CC.Extract\{k_i,id_i\}$ 和 $SK_i'=a \cdot H_0(id_i)=a \cdot k_i \cdot P=k_i \cdot P'_{pub}$，并返回 sk_i 和 SK_i' 到敌手 A；如果 $c_i==1$，挑战者 C 终止游戏。

签名询问：假定敌手 A 执行了最多 q_s 次密钥提取查询。给定 id_i,m_i,m_i'，A 向挑战者 C 发出签名询问。挑战者 C 通过 $\mathcal{H}_0^{list}$ 中查询 c_i，如果 $c_i==0$，挑战者 C 分别在表 $\mathcal{H}_0^{list}$，$\mathcal{H}_1^{list}$，$\mathcal{H}_2^{list}$ 中查询 $H_0(id_i)$，$H_1(m_i)$ 和 h_i。挑战者 C 选择 $r_i,s_i \leftarrow Z_q^*$ 并计算 $\sigma_i=\{\sigma_{i-1},\sigma_{i-2},\omega_i,s_i\}$，其中 $\omega_i=r_i \cdot P$，$\sigma_{i-1} \leftarrow CC.Sign\{id_i,\omega_i\}$，$\sigma_{i-2}=h_i \cdot SK_i'+r_i(s_i \cdot H_0(id_i)+h_iH_1(m_i))$。否则挑战者 C 选择 $r_i \leftarrow Z_q^*$ 并计算 $\omega_i=r_i \cdot P'_{pub}=a \cdot r_i \cdot P$，$\sigma_{i-1} \leftarrow CC.Sign\{id_i,\omega_i\}$，$s_i=-(\alpha_i+1/r_i) \cdot h_i$，$\sigma_{i-2}=\beta_i \cdot h_i \cdot \omega_i$。挑战者 C 添加 $\{r_i,\omega_i\}$ 到 $\mathcal{L}^{list}$ 中，并将 σ_i 作为敌手 A 的应答。签名 σ_{i-2} 的正确性可由如下公式推导：

$$h_i \cdot SK_i + r_i(s_i \cdot H_0(id_i) + h_i H_1(m_i))$$

$$= h_i \cdot (a \cdot b \cdot P) + a \cdot r_i \cdot (s_i \cdot b \cdot P + h_i \cdot (\alpha_i \cdot b \cdot P + \beta_i \cdot P))$$

$$= a \cdot b \cdot (h_i + r_i \cdot s_i + h_i \cdot \alpha_i \cdot r_i) \cdot P + r \cdot a \cdot h_i \cdot \beta_i \cdot P$$

$$= r \cdot a \cdot h_i \cdot \beta_i \cdot P$$

$$= \beta_i \cdot h_i \cdot \omega_i$$

$$= \sigma_{i-2}$$

因此，给定 id_i，σ_i，P，P_{pub}，P'_{pub}，m_i，m'_i，很容易验证等式 CC.Verify$\{id_i,$ ω_i，$\sigma_{i-1}\} == 1$ 和 $e(\sigma_{i-2}, P) == e(H_0(id_i), P'_{pub})^{H_1(m_i)} e(s_i \cdot H_0(id_i) + H_2(m'_i) \cdot H_1(m_i), \omega_i)$ 成立。

伪造阶段：敌手 A 输出 id_τ 消息为 m_τ 和 m'_τ 的签名 $\sigma_\tau = \{\sigma_{\tau-1}, \sigma_{\tau-2}, \omega_\tau,$ $s_\tau\}$。如果在 $\mathcal{H}_0^{list}$ 中 id_i 对应的 $c_\tau == 0$，挑战者 C 终止游戏。否则挑战者 C 分别在 $\mathcal{L}^{list}$，$\mathcal{H}_0^{list}$，$\mathcal{H}_1^{list}$，$\mathcal{H}_2^{list}$ 中查询 r_τ，$H_0(id_i) = b \cdot P$，$H_1(m_i) = \alpha \cdot b \cdot P + \beta_i \cdot P$ 和 h_τ（如果 ω_τ 不在 $\mathcal{L}^{list}$ 中，敌手 A 无法生成一个合法的签名 $\sigma_{\tau-1}$）。如果 $\sigma_{\tau-2}$ 为合法签名，则：

$$e(\sigma_{\tau-2}, P) = e(H_0(id_\tau), P'_{pub})^{h_\tau} e(s_\tau \cdot H_0(id_\tau) + h_\tau \cdot H_1(m_i), \omega_\tau)$$

$$= e(b \cdot P, a \cdot P)^{h_\tau} e(s_\tau \cdot b \cdot P + h_\tau \cdot (\alpha_\tau \cdot b \cdot P + \beta_\tau \cdot P), r_\tau \cdot a \cdot P)$$

$$= e(h_\tau \cdot SK'_\tau, P) e((s_\tau + \alpha_\tau \cdot h_\tau) \cdot r_\tau \cdot SK'_\tau + \beta_\tau \cdot h_\tau \cdot \omega_\tau, P)$$

$$= e(s_\tau \cdot r_\tau + (\alpha_\tau \cdot r_\tau + 1) \cdot h_\tau \cdot SK'_\tau + \beta_\tau \cdot h_\tau \cdot \omega_\tau, P)$$

因此，$\sigma_{\tau-2} = s_\tau \cdot r_\tau + (\alpha_\tau \cdot r_\tau + 1) \cdot h_\tau \cdot SK'_\tau + \beta_\tau \cdot h_\tau \cdot \omega_\tau$。如果 $s_\tau \neq -(1/r_\tau + \alpha_\tau) \cdot h_\tau$，挑战者 C 能够得到

$$a \cdot b \cdot P = SK_\tau$$

$$= \frac{\sigma_{\tau-2} - \beta_\tau \cdot h_\tau \cdot \omega_\tau}{s_\tau \cdot r_\tau + (\alpha_\tau \cdot r_\tau + 1) \cdot h_\tau}$$

给定 r_τ，h_τ，由于 α_τ 为独立的随机数，C 能够判定 $s_\tau \neq -(1/r_\tau + \alpha_\tau) \cdot h_\tau$ 的概率为 $1/q$。

因此，如果游戏没有终止，挑战者 C 有 $\delta(1-\delta)^{q_e}(1-1/q)\varepsilon$ 的概率解决 CDH 问题。由于 $\delta(1-\delta)^{q_e}$ 在 $\delta = 1/(q_e+1)$ 时达到最大值为：

$$\frac{1}{q_e+1}\left(1-\frac{1}{q_e+1}\right)^{q_e}\left(1-\frac{1}{q}\right)\varepsilon = \frac{1}{q_e}\left(1-\frac{1}{q_e+1}\right)^{q_e+1}\left(1-\frac{1}{q}\right)\varepsilon$$

当 q_e 足够大时，$(1-1/(q_e+1))^{q_e+1} \approx 1/e$。

因此，如果敌手 A 伪造签名的优势为 ε，则挑战者 C 以最多 $\varepsilon(1-1/q)/eq_e$ 的优势攻破 CDH 假设。

4.2.5.3　定性安全分析

定理 4.3(匿名性)： 车联网内车辆的真实身份不应该被暴露，车辆发送的消息应该隐藏在一组潜在的车辆中。

证明： 在假名颁发协议中，RSU 和 BS 由于无法获知秘密值 s，在 AES 对称加密算法安全的情况下，无法通过假名 ps_i 获得车辆的真实身份；在假名更换协议中，由于 $ps_i'^{BS}$ 是由 BS 随机选择的，任何敌手都无法将车辆的真实身份与假名 $ps_i'^{BS}$ 进行关联。

定理 4.4(相互认证)： 车辆所声明的身份必须能够得到验证者的有效验证，所有验证者都应确认发送消息的完整性。

证明： 在假名更换后，根据 4.2.5.1 的正确性分析，车辆在假名更换后，利用 TA 和 BS 所公开的信息，利用来自 BS 的证书，能够生成合法的签名。因此只要车辆和验证者遵守认证协议，车辆的合法身份能够被有效验证；依托于哈希函数抗碰撞的特征，车辆所发送的消息的完整性能够被有效验证。

定理 4.5(可追溯性)： 一种有效的假名更换机制，应能够支持 TA 和 BS 追踪行为不端车辆的真实身份。

证明： 如果在车联网内存在恶意的车辆，且其恶意行为被检测到。BS 能够通过 $ps_i'^{BS}$ 查询本地数据获取 ps_i' 和 exp_i。此时，BS 将 ps_i' 和 exp_i 发送到 TA，TA 能够通过计算 $id_i = \text{Dec}\{s, ps_i' \| exp_i\}$ 获取非法车辆的真实身份。因此通过 BS 和 TA 的合作，车辆的非法身份能够被及时揭露，并同时满足车联网中受限凭证使用和有条件隐私保护的要求。

定理 4.6(位置隐私)： 任何敌手都无法通过窃听感兴趣区域内车辆的通信信息来跟踪目标车辆。

证明： 香农熵[5]通过判定匿名集大小被认为是用于评估车辆位置隐私保护水平的有效指标。在传统的假名更换方案中，设一组更换假名的车辆被定义为 $V = \{v_1, v_2, \cdots, v_m\}$。设 p_i 表示车辆 v_i 被成功跟踪的概率。V 的香农熵可以表示为：

$$priv_v = -\sum_{i=1}^{m} p_i \log_2 p_i$$

与传统方案不同，PCP 中实现的熵取决于车辆广播的假名数量，而不是同时改变假名的车辆的数量。定义 $ps = \{ps_1^{BS}, ps_2^{BS}, \cdots, ps_n^{BS}\}$ 表示一组更换假名的

车辆 v 在假名更换协议中使用的假名。用 p_i' 表示车辆 ps_1^{BS} 成功链接到车辆 v_i 的概率。通常，在相同条件下，$m \leqslant n$。因此有：

$$priv_{ps} = -\sum_{i=1}^{m} p_i' \log_2 p_i' \geqslant priv_v$$

4.2.6　性能分析

本节利用 Veins 仿真框架评估 PCP，Mix-zone 和静默周期在匿名集和平均位置隐私强度两个指标下的安全性。仿真基于 Debian 9.4 操作系统，主机配置为 2.6 GHz Intel(R) Core(TM) i7-6700HQ CPU，2 GB RAM 内存。基于配对密码学库(pairing based cryptography library，PBC)使用执行密码学操作。仿真基于使用 Veins 仿真框架，通过 SUMO 和 OMNET++工具进行全面的仿真模拟。选择西安的真实路线图作为模拟场景，模拟中使用的参数如表 4.1 所示。

表 4.1　仿真参数

参数	值
仿真面积	2.6 km×2.2 km
数据传输率	6 Mb/s
传输功率	20 mW
噪声	−89 dBm
BSM 时间间隔	1 s
仿真时间	100 s
汽车数量	50~300 辆

(1)平均匿名集

平均匿名集定义为在假名更换协议中使用的可用候选假名集[6]。匿名集越大，越容易混淆 GPA 的跟踪。

图 4.2~图 4.4 展示了不同车辆数量下的平均匿名集大小。可以看到，由于假名更换协议的执行，平均匿名集迅速增加。但更值得注意的是，能够观察到车辆密度和交通状况对匿名集大小有显著影响，高密度的交通状况保证车辆有更多的机会与周围车辆通信并共享本地假名集。此外，Mix-zone 的平均匿名集大小完全取决于 RSU 的部署密度。然而，RSU 的高密度部署需要在短时间内花费很高的成本，这使得静默周期和 PCP 更适合实际交通场景。同时，由于取决于通信组中车辆共享的假名数量，而不是车辆数量，因此与静默周期相比，PCP 拥有更高的平均匿名集。

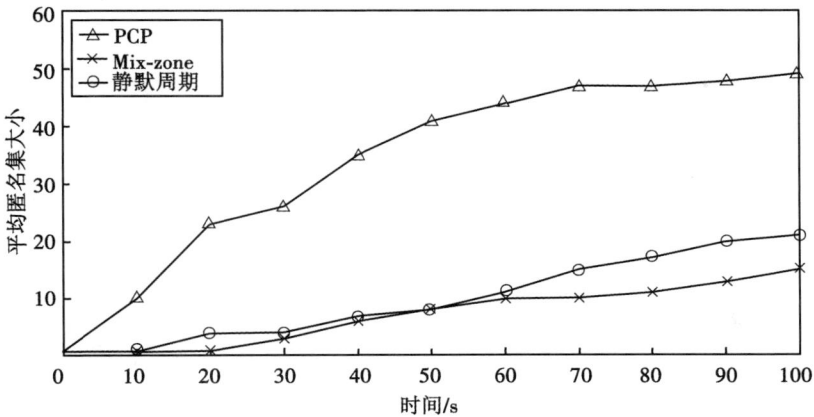

图 4.2　平均匿名集(车辆数量 $N=50$)

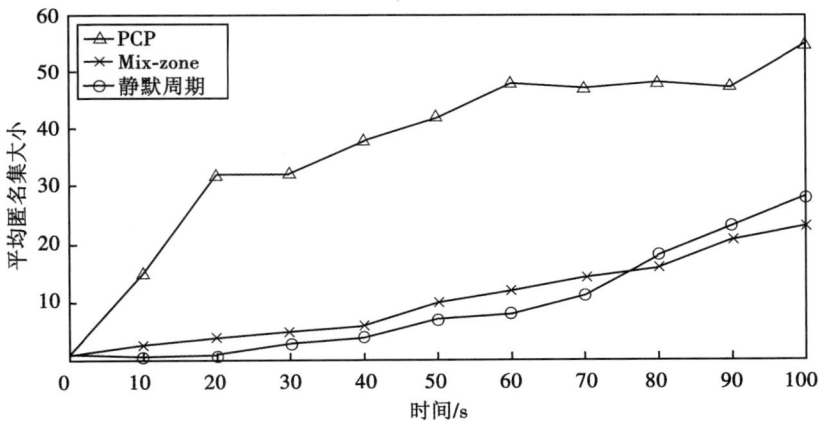

图 4.3　平均匿名集(车辆数量 $N=100$)

(2)以用户为中心的位置隐私水平

在车联网中,以用户为中心的车辆位置隐私水平[7]由基于位置隐私损失函数 $\beta_i(t, T_i)$:$(IR^+, IR^+)\rightarrow IR^+$ 定义,其中,t 和 T_i 为当前时间和车辆成功更换假名后的时间。敏感参数设定为 $0<\lambda_i<1$,位置隐私损失初始化为 0 并随着时间逐渐增长。λ_i 的值越高,损失函数比越快。位置隐私损失函数定义为:

$$\beta_i(t, T_i) = \begin{cases} \lambda_i(t-T_i), & T_i \leqslant t < T_i^{\max} \\ A_i(T_i), & t \geqslant T_i^{\max} \end{cases}$$

其中,$T_i^{\max}=A_i(T_i)/\lambda_i+T_i$ 为当位置隐私损失函数达到最大值的时间。给定位置

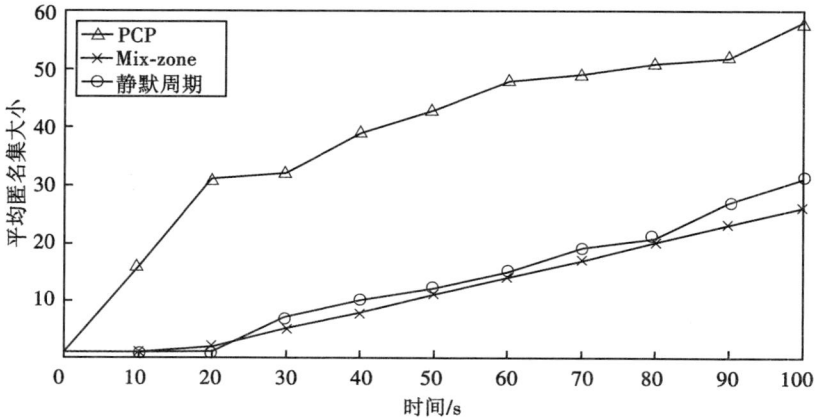

图 4.4　平均匿名集（车辆数量 $N=300$）

隐私损失函数 $\beta_i(t, T_i)$，在时间为 t 时，车辆 v_i 的以用户为中心的位置隐私水平为：

$$A_i(t) = A_i(T_i) - \beta_i(t, T_i), \quad t \geq T_i$$

由于车辆无法计算 $A_i(T_i)$，仿真设定 $A_i(T_i) = \log_2 n$。

图 4.5~图 4.7 展示了在不同交通流量条件下 PCP、Mix-zone 和静默周期以用户为中心的位置隐私级别的变化。可以看到，位置隐私级别在开始时急剧增加，在大约 40 s 后保持稳定。车辆数量越多，以用户为中心的位置隐私级别达到高级别的时间越短。由于静默周期和 Mix-zone 对假名更换条件（例如慢速、RSU 部署）有更严格的要求，PCP 能够比其他两种方案更快地提高位置隐私级别，并保持较高的位置隐私级别。

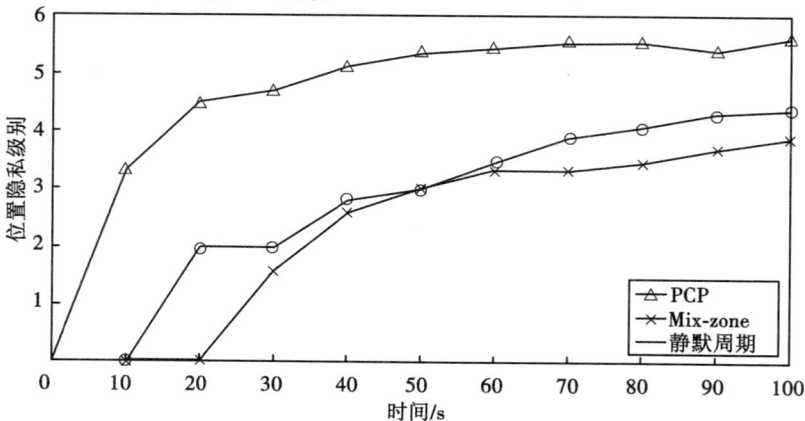

图 4.5　以用户为中心的位置隐私级别（车辆数量 $N=50$）

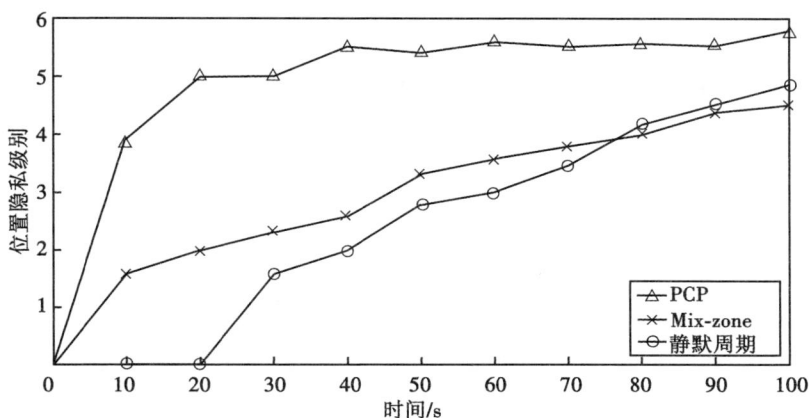

图 4.6 以用户为中心的位置隐私级别(车辆数量 $N=100$)

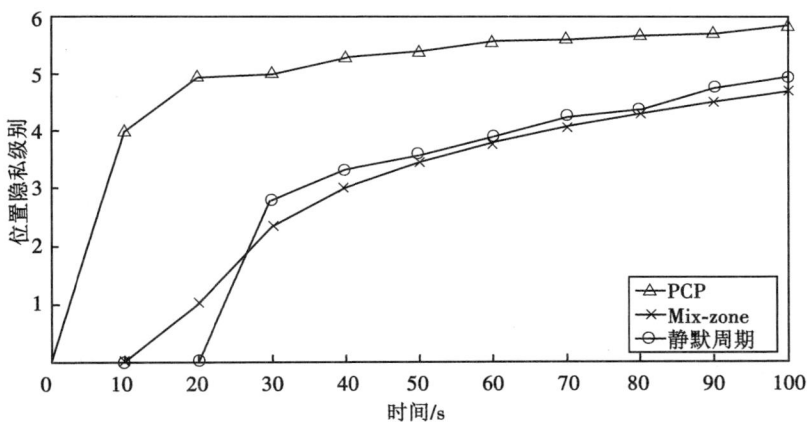

图 4.7 以用户为中心的位置隐私级别(车辆数量 $N=300$)

4.2.7 总结

本节提出了一个在车联网中保护位置隐私的假名更换方案(a pseudonym change scheme for location privacy-preserving in VANETs,PCP)来解决位置隐私问题。与传统方案不同,PCP 支持在各种情况下更换车辆假名,可以更有效地保护车辆位置隐私。安全性和性能分析表明,PCP 能够抵抗来自 GPA 的攻击,并保持较高的位置隐私级别。

4.3 基于区块链的假名更换与激励机制

4.3.1 背景

随着工业化、智能化和城市化的飞速发展，智能交通系统(ITS)近年来受到人们的广泛关注，而车联网(VANETs)作为 ITS 的重要组成部分已经引起了研究者的重视。VANETs 是一种新型的自组织无线网络，其中每辆车均可以同时作为一个网络节点和一个路由器[8]，从而与其邻居车辆进行通信，即 V2V 通信，或与邻近的路边单元(RSU)进行通信，即 V2R 通信。虽然车联网的无线网络形式能够为驾驶者提供一个共享的、高效的、实时的驾驶环境，但由于网络环境的开放性和车辆的高度动态性使得安全和隐私问题仍然是当前 VANETs 面临的主要挑战[9]。

由于车联网的无线网络形式，如果对车辆自身及其广播的消息不采取保护措施，攻击者便可以轻易地窃取车辆广播的任何信息，如车辆当前的位置、速度、方向等；又因车主与车辆之间有密不可分的联系，攻击者能在一定程度上获取车主的身份信息、日常喜好等。这将对 VANETs 产生极大的负面影响，因此所有消息必须在 VANETs 中以匿名的形式发布和转发，当前绝大多数工作采用假名的方法代替车主的真实身份来满足安全和隐私的要求。假名实际上是一种标识符，车辆在行驶过程中会周期性地更换它的假名进而发布信标或路况信息，从而获得位置隐私保护，避免攻击者的攻击[10]。然而这种匿名发布或转发消息不能保证消息的准确性，也很难识别车辆发布消息的真伪[11]。具体来说，很难阻止车辆发布虚假消息。这些虚假信息不仅降低了运输效率，还干扰了其他驾驶者的判断，易造成事故。因此，保证车辆通信网络的安全性和消息的真实性是至关重要的。

一般来说，建立安全的车辆通信网络需要注意以下三点：① 网络中广播的消息来自合法车辆或基础设施；② 信息未被篡改；③ 车辆广播的消息是真实且可信的。近年来为了实现前两个目标，已经提出了身份验证、数字签名和数据加密等技术来保证通信安全和隐私保护[9]。然而对第三个目标即消息可信度的研究仍然存在一定的缺陷。事实上，很少有研究对评估消息可信度做出贡献，但值得注意的是，一旦消息的内容是虚假的，身份验证和数据完整性就没有意义了。针对于判断车辆发布消息的真伪，以往的工作中提出了信誉值的方法。在车辆网络中，信誉值被认为是对某一车辆的公共评价和聚合意见[9]，它通常表示车辆的历史行为。故依赖信誉系统，驾驶者可以根据车辆的信誉值高效地判断车辆发布消息的可信度[12-16]。

区块链作为一种新型的分布式基础设施和计算方法，是比特币的底层技术，目前已经在多个领域得到了广泛应用，它是一个分布式的公共账本，使用 Merkel tree 和哈希函数进行加密，并拥有基于工作量证明（PoW）算法的一致性机制。区块链的这些重要特征使得它被认为是给 VANETs 带来"信任"和"自动检查"的潜在解决方案[17]。由于区块链 P2P 网络的去中心化特点，节点在应用程序中是具有同等特权的参与者并且能够随意加入和退出，没有中央管理服务的限制，节点可以随时查看链上信息。区块链有助于在 VANETs 中建立理想的数据透明共享平台。所有参与者的活动、身份认证和广播信息都将通过特定的方式写入不可变、不可伪造的账本中[18]。

针对车联网中车辆发布数据的可信度问题，本书提出了一种基于区块链的数据可信度评级系统，首先将车辆的信誉值更新与假名更换相结合。此外，为了构建理想的分布式信任管理系统，采用了具有数据一致性、抗篡改等特点的区块链技术来记录车辆的历史信任信息，并进一步给出了验证数据可信度评级的具体过程。

4.3.2　方案设计

本节方案设计了一种基于区块链的数据可信度评级系统，提高了车辆网络中信息可信度的评估精度，提出了判断消息真实性的评级机制，并给出了具体的规则。此外将假名更换与信誉值相结合，车辆通过参与假名更换来增加信誉值并保证自身的位置隐私。

4.3.2.1　方案前提

在本节方案中，车辆集群（VC）是接收到同一消息且由速度、行驶方向大致相同的车辆随机组成的一个临时群体。方案共定义了 2 条区块链。一条是由集群 VC 内所有车辆构成的，取名为临时区块链（provisional blockchain，PB），集群 VC 的车辆成员保持一个区块链，并试图对信誉值、评级达成一致。VC 内的车辆只存储临时信息，即信息都是最新的。形成 PB 的原因是目前满足多个车辆共同协商的主流方法是采用区块链，其通过实现大多数车辆的决定达成共识机制，使判断结果更加安全可靠，准确性相对较高。定义的另一条是由 RSU 负责记录和查询的总区块链，它存储了 VANETs 内部的全部事件。

从 VC 中通过特定的规则选出中心节点(center node，CN)，它被看作 VC 内的一个临时中心位，负责生成判断块并将该块广播给 VC 内其他车辆。若中心位广播的判断块与 VC 中大部分车辆的判断一致，则 VC 内车辆将接受中心位广播的块并将其添加在临时区块链上，保证车辆都能参与临时区块链的记录。而后中心位将汇总临时区块链上的信息，并上报给邻近的 RSU。

4.3.2.2　系统模型

系统模型包括以下四种类型的实体：可信权威机构(TA)，普通车辆(ordinary vehicle，OV)，恶意车辆(malicious vehicle，MV)，RSU。如图 4.8 所示。

① TA：TA 作为可信权威机构，在本系统中有两个作用：

车辆检验：在 VANETs 中行驶的车辆必须拥有良好的感应能力，以便能更准确、敏锐地获取环境信息。

车辆注册：车辆在注册时，TA 会为车辆颁发 K 个证书、k 个公私钥、一组假名集和多个区块链地址，此外 TA 还会为车辆分配初始信誉值和评价等级并记录在区块链上，每辆车的初始信誉值相等，而评价等级最初并未分配，需要在后期车辆行驶中不断累积。属于同一辆车的多个区块链地址上的信誉值是相同的，并且每个区块链地址会包含车辆的一个证书。默认此假名集能支持车辆在 VANETs 环境中长期使用，车辆在行驶中无须频繁地与 TA 进行联系。

② OV：OV 是构成 VC 的主体。每一辆加入 VC 的车辆在被选为中心位之前都被视为 OV。OV 能够广播和接收消息，生成判断，并接收中心位广播的经过验证的判断包(即块)。

③ MV：在车辆网络中可能存在一些恶意车辆。它们通常有特定的动机，试图干扰网络的正常运行。

④ RSU：VC 的中心位会将存储在临时区块链上的信息定期上报给 RSU，通过 RSU 进行整理并进一步记录在总区块链上，以减轻车辆的存储负担。假设只有 RSU 有权力记录并访问总区块链上的信息，故它可以方便地查询其他区域中 RSU 记录在链上的任何信息。

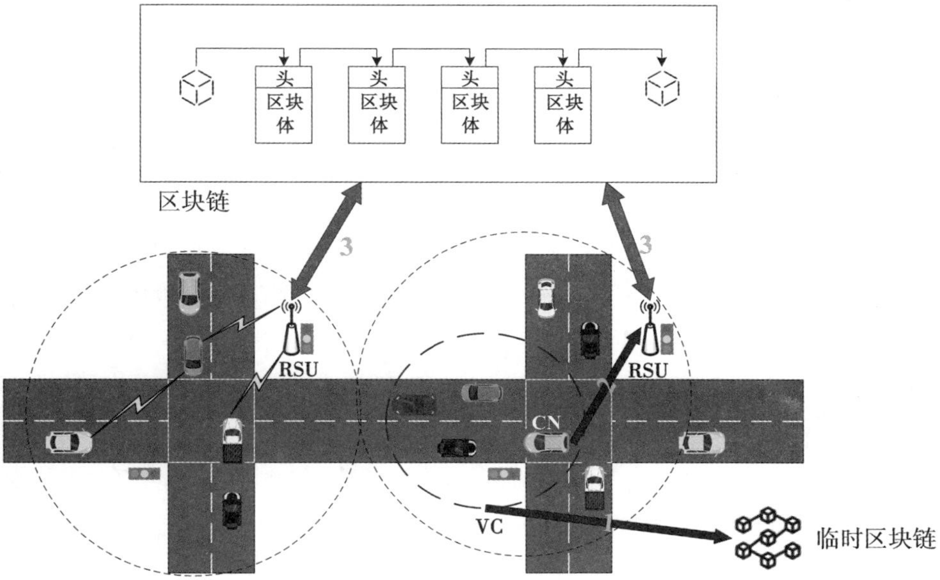

图 4.8 系统模型

4.3.2.3 假名更换

因车辆在道路上单独更换假名时，易被攻击者追踪暴露其身份，引发句法链接攻击。故本节方案采用传统的基于 Mix-zone 的假名更换方法，它可以满足车联网中大多数车辆的需求[10]。车辆在信号灯变为红灯时会形成短暂聚集，有更换假名需求的车辆经过 RSU 的验证进而加入 Mix-zone 内部。同时本节方案提出将信誉值作为车辆能否通过 RSU 验证进入 Mix-zone 的判断依据。具体来说，一旦车辆的信誉值低于加入 Mix-zone 内部的限定阈值 *REP*，就会被认定为恶意，该车辆将无法通过 RSU 的验证进入 Mix-zone 参与假名更换。

车辆在行驶过程中遇到红灯时会静止等待。在十字路口信号灯处，因车流量密度较大，车辆会形成暂时的聚集区域，此区域为车辆合作更换假名提供了机会。当信号灯变为红色时，位于此十字路口处的 RSU 将开始定期向周围静止的车辆广播 Mix-zone 的区域消息，等待信号灯的静止车辆会根据自身当前假名的使用时长和当前静止的位置，选择是否接收此 Mix-zone 消息。

在这种方案下，总结并分析了四种不同的情况，说明如下（此时信号灯为红色）：

① 若车辆位于 RSU 广播的 Mix-zone 区域内部且车辆当前假名即将到期，则车辆会接收 RSU 广播的消息，希望进入 Mix-zone 内与其他车辆合作更换假

名。对于基于此情况的车辆 A，因其已经位于 RSU 广播的 Mix-zone 内部，则只需向 RSU 发送一条验证信息（validation messages，VM），包括一个时间戳 Ts、车辆当前使用的假名 Pse，以及车辆自身私钥的签名，并用 RSU 的公钥加密 VM。当 RSU 收到车辆 A 发送的 VM 后，首先会利用自己的私钥解密，接着根据车辆 A 提供的当前假名 Pse 获取其记录在总区块链上相应的信誉值。如果获取的车辆信誉值 REP_A 低于加入 Mix-zone 内部的限定阈值 REP，则 RSU 将拒绝车辆 A，即车辆无法进入 Mix-zone 中。如果车辆信誉值 REP_A 高于限定阈值 REP，则 RSU 会利用车辆的公钥向车辆返回一个 $flag = 1$ 的标志信息，表示此车辆已通过验证且愿意参与合作更换假名。当车辆接收到 $flag$ 消息并用自身私钥解密后，会将其存储到自身 OBU 中，接着开启静默。

② 若车辆位于 RSU 广播的 Mix-zone 区域内部，但是车辆当前假名并未到期，此时车辆可以选择是否参与 Mix-zone，若车辆拒绝参与合作，则其只需保持静默；若车辆愿意参与合作，则需要按照情况①向 RSU 发送 VM 并等待 RSU 的判断。

③ 若车辆位于 RSU 广播的 Mix-zone 区域外部，但是车辆当前假名即将到期，则车辆会主动向 RSU 发送请求合作信息（request cooperation message，RCM）请求，进入 Mix-zone 中参与合作更换假名。此消息包括一个时间戳 Ts、车辆当前的位置 POS、车辆当前使用的假名 Pse，以及车辆自身私钥的签名，并用 RSU 的公钥加密 RCM。当 RSU 收到 RCM 并用自身私钥解密后，同样会根据车辆 v 提供的当前假名 Pse 获取其记录在总区块链上的信誉值。如果 REP_v 高于 REP，则 RSU 将会用车辆自身的公钥向车辆发送加入 Mix-zone 信息（join Mix-zone message，JMM），其中包括一条 $flag = 1$ 的标志。同时 RSU 会根据 RCM 中车辆的位置 POS 重新规划 Mix-zone 的新区域。反之，如果 REP_v 低于 REP，则 RSU 将拒绝车辆 v 的请求，车辆无法进入 Mix-zone 中。收到 JMM 的车辆将立刻开启静默。

④ 若车辆位于 RSU 广播的 Mix-zone 区域外部但车辆当前假名并未到期，则参照情况②即可。

假设四种情况中请求更换假名的车辆，在信号灯变为绿色之前已经完成了 RSU 验证、获取 $flag$ 标志、进入 Mix-zone 等操作，当信号灯变为绿色时，位于 Mix-zone 内且 $flag = 1$ 的车辆将同时从各自假名集中更换新假名并且更换新假名对应的区块链地址，此方法在很大程度上迷惑了对手，保护了车辆的位置隐私。一旦车辆合作更换假名成功，RSU 将利用车辆发送验证信息时提供的区块链地址，对 Mix-zone 内 $flag=1$ 的全部车辆的信誉值进行增添，即 $REP'_v=REP_v+1$（一辆车对应多个区块链地址，这些地址的信誉值是相同的），并将更新后的信誉值上传到总区块链上的对应地址。

4.3.2.4　消息评级

在 VANETs 环境中，车辆会定期发布信标消息，也会广播与交通环境有关的信息，例如交通意外或道路情况。在以往基于信誉值的方案中[12-16]某辆车 V_b 收到了来自其他车辆 V_a 的消息时，它可以通过向邻近 RSU 发送查询请求，进而获取在总区块链上发送者 V_a 的信誉值，从而评估 V_a 消息的可信度。但此方案仍存在不足，因为信誉值只代表某一车辆的历史行为，假设车辆 V_a 之前表现为诚实节点，但此次行为是恶意的，若仅依据链上记录的历史信誉值不足以准确地判断车辆本次发布消息的真实可信度。故要判断本次消息的真实性，除了参考历史信誉值，还需要额外的判定机制对车辆本次发布的信息进行判断，从而获得最终较为准确的判定结果。

本节方案在文献[9]的基础上，提出了更细致的消息评定方法，同时旨在解决以往方案中仅参考历史信誉值的不足。原方案利用车载传感装置收集到足够多的相似信息后，对收集到的信息进行对比和评判，最终用 1（可信消息）或 -1（不可信消息）表示评判结果。然而，由于信息的时效性和车辆的感知能力的限制，这些后验评级可能会出现一些错误，故本节方案提出等级制度，目的是使车辆的评定更加准确，具体如下：

① 消息可信度评估：在系统模型部分，提出车辆在注册时，TA 会为车辆颁发信誉值和初始值为 0 的评价等级。车辆的评价等级会在后期行驶过程中逐渐增加。V_b 接收到 V_a 广播的消息时，V_b 首先通过 RSU 在总区块链上获取 V_a 的信誉值，若查询返回的 REP_a 大于预设的评级信誉值 REP'，则车辆 V_b 将接收此消息，并通过自身的知识、面临的风险等，对 V_a 当前发布的消息进行直观的评级，否则车辆 V_b 将忽视 V_a 发布的消息。然而，由于车辆自身知识和所获得上下文信息的限制，评级可能会有偏差。因此除了上述初步的评级外，V_b 还会参考记录在总区块链上的 V_a 历史评价等级。

② 初步评级：在本节方案中，建议将车辆广播的消息内容划分为 m 个等级，用 L_i 表示第 i 个级别（$i=1,2,\cdots,m$），i 越大，L_i 表示的级别越高，消息内容的真实性越强。当车辆 V_b 收到 V_a 发布的消息且经过 RSU 查询 V_a 的信誉值满

足 $REP_a > REP'$ 时，V_b 首先会结合自身知识对消息进行初步的评级，记为 L_i，随后车辆 V_b 向邻近的 RSU 发送请求，查询总区块链上记录的车辆 V_a 历史评价等级中对应级别为 L_i 的历史次数。

③ 历史记录：假设本轮是 V_a 在 VANETs 中第 p 次发布消息，则当前总区块链上只会记录车辆 V_a 前 $p-1$ 次的评价等级，将车辆 V_a 记录在总区块链上的前 $p-1$ 次被评级为 L_i 的总次数表示为 $\hat{n}_{v_a}^{i, p-1}$，则 V_a 前 $p-1$ 次发布消息的等级集合在总区块链上可以表示为 $\overrightarrow{\hat{N}^{p-1}} = (\hat{n}_{v_a}^{1, p-1}, \hat{n}_{v_a}^{2, p-1}, \cdots, \hat{n}_{v_a}^{m, p-1})$。

④ 次数累计：若 V_b 结合自身知识对 V_a 进行初步的评级为 L_i，则从总区块链上获取前 $p-1$ 次评级为 L_i 的总次数，将总次数加 1 得到 $\hat{n}_{v_a}^{i, p}$，即 $\hat{n}_{v_a}^{i, p} = \hat{n}_{v_a}^{i, p-1} + 1$，表示车辆 V_a 经过 p 次发布消息获得评级为 L_i 的总次数。显然车辆发布消息的总次数 p 与车辆获得评价等级为 L_i 的次数 $\hat{n}_{v_a}^{i, p}$ 是不一样的，具体来说当车辆每次发布消息时，其获得的评价等级是随机且不固定的，那么车辆发布消息的总次数和其获得某个评价等级的总次数就会有差别。故假设当车辆获得评级等级为 L_i 的总次数大于车辆发布消息次数 p 的一半，即 $\hat{n}_{v_a}^{i, p} \geq \dfrac{p}{2}$，且评价等级 $\dfrac{m}{2} < i \leq m$ 时，认为此消息是可信的，表示为 true；若未满足其中任一条件，则消息不可信，记为 false。

假设在 V_a 广播消息时，接收到此消息的邻近车辆会随机组成一个车辆集群 VC，同时形成一个包含 VC 所有成员的临时区块链。首先 VC 内部的 OV 会根据自身的知识等，对 V_a 发布的消息进行独立的评级，即 OV 之间的评级不存在关联性。接着在 VC 中将临时选举出一个 OV 作为中心节点（CN），它需要在 VC 中广播它的判断结果（即 true/false 和等级 L_i），并努力与 VC 中的其他 OV 达成共识。CN 的选举方案如下：$Hash(ID, time, PreHash, n) < C$，采用 SHA-256 算法，其中 C 为 SHA-256 的上界，它可以通过内部调整自动生成。车辆将其自身 ID 值、当前时间 $time$、前一个块的哈希值 $PreHash$ 以及随机数 n 相结合，并进行概率运算，然后将结果与它们的 C 值进行比较。则 VC 内部第一个满足选举公式的 OV 会被选为 CN。很明显，具有较强算力的车辆赢得选举的可能性较大。

在赢得选举后，CN 首先生成创世纪块，接着将评级结果（true/false 以及 L_i）打包到另外一个块中，并将其分发给 VC 中所有的 OV。如果 CN 和其发布的评级结果满足以下条件：① CN 符合上述选举方案；② 块内记录的评级结果与其本地大多数 OV 的评级结果不冲突，则 OV 将接受 CN 发布的块并将 CN 块添加到临时区块链中，否则 OV 将忽略该块并选择另一个 CN，这保证了临时区块链上的评级是由 VC 内部的所有车辆验证的。此外假设 VC 内部存在恶意节点（MV），它自身对 V_a 的评级结果与 CN 发布的评级结果不冲突，但在添加时并未将真实的 CN 块添加到临时区块链上，反而上传了虚假的 CN 块，进而导致临时区块链分叉。但根据区块链的特性，因大多数 OV 仍会上传真实的 CN 块，这种分叉现象将很快结束，进而在一定程度上阻止了 MV 的恶意行为，也保证了临时区块链的准确性。

当 OV 将 CN 块上传到临时区块链后，便会清除本次对 V_a 的评级结果以节省 OBU 的存储空间。而 VC 中的 CN 会将临时区块链上存储的信息汇总并生成 proof（proof 为参数，存储临时区块链中的所有信息），将 proof 均匀分配给 VC 内的所有 OV，保证 VC 内的所有车辆都可以将临时区块链上的汇总信息上传到 RSU 上，避免因 CN 未传信息而导致结果未更新。当 RSU 首次接收到 proof 时，会及时将 proof 上传到总区块链上，此后一旦 RSU 接收到重复的 proof 便会将其舍弃。当 CN 完成 proof 生成后，临时区块链将随之消失。

4.3.3　安全性分析

① 隐私保护：在 V2V 和 V2I 通信中，车辆通过 TA 提供的假名集向周围的车辆或 RSU 发布消息，避免了车辆真实身份和车主信息的泄露。TA 在车辆注册时为车辆颁发对应的假名集，意味着 TA 掌握车辆身份与其假名之间的对应关系，因此当恶意车辆发布虚假信息或执行不当行为时，只有 TA 拥有跟踪权限。另外，存储在总区块链上的事件信息等均采用假名进行记录，避免出现真实身份的相关信息，有效保障了车辆的隐私。

② 分布式一致性：在提出的机制中，临时区块链上记录的评级结果经过了 VC 内所有车辆的验证，确保了所有车辆都参与消息的评级。如果 VC 中包含 MV，它虽然接收了 CN 的评级结果，但在上传块至临时区块链时恶意篡改了块内容，由于区块链采用共识机制，只要 MV 数目不超过 VC 中总节点的一半，便无法修改链上信息，保证了评级结果的准确性，且区块链越长，安全性越强。

③ 阻止恶意篡改：与传统云存储相比，本节方案采用区块链技术，将每次事件或交易内容存储在公开透明的链中。如果攻击者对总区块链发起攻击，试图更改某一车辆的事件信息，它必须要获得车辆存储此事务的相应区块链地

址，而由于区块链地址的分布是随机的，且在本节方案中每辆车会对应多个区块链地址，攻击者需要消耗的成本要远大于交易的价值，因此能够抵抗攻击者的攻击。

④ 对开-关攻击的弹性：利用信任信息的动态特性。一般来说，恶意车辆往往会先诚实行事，一旦信任程度达到一定级别，就会变得恶意。在本节方案中，存在对车辆发布消息的评价等级 b_1，b_2，$\cdots$，b_m。邻居车辆会根据先验知识等对发送方进行独立评级，而不单纯地依赖链上的历史信息。与诚实行为相比，恶意行为的影响更难被忘记，也就是说恶意行为会被放大。因此，一旦恶意行为发生，车辆必须保持谨慎，有效抑制开-关攻击。

⑤ 最小披露：用户在 V2X 内部发送和传递的信息量应尽可能保持最小，即仅提供应用程序正常功能所需的信息即可，避免信息量较大或上载时间过长造成的消息冗余和延迟，使网络系统处于相对流畅的状态。

⑥ 分布式解析权限：针对车辆身份解析的能力应该分布在各个权限之间，以便需要多个不同权限的合作，才能将匿名凭据链接到车主个人。即在本节方案中，如果锁定总区块链上记录的某一信息，可根据信息的具体区块链地址追溯到具体车辆，抑或根据车辆的某一假名判断具体车辆，进而通过 TA 了解到车主的个人信息。

⑦ 一对一隐私：在本节方案中每辆车对应多个区块链地址，每个假名都有属于自己的特定区块链地址。它保证了当一个假名被追溯到对应区块链地址时，不会泄露该用户的其他不可链接性的信息。

4.3.4 性能分析

在这一部分，针对消息检测的准确性和车辆可信度两方面，将本节方案与文献[9]，[19]进行了对比分析。

为了验证所提方案的有效性，利用 Veins 平台模拟了 VANETs 的内部运行环境以便进行多次的仿真试验。这些试验均采用 V2V 通信信道对消息进行传输和评级，且默认这些数据包都能被及时传送到目的地。在本小节中，将报文检测精度（message detection accuracy，MDA）作为判断消息准确性的评估标准，其具体定义如下：$MDA = (TT + FF) / (TT + TF + FT + FF)$，其中 TT 表示车辆发布的真消息被检测为真的数量；FF 表示车辆发布的假消息被检测为假的数量；

TF 为车辆发布的真消息被检测为假的数量；*FT* 为车辆发布的假消息被检测为真的数量。通过上述公式可以清晰地得出：检测正确的消息数量越多，得到的 MDA 越高，即对消息检测的准确性越强。

通过分析与试验，得出影响 MDA 的主要因素包括两方面，即恶意车辆的比例 ROM(the ratio of malicious vehicle) 和车辆的可信度。ROM 的具体定义如下：$ROM = \sum\limits_{i \in M} C_i / \sum\limits_{j \in A} C_j$，其中 *M* 表示恶意车辆的集合，*A* 表示所有车辆的集合。如图 4.9 所示。

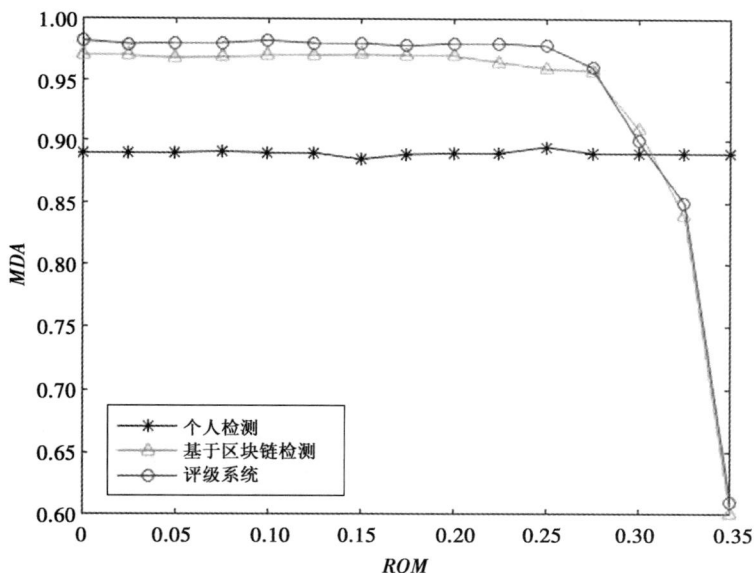

图 4.9　*ROM* 和 *MDA* 之间的关系

图 4.9 显示了 *ROM* 和 *MDA* 之间的关系。从图 4.9 中可以看出 *ROM* 对人检测的 *MDA* 影响不大，伴随着 *ROM* 比例的增加，*MDA* 保持相对稳定。造成此现象的原因是车辆在该方案中利用自身先验知识对环境及接收到的消息进行判断，它可以不受恶意攻击者的数量和其所产生的错误判断影响，车辆自身判断较为独立。然而，*ROM* 对基于区块链的方案性能影响较大，从图中可以看到当 *ROM* 超过某一阈值后，*MDA* 将会迅速下降，这是由于恶意车辆比例的不断增加可能会破坏网络中的共识机制，致使恶意车辆的判断成为主线，在区块链中添加不公平的评分。因此，在恶意攻击者的比例较小，即保证整个车群中大部分

车辆为诚实节点的情况下，基于区块链的方案对 *MDA* 的准确性较高。

在上述方案中提到，当消息接收方收到发送方的消息时，首先会向邻近的 RSU 查询发送方的信誉值，其次将查询到的信誉值与事先设定好的标准信誉值 *REP′* 进行比较。信誉值高于标准信誉值的发送方会被认为当前消息可信。通过分析发现，*REP′* 的阈值设定对 *MDA* 的准确性评估有一定的影响，如图 4.10 所示。

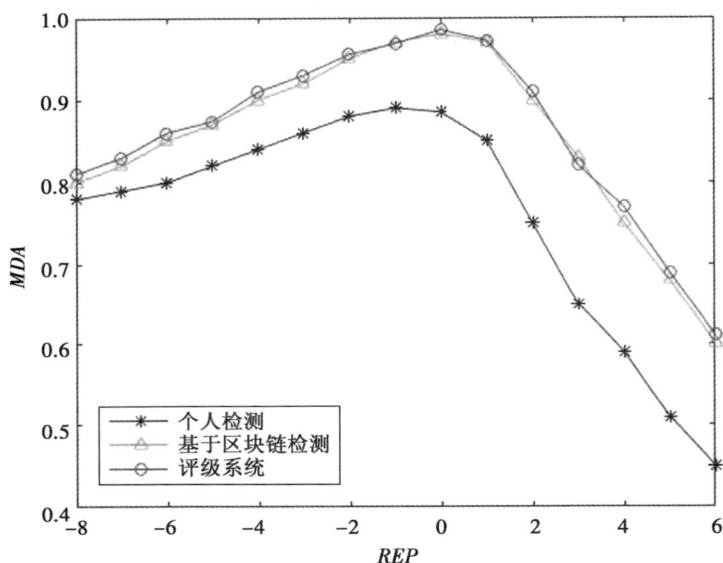

图 4.10   *REP* 和 *MDA* 之间的关系

图 4.10 中三条曲线的走势大致相同，且存在一个明显的峰值，当 *REP* = 0 时，*MDA* 取值最高，而当 *REP* > 0 时，*MDA* 会随着 *REP* 的增加而快速下落。出现此现象的原因是当 *REP* 较低时，一些原本信誉值偏低的车辆可能也会通过比较，即 $REP_i > REP$，进而使得一些恶意节点未被发现，导致忽略了一些假消息。而当 *REP* 偏高时，一些诚实节点可能刚刚注册而尚未达到该阈值，致使一部分真消息被误判为假消息。故 *REP* 偏高或偏低都会对 *MDA* 的准确性判断产生负面影响。

4.3.5　总结

本节提出了一种基于区块链的数据可信度评级系统，在此系统的帮助下，接收方根据总区块链上记录的车辆历史信誉值，对满足标准阈值（REP）的发送方车辆信息进行评级。此外，本节方案提出车辆可以通过参与假名更换来增加信誉值。安全性分析和性能分析表明，该方案在评估数据可信度中结果更加精确，更具有效性。在未来的工作中，将提出更具体的消息评级方法，使得数据可信度的评判更加精确。

4.4　基于 Mix-zone 的假名更换机制

近年来，随着移动自组织网络以及无线传感器技术的快速发展，车联网出现并迅速普及[20]，但随着基于位置的服务（location based service，LBS）在 VANETs 中的广泛应用，其安全和隐私问题日益突出[21]。车辆必须经过认证才能接入到 VANETs 中，所以如何保证安全接入 VANETs 成为解决 VANETs 安全的关键。此外，车辆用户在接入到 VANETs 后，可通过 LBS 等获取与位置相关的个性化服务。但相关服务极易造成车辆位置隐私的泄露，一旦隐私信息被泄露，会给用户带来经济损失甚至威胁用户的生命安全。所以隐私保护逐渐成为 VANETS 中用户关注的重要安全指标，并且在 VANETs 中必须要实现位置隐私的保护。

为了有效保证位置隐私保护强度以及适用于 OBU 密度较低的 VANETs 环境，本节提出了一种新的 VANETs 位置隐私保护方案。下面介绍方案的实现细节，包括层次化的网络架构、信任模型及攻击模型，给出系统初始化过程并详细描述了本节方案的核心内容：Mix-zone 请求、假名更换通知以及通知消息处理，最后对方案进行安全性分析。

4.4.1　系统模型

本节方案涉及的网络模型由三个实体组成，分别是可信权威机构（TA）、路边单元（RSU）和车辆，如图 4.11 所示。

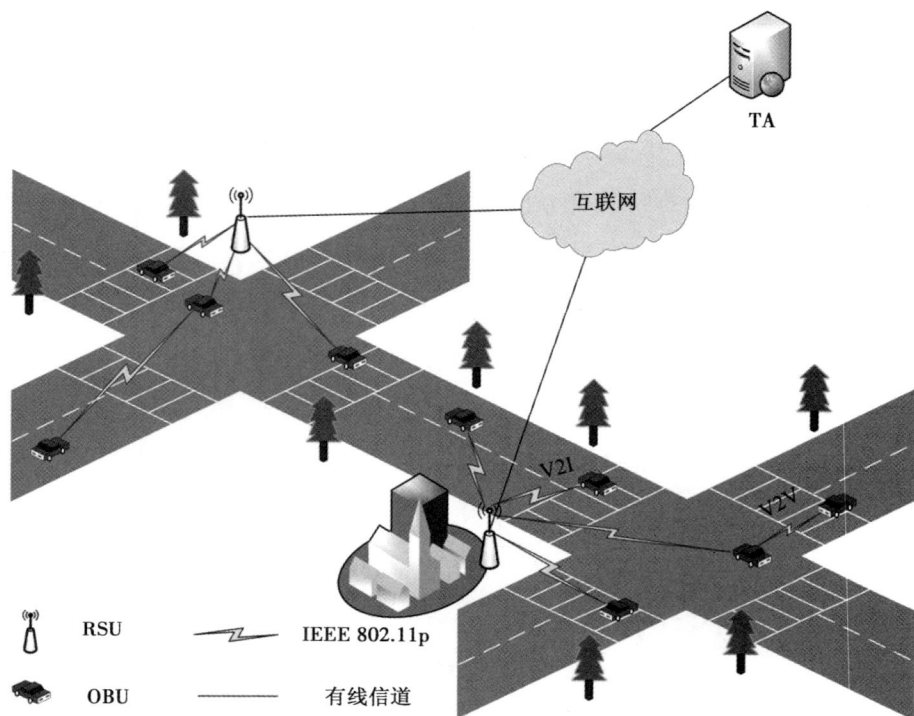

图 4.11 车联网模型

本节假设所有车辆在获准上路之前都在 TA 处，例如机动车辆部门（MVD）进行了注册，并且假设所有车辆都配备了车载单元（OBU），并配备了储存秘密信息的防篡改设备（TPD）、事件数据记录仪（EDR）、全球定位系统（GPS）等。一般情况下，车辆与相邻车辆之间的通信距离在 300 m 以内。它们通过获取邻居车辆的状态信息来进行安全驾驶，例如避免合作共谋、通过 V2V 或 V2I 应用进行交通路线优化等。RSU 作为基础设施节点，负责定期部署管辖区域内的车辆，将其接入车联网，发布车辆假名，并负责转发 TA 和车辆之间的信息。当车辆进入一个新的 RSU 区域时，RSU 会对其进行认证。如果认证成功，RSU 将会向车辆发送一组假名和一个广播密钥。即同一 RSU 区域内的车辆在 MAC 层共用一个广播密钥进行安全通信。

4.4.2 信任模型及攻击模型

本节所提出的方案的信任模型包含五种类型实体，如图 4.12 所示。TA、sTA 和 RSU 通过有线安全通道连接，并且 TA 和 sTA 是完全可信的。RSU 与 OBU 通过无线的方式进行通信并且之间互不信任。RSU 之间通过无线的方式通信且互不信任。假设该方法嵌入在车辆中的 OBU 具有足够的安全性，TPD 中的数据只有 TA 和 sTA 可以修改。

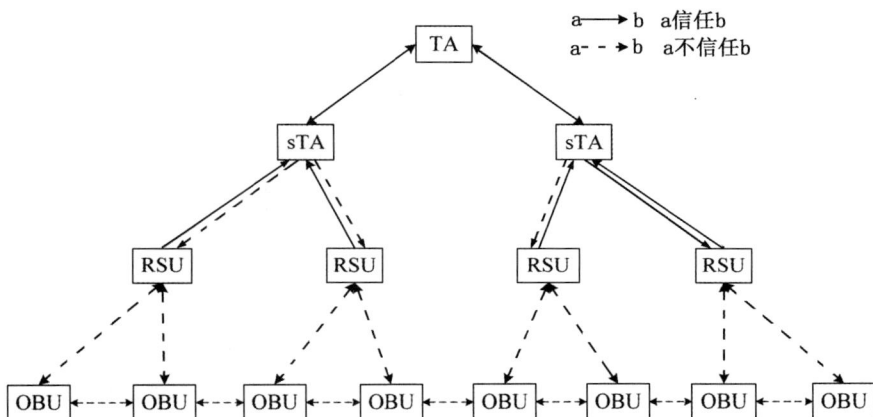

图 4.12 信任模型

假设攻击者是一个全局外部攻击者，即攻击者可以通过网络中数据包或无线监听技术在全网范围内进行流量监测。通过分析流量进行 OBU 之间的关联，而后通过关联在一起的 OBU 的流量进一步分析猜测 OBU 的运动轨迹，从而获取 OBU 的位置信息。

4.4.3 系统初始化及注册

4.4.3.1 系统初始化

在系统初始化阶段，TA 生成并发布公共参数，过程如下：

① TA 选取生成元 P，生成阶为 p 的循环加法群 G_1，循环乘法群 G_2 和一个双线性映射 $e: G_1 \times G_2 \rightarrow G_T$。

② TA 选择一个随机密钥 $sk_{TA} \in Z_P^*$，计算其公钥 $pk_{TA} = sk_{TA}P$。

③ TA 选择两个哈希函数：$H_1: \{0, 1\}^* \rightarrow G_1$ 和 $H_2: \{0, 1\}^* \times G_1 \rightarrow Z_P^*$。

④ TA 公开系统参数 $param = \{G_1, G_2, p, e, P, pk_{TA}, H_1, H_2\}$。

TA 初始化后，每个 sTA 都需要进行初始化，具体过程如下：

① 每个 sTA 向 TA 发送其身份信息 id_{sTA_i}。

② TA 为其选择有效期 u，并计算其公私钥：$pk_{sTA\_i} = H_1(id_{sTA\_i} \parallel u)$，$sk_{sTA\_i} = sk_{TA}pk_{sTA\_i}$。

③ TA 通过安全通道将 $\{u, pk_{sTA\_i}, sk_{sTA\_i}\}$ 发送给 sTA。

④ 每个 sTA 选取自己的主私钥 s_i，并计算对应的公钥 $spk_i = s_iP$。sTA 的主公私钥用于为其内的 RSU 和 OBU 颁发公私钥对。

4.4.3.2　节点注册

（1）RSU 注册

RSU 通过安全信道将其身份信息 id_R 发送给其所属的 sTA，sTA 验证其身份的合法性，验证通过后，计算其公私钥 $pk_{RSU\_i} = H_1(id_R \parallel exp_{R\_i})$，私钥 $sk_{RSU\_i} = s_ipk_{RSU\_i}$，其中 exp_{R_i} 为公私钥对应的有效期。最后 sTA 通过安全信道将 $\{sk_{RSU\_i}, pk_{RSU\_i}, exp_{R\_i}\}$ 发送给 RSU。

（2）OBU 注册

OBU 通过安全信道将身份信息 id_i 发送给 TA，TA 验证其身份的合法性之后为其计算令牌 $token_i = H_1(id_i \parallel exp_i)$ 以及公私钥 $pk_{TA-i} = H(token_i)$，$sk_{TA-i} = sk_{TA}pk_{TA-i}$。最后通过安全信道将 $\{token_i, sk_{TA-i}, pk_{TA-i}, exp_i\}$ 发送给 OBU。

OBU 获取令牌后将令牌信息签名后发送给其所属 sTA，此信息经由 RSU 验证通过后转发给其所属 sTA，sTA 验证合法性之后为其生成假名 $ps_i = H_1(token_i \parallel exp_{n\_i})$，公钥 $pk_{sTA-i} = H_2(ps_i)$ 和私钥 $sk_{sTA-i} = s_ipk_{sTA-i}$，并将其进行加密后 $Enc(PK_{TA\_i}, \{\tau, ps_i, pk_{sTA\_i}, exp_{n\_i}\})$ 经由 RSU 发送给 OBU。

4.4.4　Mix-zone 建立

本节主要介绍在同一个 RSU 下，邻居范围内的 k 个 OBU 建立 Mix-zone 的同时更换假名。但是在物理环境中可能并不能找到 k 个 OBU 一起合作建立一个 Mix-zone，所以构造一个 Mix-zone，使得无论在物理环境中是否能够存在 k 个合作者在 VANETs 中均可构造出 k 个合作者以达到预期的隐私保护强度。最坏的情况是在 Mix-zone 中仅有一个 OBU 要更换假名，在这种情况下，本节介绍的位置隐私保护方案仍可以保证在 VANETs 网络中有 k 个具有新的假名的 OBU

产生。

假设在 Mix-zone 中有 s 个合作者，并且 $s<k$，那么每个合作 OBU 需要产生 k/s 条假名更换的通知消息。而在 VANETs 中 s 个合作 OBU 产生了 k 个新假名，这样可以混淆攻击者，使攻击者的观察目标消失。

4.4.4.1 信标消息的扩展

在 VANETs 中 OBU 会阶段性广播信标信息来通知自己的邻居 OBU 自己的存在，以及通过阶段性广播信标信息与 RSU 建立连接。信标信息中一般包含 OBU 的位置、速度、行驶方向以及其他信息。在 VANETs 中信标信息一般每 100 ms 广播一次，其传播范围为 300 m[22]。信标消息在 802.11 中定义，消息主要包含消息的头部、消息体以及帧校验序列（FCS）。在本节中为了将其应用于 Mix-zone 的建立过程，将信标消息的消息体进行扩展，消息体中添加类型、时间以及假名对字段如图 4.13 所示。为建立 Mix-zone，其中的类型字段用于区分不同类型的信标消息：

① 类型 = "01"，普通的信标消息。

② 类型 = "00"，Mix-zone 建立的消息。

③ 类型 = "11"，假名更换通知消息。

当类型取值为 "00" 时，后面的时间字段记录的是 Mix-zone 建立的时间，若类型的取值为 "01" 或 "11"，那么时间字段将被忽略。当类型取值为 "11" 时，其后应该增加一个假名对的字段，其内存放的是 OBU 的当前假名与即将使用的假名。其中时间字段与假名对字段需要使用 RSU 办法的组密钥进行加密。

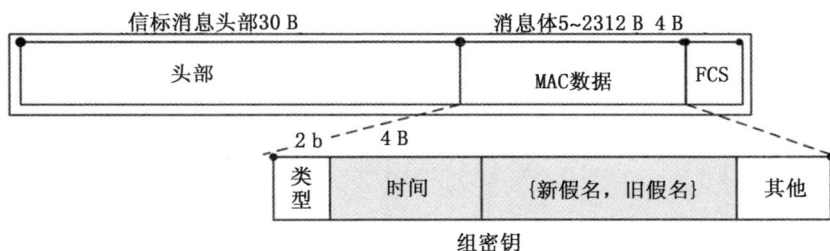

图 4.13 信标消息的扩展

4.4.4.2 Mix-zone 请求

当 OBU 的当前假名即将过期时，它首先产生一个 Mix-zone 请求广播信息，其类型为"00"，时间为"t_i"，如图 4.14 所示。

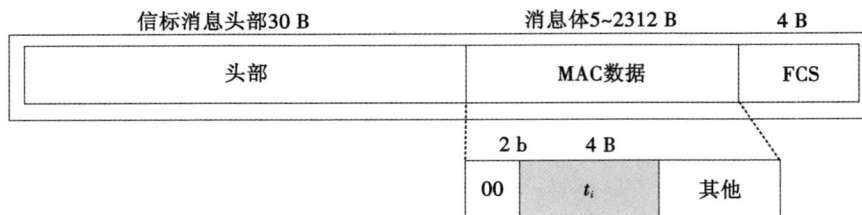

图 4.14   Mix-zone 请求广播消息

然后 OBU 收集邻居范围内其他 OBU 的信标消息请求广播包，并使用 τ 记录在 $[t_i-\tau,\ t_i+\tau]$ 时间范围内的 Mix-zone 请求包的 OBU 数量。过程如算法 4.1 所示，假名即将过期的 OBU 将 τ 设为 1，并发送 Mix-zone 请求消息，消息中类型字段设为"00"，时间字段设为"t_i"并将该字段使用 RSU 为其颁发的组密钥 GK_i 加密，之后广播该消息。OBU 接收其他邻居 OBU 发送的信标消息，根据其中的类型字段判断为哪种类型消息，若类型为"00"，进一步解密其后的字段获取此 OBU 假名更换时间，若时间在 $[t_i-\tau,\ t_i+\tau]$ 范围，更新 $\tau=\tau+1$。直至 t_i 时间。

在 t_i 时，OBU 在会话层的假名池中选取一个新的假名作为下一个使用的假名，该假名在 MAC 层可以通过会话头部进行追踪。

算法 4.1   Mix-zone 请求算法

输入：t_i，τ

输出：Mix-zone 的请求广播消息 $broadcastMsg_{req}$，τ

1：$\tau \leftarrow 1$

2：$broadcastMsg_{req}: = (type=00, time=t_i)$

3：*generate a beacon message on* $broadcastMsg_{req}$ *and broadcast it to neighbors*

4：*repeat read each of the received beacon message* $broadcastMsg_{req_j}$

5：　　*if type$_j$* $==00$ *and* $|time_j - t_i| \leqslant \varepsilon$

6：　　　τ++

7：　　*end if*

8：*until* $T > t_i$

4.4.4.3　假名更换通知

在 OBU 更换假名后，需要生成假名更换通知消息，以此来通知其周围 OBU 以及 RSU 自己更换了假名，并且可以借此迷惑外部攻击者。假名更换消息的生成与参与合作的 OBU 数量相关，主要分为两类：未达到 k 值（$\tau < k$）和达到 k 值（$\tau \geqslant k$）。

（1）$\tau \geqslant k$

k 为 OBU 的期望位置隐私保护强度，即期望合作者数量。如果 $\tau \geqslant k$，说明 OBU 搜索到足够多的合作者，那么 OBU 以及每个合作者只需生成一个通知消息，如图 4.15 所示，其中类型为"11"说明此信标消息为假名更换通知消息，假名对 $\{ps^{new}, ps^{old}, r\}$ 使用组密钥加密，其中 r 为随机数，此部分用于通知邻居 OBU 以及 RSU 其假名更换并且混淆外部攻击者。

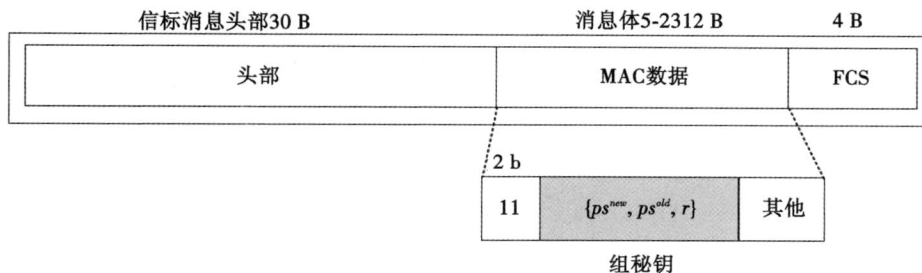

图 4.15　$\tau \geqslant k$ 时假名更换广播消息

（2）$\tau < k$

如果 $\tau < k$，说明 OBU 未能搜索到足够多的合作者，所以 OBU 和每个合作 OBU 均需要生成 k/τ 条通知消息。下面以 OBU 为例进行说明，首先 OBU 选取 k/τ 个随机数 $r_i \in \mathbb{N}^*$，$i \in [0, k/\tau]$，然后将每个随机数与假名对使用组密钥加密，而后产生 k/τ 条通知消息，如图 4.16 所示，类型为"11"，说明为假名更换通知消息，其后为加密后的假名对 $\{ps^{new}, ps^{old}, r_i\}$。以外部攻击者的视角，在 VANETs 中，共有 k 个具有新假名的 OBU 出现。具体过程如算法 4.2 所示。

信标消息头部30 B　　　　　　　　　消息体5-2312 B　　　　4 B

头部	MAC数据	FCS

2 b

11	$\{ps^{new}, ps^{old}, r\}$	其他

组秘钥

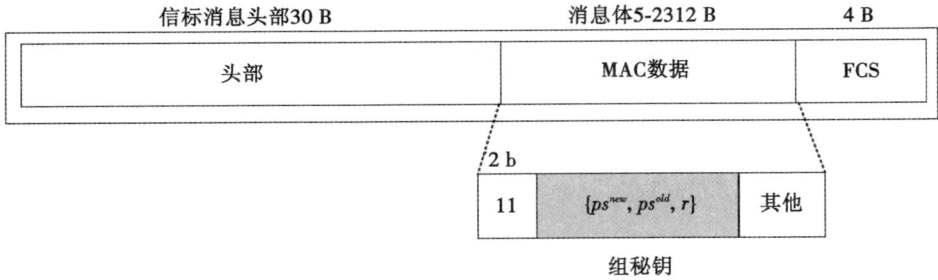

图 4.16　$\tau<k$ 时假名更换广播消息

算法 4.2　假名更换通知算法

输入：ps^{new}，ps^{old}，k，τ，k_i，t_i

输出：假名更换通知消息 $broadcastMsg_{notify}$

1：*if $\tau \geqslant k$ then*

2：　　*select a random number and encrypt*

　　　the pair of pseudonyms, i.e., $\{ps^{new}, ps^{old}, r\}$ *:* =

　　Enc.Encrypt $\{ps^{new} \parallel ps^{old} \parallel r, k_i\}$

3：　　*generate a beacon message on $broadcastMsg_{notify}$ where*

　　　$broadcastMsg_{notify} \leftarrow <type = 11, \{ps^{new}, ps^{old}, r\} >$

　　　and broadcast it to the neighbors

4：*else*

5：　　*select random numbers* $r_i \in \mathbb{N}^*$ *and* $i \in [0, k/\tau]$

6：　　*for* $i = 0 \rightarrow k/\tau$ *do*

7：　　　*encrypt the pair of pseudonyms i.e* $\{ps^{new}, ps^{old}, r\}$ *:* =,

　　　　Enc $\{ps^{new} \parallel ps^{old} \parallel r_i, k_i\}$

8：　　　*generate a beacon message on $broadcastMsg_{notify}$ where*

　　　　$broadcastMsg_{notify} \leftarrow <type = 11> \{ps^{new}, ps^{old}, r_i\} >$

　　　　and broadcast it to the neighbors

9：　　*end for*

10：*end if*

4.4.4.4　通知消息处理

对于每个接收到假名更换通知消息的 OBU，首先使用组密钥 $GK_{S}i$ 解密以获取发送方的新旧假名，如果其假名更换消息已接收过则不对其进行处理，反之，将新旧假名对向上交到会话层，之后断开与 ps^{old} 的会话连接，与 ps^{new} 建立新的会话连接。具体过程如算法 4.3 所示。

算法 4.3　通知消息处理

输入：假名更换通知消息 $broadcastMsg_{notify}$

输出：ps^{new}, ps^{old}

1： *retrieve the related values from* $broadcastMsg_{notify}$, *i.e.*,

　　$\{ps^{new}, ps^{old}, r\} := Dec\{ps^{new} \| ps^{old} \| r, k_i\}$

2： *if ps^{new} has been catched then*

3：　　　*terminate*

4： *else*

5：　　　*give $\{ps^{new}, ps^{old}\}$ to the session layer*

6： *end if*

4.4.4.5　V2V 应用

一旦 OBU 间使用新的假名建立了会话连接，OBU 间即可以进行 V2V 的应用。本节提出的方案中合作 OBU 数量可能少于 k，但参与合作的 OBU 使用假名与随机数加密的方式构造了 k 个假名更换通知消息。假设 OBU_a 发送了一个消息到 OBU_b，那么 ps_a^{new} 为发送方假名，ps_b^{new} 为接收方假名，而后在 MAC 层对发送方假名与接收方假名分别与随机数进行加密：$Enc\{ps_a^{new} \| r_1, k_i\}$ 以及 $Enc\{ps_b^{new} \| r_2, k_i\}$，如图 4.17 所示。

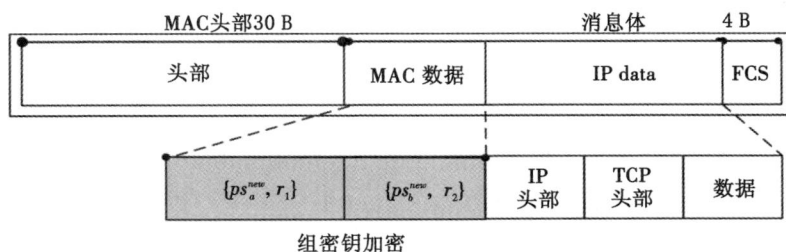

图 4.17　V2V 应用

对于任意一个收到该消息的 OBU，首先使用组密钥解密得到接收方假名 ps_b^{new}，如果确认接收方为自己，则解密获取发送方 ps_a^{new}，之后将发送方的假名信息向上交至会话层，用于与对方建立会话连接。

4.4.5　安全性分析

本节提出的 VANETs 位置隐私保护方案能够抵御 4.2 中所述攻击模型的安全威胁,分析如下。

① 在本节中只存在外部攻击者,VANETs 中 TA、sTA 是完全可信权威机构,RSU 以及 OBU 经过向 TA 和 sTA 注册后,经过身份验证,获取假名及相关公私钥后即被认为是可信的。因此本节方案中 OBU 和 RSU 的身份信息得到有效保护。

② 当外部攻击者窃听并分析 OBU 发送的消息,由于 OBU 发送的信标消息中相关假名以及假名更换时间使用了组密钥进行加密,而且外部攻击者无法通过注册获取假名等信息,外部攻击者无法向 RSU 认证获取相应组密钥,进而外部攻击者无法通过使用组密钥解密信标消息中内容,获取 OBU 的假名信息等。因此本节方案可以有效防止攻击者关联 OBU 的新旧假名造成的 OBU 运动轨迹的泄露。

此外,本节提出的 VANETs 位置隐私保护方案能够满足以下安全需求。

① 认证[23-28]:认证保证了消息接收者不仅能确保消息是由发送者生成的,而且还能进一步验证发送者的真实性。由此,它确保了接收到的消息是由合法且经过授权的车辆发送的。同时必须对车联网的所有节点进行认证,以抵御攻击者可能造成的身份伪造攻击。认证是被认为是防范 VANETs 中各种攻击的第一道防线。

② 匿名性[23, 26-27, 29]:匿名性确保在不附加发送者身份标识符的情况下对消息进行身份验证。车辆发送的消息在一组潜在车辆中应该是匿名的。这一隐私需求与可追溯性相矛盾,而可追溯性是车联网的主要安全需求之一。因此,车联网的匿名性应该是有条件的。

③ 位置隐私:本节所提出的 VANETs 位置隐私方案能够确保位置隐私保护的强度。OBU 与 RSU 进行双向认证后,可以获取 RSU 颁发的组密钥。之后 OBU 在位置隐私保护方案中使用组密钥加密信标消息中的假名更换时间和新旧假名对,假名更换后共有 k 个假名更换通知消息,使得外部攻击者无法将 OBU 的新旧假名关联,达到了位置隐私保护的目的。

从上述讨论可以得到结论,本节提出的方案可以实现认证、匿名性和位置隐私保护,这对 VANETs 中 OBU 运动轨迹的安全至关重要。

4.4.6 性能分析

本节提出的 VANETs 位置隐私保护方案最坏情况是仅有一个 OBU 请求建立 Mix-zone，即在时间 t，该 OBU 需要更换假名时 $\tau = 1$。本节提出的方案允许该 OBU 通过构造 k 个假名更换通知消息 $broadcastMsg_{notify}$ 来建立 Mix-zone，并且此 OBU 的邻居 OBU 需要处理这些 $broadcastMsg_{notify}$，也就是使用 RSU 为它们颁发的组密钥解密获取此 OBU 的新旧假名对 $\{ps^{new}, ps^{old}\}$。

与其他 Mix-zone 方案对比，本节所提出的位置隐私保护方案将 Mix-zone 请求与通知等相关消息封装于信标消息中。在 VANETs 中 OBU 一般阶段性广播信标消息用于通知邻居车辆其速度、方向以及当前路况等信息，本节将 Mix-zone 相关消息封装于信标消息中以此可避免 Mix-zone 建立带来的通信开销。

本节方案中 OBU 只需要选取若干随机数，并将其与新假名加密以此伪装成 VANETs 中出现了新的 OBU。该方案无须浪费额外的假名并且无须依赖额外可信权威机构。

本节主要从位置隐私保护强度、通信以及计算开销三个方面分析了所提出的 VANETs 位置隐私保护方案的性能，并同几个经典方案之间进行了对比：MPSVLP[30] 和 AVATAR[31]。

4.4.6.1 位置隐私强度分析

位置隐私强度是 OBU 更换假名后所达到的混淆程度。由于 VANETs 网络拓扑结构不稳定性可能存在 OBU 密度较低以及可能存在自私 OBU 不配合参与假名更换，从而导致建立 Mix-zone 时合作 OBU 数量较少，导致更换假名后所达到的混淆程度不够致使位置隐私保护强度较低。MPSVLP 方案使用信誉机制来激励自私 OBU 进行合作更换假名，但是信誉机制不能绝对解决 OBU 低密度的问题。目标 OBU 通过建立 Mix-zone 无法获得一定的位置隐私保护强度。在 AVATAR 方案中，建立 Mix-zone 时如果在邻居范围未找到足够多合作 OBU，将扩大请求范围直至搜索到预期的合作 OBU 数量。同时 AVATAR 还使用足迹签名构建虚拟 OBU 来获取期望的位置隐私。而在本节提出的 VANETs 位置隐私保护方案中，在建立 Mix-zone 时无论其内有几个 OBU 参与合作更换假名，方案均可由参与更换假名的 OBU 自身实现预期位置隐私保护强度。

假设一个 OBU 请求建立一个 Mix-zone，且 Mix-zone 的半径为 300m，Mix-zone 内共有 N 个 OBU 并且其内合作 OBU 的数量是 n_{coll}。本节对最坏情况下 OBU 合作数量不够即由于 OBU 密度较低导致的 $n_{coll}<k$ 进行分析，如图 4.18 所示。

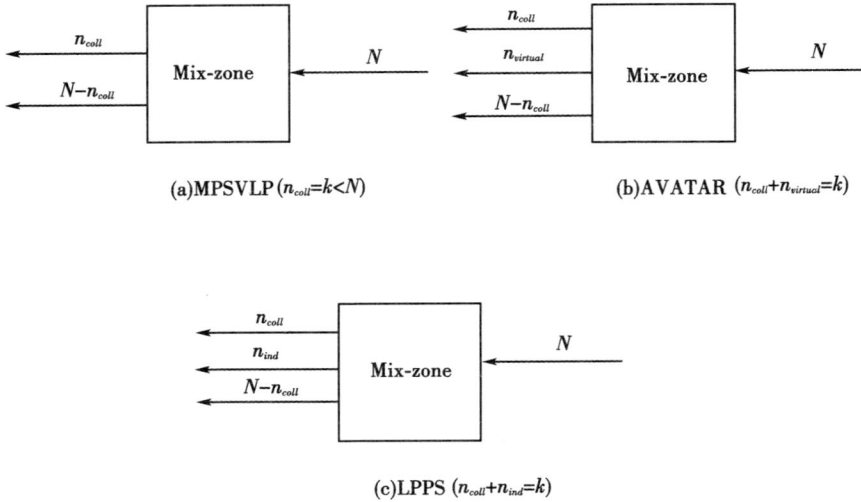

(a)MPSVLP ($n_{coll}=k<N$)   (b)AVATAR ($n_{coll}+n_{virtual}=k$)

(c)LPPS ($n_{coll}+n_{ind}=k$)

图 4.18　Mix-zone 建立过程对比

在 MPSVLP 方案中，OBU 根据自身信誉值以及目标 OBU 的信誉值自主决定是否参与合作更换假名。信誉机制可以激励邻居 OBU 与目标 OBU 合作更换假名。但是如果目标 OBU 邻居范围车辆密度降低，建立的 Mix-zone 范围内 OBU 总量少于 k 即 $N<k$，所以信誉机制不能完全解决车辆密度低带来的位置隐私保护强度不够的问题。在 AVATAR 方案中，假设目标 OBU 搜索到合作 OBU 的数量是 n_{coll}，它将扩大搜索范围并建立虚拟 Mix-zone 构造虚拟 OBU 数量为 $n_{virtual}$ 直至 $n_{coll}+n_{virtual}=k$。在本节所提出 VANETs 位置隐私保护方案（LPPS）中每个合作 OBU 将生成 $k/ncoll$ 个利用随机数创建的"新的假名"，所有利用随机数创建的"新假名"的数量 $n_{ind}=k-n_{coll}$。

综上，MPSVLP 方案中为建立 Mix-zone，需要部署控制服务器（control server，CS）来帮助 OBU 广播搜索合作者的相关消息，而 AVATAR 方案依赖远距离的 OBU 进行合作。本节方案 LPPS 只需要建立 Mix-zone 无需关注合作 OBU 的数量并且相关消息封装于信标消息中，通信开销也较小。

假设外部攻击者在追踪目标 OBU_a（其当前假名为 ps_a^{old}）。当 OBU_a 的当前假名 ps_a^{old} 即将过期时，OBU_a 向其邻居 OBU 发送请求消息 $broadcastMsg_{req}$。假设共有 s 个合作者且 $s<k$，如图 4.19（a）所示。在本节所提出的方案 LPPS 中，每个合作者生成 k/s 条通知消息 $broadcastMsg_{notify}$ 建立 Mix-zone，如图 4.19（b）所示。

而外部攻击者的观测结果为：共有 k 个不同的新的假名出现在 Mix-zone 范围即在 Mix-zone 范围出现 k 个新的 OBU。所以外部攻击者分析出目标 OBU 对应的新假名的可能是 $1/k$。

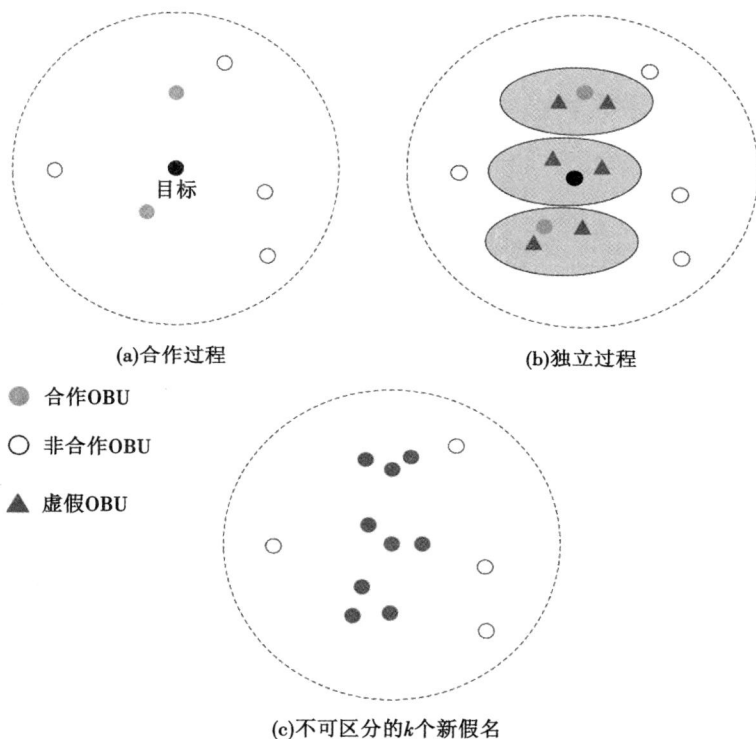

(a)合作过程 (b)独立过程

● 合作OBU

○ 非合作OBU

▲ 虚假OBU

(c)不可区分的 k 个新假名

图 4.19 位置隐私强度分析

4.4.6.2 通信与计算开销

假设在 MPSVLP、AVATAR 以及本节方案 LPPS 中广播消息长度相同，本节将详细分析 OBU 发送以及接收广播消息的次数。

在 MPSVLP 方案中，VANETs 中需要部署 CS 在 Mix-zone 建立过程中协助 OBU（OBU 发送 Mix-zone 请求消息，之后 CS 广播请求消息协助建立 Mix-zone）。如果其他 OBU 与目标 OBU 合作，需要向 CS 发送响应消息并更换假名。此方案不仅需要依赖部署 CS，另外 CS 也需要进行两次消息广播：广播 Mix-zone 请求消息和假名更换消息。同时，该方案与其他 Mix-zone 相比增加了 OBU 与 CS 之间的通信开销。在 AVATAR 方案中，目标 OBU 自己广播 Mix-zone 建立等相关消息。如果 OBU 密度较低，搜索到的合作 OBU 数量较少，目标 OBU 可能需要重新发送 Mix-zone 建立请求消息。假设为搜索到足够数量的合作 OBU，目标 OBU 发送 Mix-zone 建立请求消息的次数为 k'。合作 OBU 需要生成一系列的足迹签名并将其发送给目标 OBU，之后目标 OBU 将所有合作者的足迹签名发送给每一个合作者作为奖励。所以，在 AVATAR 方案中消息广播的次数至少是 $(1+k)$，而最多是 $(k'+k)$。

在本节方案 LPPS 中，OBU 将 Mix-zone 建立请求消息封装于信标消息中，在 VANETs 中 OBU 会阶段性广播信标消息，以此通知其邻居 OBU 自己的速度、方向或路况信息等。更换假名后，合作的 OBU 需要将新假名与随机数加密，并广播假名更换通知消息 $broadcastMsg_{notify}$。所以本节方案中需要处理的广播消息的数量最少为 1，最多为 $(1+k)$，如表 4.2 所示。

表 4.2　性能分析

	消息广播最差、最好情况	密码学相关开销	部署控制服务器
MPSVLP	0, 0	加密	√
AVATAR	$k'+k$, $1+k$	签名，加密	×
LPPS	$1+k$, 1	加密	×

4.4.7　总结

近年来，随着移动自组织网络以及无线传感器技术的发展，VANETs 得到了很大的发展。但是未来 VANETs 的部署面临着安全和隐私保护等问题和挑战。本节根据 VANETs 的未来发展需求，将 VANETs 的传统网络模型划分为四层，利用已被广泛认可且相对成熟的基于身份的密码学技术提出了 VANETs 匿名接入认证和位置隐私保护方案。本节完成的工作如下：

① 本节建立了层次化的网络架构并利用基于身份的 CC 签名技术，提出了 VANETs 匿名接入认证方案。该方案利用令牌与假名技术有效保护了 OBU 的身份隐私，并利用 sTA 降低了 TA 或 RSU 的计算与存储开销，另外在 V2V 以及 V2I 的认证中使用到基于身份的 CC 签名。最后通过安全分析验证了协议的安全性。

② 本节利用信标消息和对称加密技术，在已提出的 VANETs 匿名接入认证方案的基础上，提出了 VANETs 位置隐私保护方案。该方案利用假名更换实现 OBU 运动轨迹的保护。运用 Mix-zone 技术，并将 Mix-zone 相关消息封装于信标消息中，利用随机数与假名加密的方式保证位置隐私保护的强度。通过安全性

分析可知，本节所提出的方案是安全的。此外，通过分析，表明了本方案具有较高的位置隐私保护强度。

③ 本节使用目前比较流行的 Veins 仿真框架对本节所提出的匿名接入认证方案进行了仿真模拟，并对模拟数据进行了分析，分析结果显示，本节所提出的方案具有较低的 V2V 和 V2I 认证延迟。

④ 本节将所提出的 VANETs 匿名接入认证方案和 VANETs 位置隐私保护方案分别与已有的方案进行性能定性分析和对比，结果显示本节所提出方案具有更高的性能。

4.5 基于随机加密周期的假名更换机制

4.5.1 背景

汽车社交网络(vehicle social networks，VSNs)作为一个特殊的车载自组织网络，依据社会关系为驾驶者和乘客提供各种网络服务。根据 IEEE 802.11P [31] 协议和专用短程通信协议(dedicated short range communication，DSRC [32])规定，车辆需要定期生成和广播安全消息，包括速度、位置和加速度等信息。此外，为了获得基于社会属性的服务，其他信息例如兴趣、偏好或需求等，也会通过周围车辆和周边基础设施来传播 [33]。如果存在一个全局被动恶意用户，它可以收集这些安全消息，可以进行上下文链接攻击、跟踪攻击，可获取大量隐私信息，如驾驶者的身份信息、兴趣、工作等，这对 VSNs 是一个巨大的威胁。

为了保护驾驶者的身份隐私，一个解决方案便是组织一系列的车辆来掩盖真实身份 [34-36]。在文献[35]中，使用组签名来保护车辆的隐私。该方案的组成员可以代表整个组进行签名，敌手不能识别车辆在哪个组，因此实现了车辆的隐私保护。但是，由于组规模较大，这就带来了较高的丢包率。此外，还需要维护大量的匿名证书等凭据，这会带来大量的维护和管理开销。为了解决组签名方案带来的问题，采用假名的方案被提出。PACP [35] 是一种基于假名的身份隐私保护方案，其中车辆的真实身份只对 TA 是可信的。该车辆与路边单元 (RSU)合作，生成大量的假名。但是，由于时间和空间信息的暴露，这些假名并不能保护用户的位置隐私。即使车辆定期更换假名，攻击者仍然有能力将车辆身份与车辆行为联系起来[36]。

解决 VSNs 的位置隐私保护策略有两种：一种是 k-anonymity，一种是 Mix-zone。K-anonymity 最初是由 Sweeney 等人在 2001 年提出的。在文献[37]，[38]中，证书颁发机构（certificate authority，CA）将所有车辆分到 n 个组中，每个组包含 k 个车辆。同一组中的车辆共享加密材料，包括公钥、私钥和 CA 颁发的组证书。在文献[39]中的车辆只有当附近有 $k-1$ 个车辆时，才能获得足够的匿名性，该方案不适用于实时服务或低密度地区。在方案文献[40]中，将小组中心点作为所有成员的伪装位置，引入了一个高斯干扰，最后将其发送给 LBS 供应商。然而，该方案并不能抵抗对静止车辆的位置攻击。

对于需要定期发送安全消息的车辆，获得更好的位置隐私保护的方法是创建 Mix-zone[41-45]。Mix-zone 的方案首先由 Beresford 等人于 2003 年提出，用于保护区域内用户的隐私。Mix-zone 是一个不可监视的区域，攻击者无法进行窃听。汽车在 Mix-zone 内更新假名，这使得来自同一节点的消息难以关联起来。因此，攻击者无法获得车辆的位置、速度、方向等信息。Palanisamy 等人[43]将十字路口设为 Mix-zone，并且进出混合区域的车辆没有关联，且至少有 k 辆车应该在混合区内，以确保较强的隐私保护强度。Lu 等人[44]的方案中，车辆获得了可信权威机构（TA）颁发的匿名密钥。当车辆需要行驶时，它会生成大量的短期假名，并且车辆进入混合区域后会更改假名。但是，这些方案都有以下缺点：首先是更换假名的区域是固定的，如果车辆在假名到期时没有到达混合区域，那么车辆的身份会完全暴露。

为了解决上述问题，一种基于随机加密周期的位置隐私保护方案被提出。在该方案中，当车辆更改其假名时，周围的车辆使用群组密钥对所有信息进行加密，以建立一个加密区域，使得外部攻击者无法获取车辆的相关信息。因此不可能在 VSNs 中跟踪车辆。

4.5.2 方案设计

4.5.2.1 系统架构

VSN 系统架构图如图 4.20 所示，其中有三个实体：可信权威机构（TA）、路边单元（RSU）和车辆。

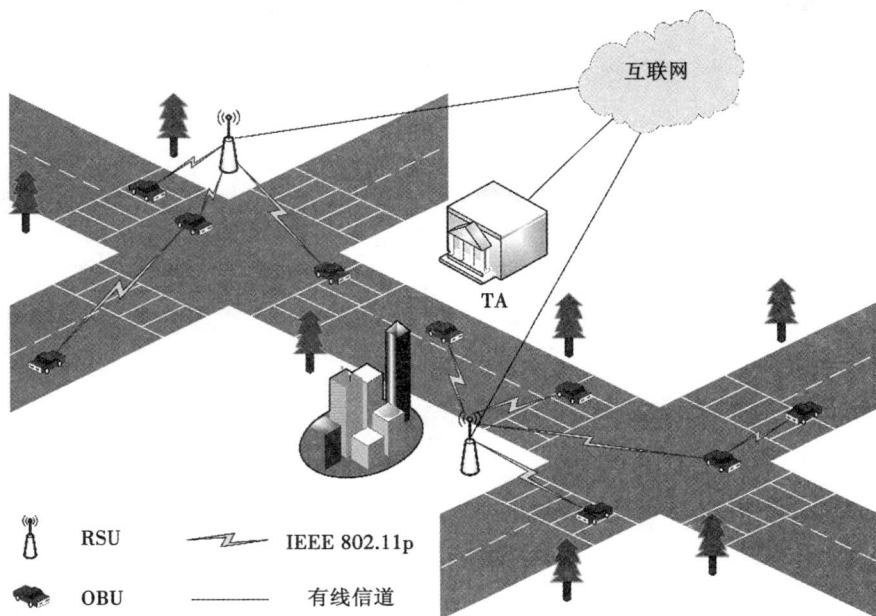

图 4.20　VSN 系统架构图

可信权威机构(TA)是整个系统的可信第三方机构,主要负责生成 RSU 和车辆的认证参数。此外,TA 还可以根据车辆的真实身份生成撤销票据。

路边单元(RSU)是部署在道路两侧的基础设施,TA 负责管理系统中的 RSU,TA 和 RSU 通过互联网连接。RSU 可以根据 TA 颁发的票据帮助车辆生成假名,并负责管理随机加密期间所需要的组密钥。通常,RSU 具有较强的计算和存储能力。

每一辆车都装有一个车载单元(OBU),它包括一个存储有秘密信息的防篡改设备(tamper-proof devices,TPD)、事件数据记录器(EDR)和一个全球定位系统(GPS)。为了与其他车辆进行通信,避免交通拥堵,防止事故发生,车辆需要定期通过 OBU 向外广播安全信息。

4.5.2.2　敌手模型

VSN 中的攻击者可以被分类为内部攻击者和外部攻击者。本节方案只关注一个外部全局被动攻击者(EGPO),它可以使用具有特殊窃听功能的无线电设备来监控和收集所有的安全信息,包括位置、速度和假名等。EGPO 在 RSU 附近安装了自己的无线电接收器,并被动地接收车辆的安全信息。

即使车辆在两个监控设备之间更改其假名,EGPO 仍然可以根据车辆的位置、速度和方向来分析这两个假名是否相关。例如：如图 4.21 所示，在第一个观测点，车辆以 40 km/h 的速度行驶，使用假名 PS1。通过给定车辆的速度和两个观测点之间的距离，攻击者可以估计车辆从第一个观测点到第二个观测点的行驶时间 t。如果观察者在时间 t 后在第二个观察点以相同的速度观察到车辆，即使此时它已将假名更换为 PS2，攻击者也可以确定这两个假名属于同一辆车。另外，如果被攻击的车辆是唯一的车辆，即该车辆是唯一在车道上行驶的车辆，尽管它在两个观测点之间的区域内改变了假名、车速或者车道，观察者仍然可以追踪车辆。因此，仅仅更换假名并不能保证车辆的位置隐私。

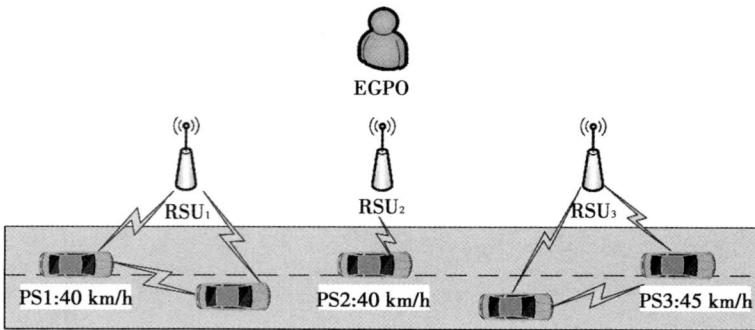

图 4.21 威胁模型

4.5.2.3 方案概述

表 4.3 列出在方案中使用的参数标识及说明。当车辆向 TA 注册时，TA 会根据车辆的真实身份信息生成票据。车辆使用该票据同 RSU 通信进行身份认证，并获得令牌和 RSU 的组密钥。该车辆基于令牌生成多个假名，以用于后续通信。当假名即将到期时，该车辆会向其他车辆提出请求，以建立一个加密区域，该车辆与其他车辆一起更改假名，以实现位置隐私的目的。具体方案阐述如下。

表 4.3 参数标识及说明（三）

标识	说明
id_{v_a}	车辆 a 的真实身份
v_a	车辆 a
PK_{R_i}	RSU R_i 的公钥
SK_{R_i}	RSU R_i 的私钥
$Cert_{R_i}^{TA}$	TA 为颁发 RSU R_i 的证书

表4.3(续)

标识	说明
$\mathrm{Sign}\{K, M\}$	使用密钥 K 对消息 M 进行的签名
SK_{TA}	TA 的私钥
PK_{TA}	TA 的公钥
k_g	同一 RSU 下所有车辆共享的群密钥
PK_{v_a}	车辆 a 的公钥
SK_{v_a}	车辆 a 的私钥
$K_{v_a\text{-}R_i}$	车辆 a 和 RSU R_i 的共享密钥

车辆注册：当车辆向 TA 注册时，TA 根据车辆真实身份 ID 生成公钥 PK_{v_a} 和相应的私钥 SK_{v_a}。然后将票据 PK_{v_a} 和系统参数加载到车辆的 TPD 中。如果车辆有恶意行为，TA 能够根据 $<PK_{v_a}, id_{v_a}>$ 来揭露车辆的真实身份。$<PK_{v_a}$，$\mathrm{Sign}\{SK_{TA}, PK_{v_a}\}$，$PK_{v_a}>$ 存储在 TPD 中，只有 TA 能够进行修改。

（1）车辆的访问认证

当车辆获得票据 PK_{v_a} 后，车辆 v_a 需要与附近的路边单元 R_i 合作，获得自己的假名令牌。R_i 需要定期向周围广播从 TA 获得的身份证明。在获得 RSU 的身份证明和公钥 PK_{R_i} 后，v_a 与 R_i 商议了共享密钥 $k_{v_a\text{-}R_i}$。之后，v_a 发送了对密文 C 的签名 $\mathrm{Sign}\{SK_{v_a}, \sigma_{v_a}\}$，包括票据 PK_{v_a} 给 R_i。之后验证 v_a 是否有效，若有效，R_i 生成假名令牌 $T_{(v_a, i)}$，假名有效时间为 $t_{(v_a, i)}$，之后将它们与当前的组密钥一起发送给车辆 v_a。在这种情况下，R_i 存储一个令牌与票据之间的映射，这有助于在撤销阶段根据车辆的假名确定其对应的票据。方案允许 v_a 通过使用相同的票据 PK_{v_a} 从一个 RSU 获得多个令牌。$T_{(v_a, i)}^k$ 表示由 R_i 颁发的第 k 个令牌生成的第 k 个假名。存储于消息 m 中的信息包括共享密钥 $k_{v_a\text{-}R_i}$，令牌 $T_{(v_a, i)}$，令牌的有效期 $t_{(v_a, i)}$，R_i 的签名 $\mathrm{Sign}\{SK_{R_i}, (T_{(v_a, i)}, t_{(v_a, i)})\}$，RSU 选择的随机数 $\gamma_{(v_a, i)}$，R_i 的证书 $Cert_{R_i}^{TA}$ 和当前组密钥 k_g。其中 k_g 是由 RSU 生成和管理的对称密钥，可以用于在随机加密周期内建立加密区域，因此 EGPO 无法获得车辆的安全信息。

当车辆 v_a 从 RSU 获得多个假名令牌后，v_a 选择一个令牌来生成假名和对应的私钥。细节如下：

① v_a 随机选择一个票据 $T_{(v_a, i)}^j$。

② v_a 选择一个随机数 $\gamma_{v_a, i}^j$，这个随机数是由 RSU 对应于 $T_{(v_a, i)}^j$ 颁发的。

③ v_a 计算 $S^j_{(v_a, i)} = S_{v_a} \cdot \gamma^j_{(v_a, i)}$ 作为对应的私钥。

因此，车辆的假名为 $PS^j_{(v_a, i)} = <T^j_{(v_a, i)}$，$t^j_{(v_a, i)}$，$\text{Sign}\{SK_{R_i}, (T^j_{(v_a, i)}$，$t^j_{(v_a, i)})\}$，$Cert^{TA}_{R_i}>$，$T^j_{(v_a, i)}$ 是对应的公钥。

（2）车对车（V2V）身份认证

车辆可以通过使用假名 $PS^j_{(v_a, i)}$ 进行通信。证书 $Cert^{TA}_{R_i}$ 作为假名的一部分用来验证假名的合法性。当车辆 v_a 与其他车辆通信时，有必要验证 v_a 的合法性。以 v_a 和 v_b 通信为例，验证过程如下：v_a 发送一条消息，同时发送自己的假名 $PS^j_{(v_a, i)}$。当收到 v_a 假名后，v_b 使用 PK_{TA} 去验证证书 $Cert^{TA}_{R_i}$ 是否合法。如果证书合法，v_b 使用 R_i 的公钥验证签名 $\text{Sign}\{SK_{R_i}, (T^j_{(v_a, i)}, t^j_{(v_a, i)})\}$，如果签名是正确的，$v_b$ 可以确认 v_a 是合法的。

（3）位置隐私保护

通过更改假名来建立一个随机加密期来保护位置隐私。在上述威胁模型中，EGPO 可以根据车辆的速度、位置和方向来确定车辆的轨迹。如果车辆只更换了自己的假名，EGPO 仍然可以将这两个假名联系起来。为了解决这一问题，引入了随机加密周期。当车辆需要改变认证证书时，它将触发一个随机加密周期。在周期内，所有车辆使用共享密钥 k_g 对信息进行加密，从而在车辆周围创造一个加密区域，如图 4.22 所示。

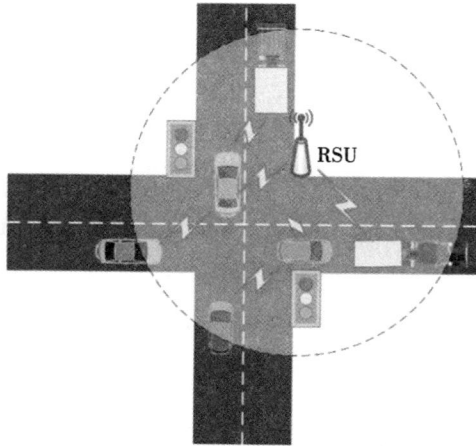

图 4.22　加密区域中的通信

车辆可以更换假名并且改变速度或轨迹。具体情况如下：

① 需要更改假名的车辆首先会生成消息 $msg = <request_{REP}, PS^j_{(v_a, i)}, T_{REP}>$，

其中 $request_{REP}$ 是用来启动随机加密周期的请求，$PS^j_{(v_a, i)}$ 是车辆使用的假名，T_{REP} 是随机加密周期的持续时间。然后，车辆使用组密钥 k_g 加密消息 msg 获得加密密文 C，并且在同一 RSU 范围内发送给附近车辆。至此，一个随机加密周期被开启。

② 当收到密文 C 后，附近的车辆通过组密钥 k_g 进行解密获取消息 msg。如果解密成功，加密区域内的车辆使用组密钥 k_g 加密所有广播消息。将加密消息的车辆命名为一个加密组。如果解密失败，其余的车辆将拒绝合作。

③ 加密周期开启后，车辆 v_i 开始监控加密组的所有车辆。此外，它还改变了假名、自己的速度或者轨迹（方向/车道）。

④ 加密组中的任意车辆都会检查其当前证书剩余的有效期。如果剩余的有效期低于 T_{REP}，则车辆将更改其假名、速度或轨迹。

⑤ 与车辆 v_i 合作的车辆将更改假名广播响应。

⑥ 车辆 v_i 监控加密组中的所有车辆并检查在加密期间是否满足以下两个条件：

加密组中的更改假名的车辆数量大于 2；

更改假名的车辆同时更改车辆速度或者轨迹。

如果在 T_{REP} 结束时满足上述条件，则车辆 v_i 通过向加密组广播消息以停止对它们的消息进行加密来结束一个加密周期。否则，车辆 v_i 广播另一个请求，以开启一个新的加密期，以保护它自己的位置隐私。

在这个过程中，随着假名的更换，加入的车辆越多，系统的位置隐私就越强。由于组的合法成员具有组密钥 k_g，因此加密周期不会影响它们对安全信息的通信和访问。但是外部攻击者没有组密钥，这阻止了它们在更换证书期间收听信息，从而降低了跟踪车辆的可能性。

（4）组密钥的撤销

上述的组密钥是不固定的，为了保证方案的安全性，需要进行更新。密钥更新通常发生在 RSU 区域内为空并且由车辆在寻找当前的组密钥时[42]。此外，当车辆被撤销时，还需要更新部分 RSU 管理的组密钥。当车辆 v_k 发生恶意行为时，附近车辆将车辆 v_k 的假名 $PS^j_{(v_k, i)}$ 报告给最近的 RSU。RSU 根据数据库中的映射获取车辆 v_k 的票据，并将其传输给 TA。TA 从 $<PK_{v_k}, id_{v_k}>$ 的映射中确认车辆 v_k 的身份，然后对车辆 v_k 进行撤销。与此同时，TA 告知所有 RSU 存在非法车辆 v_k。已向车辆 v_k 发出组密钥的 RSU 必须检测当前组密钥是否已更新。如果没有对当前的组密钥进行更新，则需要撤销它，并应该向其他合法节点颁发一个新的组密钥。RSU 生成一个新的组密钥 k_g'，这个组密钥由共享密钥 $K_{v_a-R_i}$ 加密，并发送给有效的车辆 v_a，以完成组密钥的更新。被撤销的车辆无法从 RSU 或其他合法车辆上获取到新的组密钥。

4.5.3　安全性分析

根据上述威胁模型的描述，每辆车都会定期发布安全信息，包括其自身的速度、轨迹等。EGPO 可以根据这些信息跟踪车辆的位置，并进一步预先判断车辆的运动轨迹。为了对抗 EGPO，方案应满足以下安全要求。

① 匿名性：在所提出的方案中，只有 TA 知道车辆的真实身份。车辆登记，TA 为它们发行公钥和私钥对。TA 根据车辆的真实身份生成一张票据。车辆使用票据进行身份验证。由于 ECDLP 很难被破解，对手不能在票据方面披露车辆的真实身份，这保证了车辆的身份隐私。当车辆通过 RSU 进行验证时，RSU 会发出一系列随机数，以生成一个假名令牌。然后，该车辆根据令牌生成自己的假名，并通过假名与其他车辆进行通信。其余的车辆只能获得车辆的假名，从而满足了车辆身份隐私保护需求。

② 机密性：车辆在与 RSU 进行认证时协商共享密钥。在组密钥更新过程中，RSU 使用共享密钥加密新的组密钥，并发送到车辆，防止 EGPO 在加密区域获取新的组密钥，达到保密目标。

③ 位置隐私保护：EGPO 能够获取车辆发布的位置信息，并根据当前的速度和车道估计车辆的运动轨迹。在该方案中，车辆与相邻的车载单元构建一个加密区域。由于 EGPO 无法获得组密钥，因此无法在加密期内破解车辆的信息。在此加密期间，该车用多辆车替换了假名，以混淆 EGPO，从而保护其位置隐私。

4.5.4　性能分析

从位置隐私强度和组密钥更新开销等方面举例进行了该方案的性能分析。此外，将该方案（PAREP）与 REP[45] 和 CMIX[42] 进行了比较。

（1）位置隐私强度

位置隐私强度与方案中匿名集的大小直接相关。匿名集是指合作更换假名的车辆的集合。匿名集越大，替换假名的车辆越多，车辆被准确跟踪的概率就越低。熵可以用来衡量不同方案所提供的位置的隐私性。熵被定义为特定信息发生的概率，是用于衡量信息的量。将匿名集的大小设置为 k。PAREP 拥有与

REP 相同的位置隐私强度。

$$H(x) = -\sum_{i=1}^{n} p(x_i) \log p(x_i)$$

CMIX 的位置隐私如下：

$$H(x) = -\sum_{i=1}^{n} p(x_i) \log p(x_i) - \sum_{i=1}^{m} p'(x_i) \log p'(x_i)$$

其中，m 为 CMIX 中更改了假名但保持速度和路径不变的车辆数量。十字路口的车辆有四种可能的选择：直行、左转、右转、掉头，因此设置为 $m = k/4$。

如图 4.23 所示位置隐私强度与匿名集数量之间的关系，可以看出，随着匿名集的数量的增加，位置隐私强度也在增强。在 PAREP 和 REP 系统中，这些车辆不仅替换了假名，还同时改变了它们的速度和运动轨迹。在威胁模型方面，EGPO 不能根据两个不同的假名来获取车辆的位置信息。而在 CMIX 中，车辆可能会在十字路口改变其方向或速度。仍有一些车辆将继续以原有的速度行驶，从而降低了这些车辆的位置隐私强度。此外，PAREP 中的车辆可以随时请求开始加密周期，以替换假名。CMIX 的车辆只能在固定区域更换假名，实现自己的位置隐私保护。从图 4.23 中可以看出，当匿名集数量相同时，PAREP 方案比 CMIX 具有更好的位置隐私保护。此外，在 PAREP 方案中，车辆可以在任何地方建立 Mix-zone，而在 CMIX 中的车辆只能在固定区域更换假名，这说

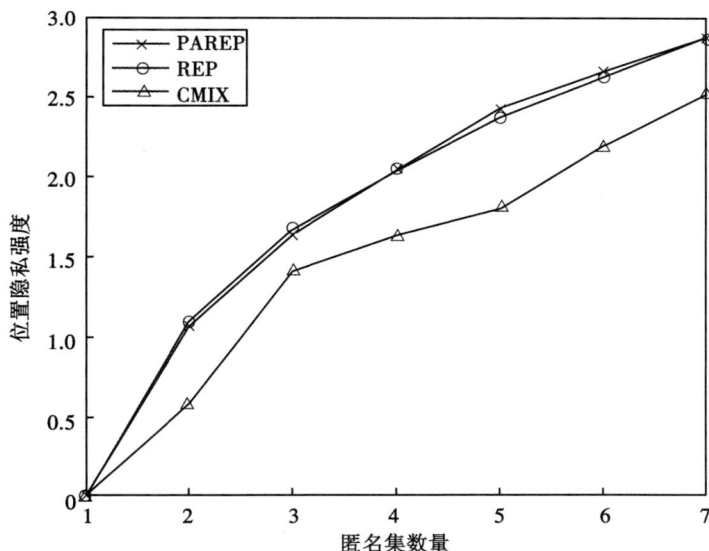

图 4.23　位置隐私强度

明本节方案具有更高的安全性。

(2)组密钥更新的开销

组密钥更新的开销是指车辆在组密钥更新阶段获得新的组密钥所需的身份验证和计算开销。在 PAREP 中，RSU 管理组密钥的撤销和更新。当车辆 v_g 需要当前的组密钥时，它需要应用于 RSU。RSU 使用在身份验证阶段协商的共享密钥加密当前的组密钥，并将其发送给 v_g。但在 REP 中，如果新车辆想要获取当前的组密钥，则它应该在存储的对称密钥集 L 中随机选择 r 个对称密钥，并广播它们的编号和分组密钥的请求。其余的车载单元在接收到这些消息后将检查它们自己的对称密钥池 L'。如果 L' 中包含对称密钥，车辆使用它来加密在生成中间密钥时计算的映射，并将结果发送给车辆 v_g(中间密钥已消除)。车辆 v_g 只有得到 $t-1$ 个映射，才能计算出当前的组密钥(t 是生成的组密钥集的最小数量)。

从图 4.24 可以看出，在 PAREP 中，车辆只需要从 RSU 请求当前的组密钥。但是，在 REP 中，车辆必须获得 $t-1$ 个映射才能生成新的组密钥，因此必须向相邻节点发送 $t-1$ 个请求。t 的值越大，方案的安全性就越高，而相应的开销也就越大。

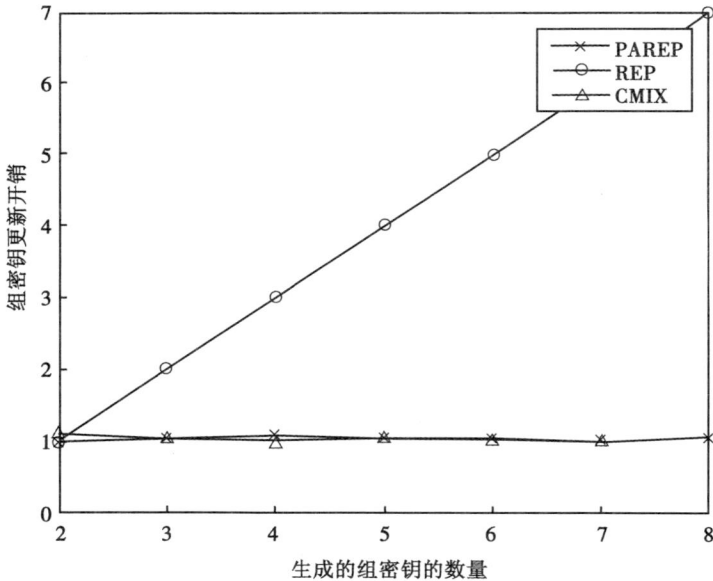

图 4.24　组密钥更新开销

4.5.5　总结

该方案是一种保护 VSNs 中车辆位置隐私的方法。将基于假名的认证方法与随机加密周期内的位置隐私保护方案机制相结合。车辆在使用 RSU 进行身份认证时获取当前的组密钥。为了更换假名，车辆试图找到周围的车辆来建立加密区域，并对抗外部攻击者。通过安全性和性能分析，该方案是可靠的，方法是高效的。

4.6　基于布隆过滤器的假名撤销机制

在 V2V/V2I 通信中，车辆从一个假名切换到另一个未使用过的假名以实现数字签名消息的不可链接性，并增强消息发送者的隐私，但这种匿名是有条件的，如果假名证书过期或车辆有违法行为，需要对假名和凭证进行撤销以维护网络整体安全性。为了验证证书撤销的有效性，车辆需要频繁获取 CRL 文件以检查证书序列号，由于 CRL 文件大小随着撤销证书数量的增加而线性增长，这种方式会导致较大的延迟，从而影响撤销方案的实时性。

本节设计了一个基于布隆过滤器的 VANETs 安全高效证书撤销方案，能够有效地撤销假名，同时提供强大的用户隐私保护。首先对网络架构、系统模型及假设和攻击模型进行描述，然后介绍本节方案所基于的假名获取策略，之后对方案的核心协议和算法进行详细描述，最后根据安全需求对本节方案进行安全分析。

4.6.1　系统概述

4.6.1.1　系统结构

如图 4.25 所示，本方案在 VENETs 基础网络结构之上，考虑到更实际的跨域问题，扩展并增强了 VPKI 系统。系统包含三类实体，其中第三方信任机构（TA）负责管理 RSU，为其生成公私钥、群公钥。此外，OBU 在接入到 VANETs 之前，需要先在其归属的 TA 处注册登记，TA 向合法的 OBU 颁发长期凭证（LTC）和票据。RSU 主要负责 OBU 的网络接入，作为群管理员管理由通信范围内的 OBU 组成的群组，负责为其颁发群成员密钥和假名。

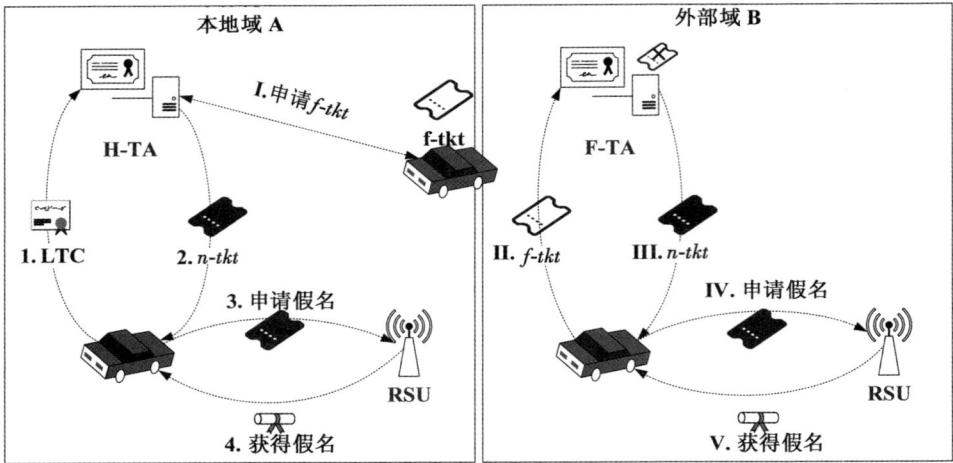

图 4.25　VPKI 系统结构

　　如图 4.25 所示，本方案考虑两个不同的域：本地域 A 和外部域 B。在注册阶段，每个本地域的 TA 即 H-TA，在其域内注册车辆，并保存其长期身份。车辆即 OBU，基于不同参数，例如剩余有效假名的数目、剩余行程持续时间和网络连通性，决定何时触发假名获取过程。H-TA 对车辆进行认证和授权，车辆通过相互认证的传输层安全（TLS）信道对 H-TA 进行认证。这样，车辆从其 H-TA 获得本域票据（n-tkt），而目标 RSU 和实际假名获取时段对 H-TA 隐藏。票据是匿名的，并且不透露其所有者的身份。然后，票据通过单向（仅服务器）认证的 TLS 提交给 RSU，以便车辆通过其获得假名。当车辆在外部域中行驶时，应从在该域中的 RSU 获取新的假名。车辆先向其 H-TA 请求外域票据（f-tkt），以便车辆可以由外部域 TA（F-TA）认证和授权。F-TA 为车辆提供新的票据（n-tkt），该票据是 F-TA 域内的本地票据，用于车辆与该（外部）域中的 RSU 交互以获得新的假名。获取 f-tkt 对 H-TA 是透明的：H-TA 无法区分本域票据请求和外域票据请求。这样，外部域中的 RSU 就不能区分本地请求者和外部请求者。每个车辆都可以与其本地或外部域内的所有 RSU 交互，以获取证书撤销列表（CRL）并执行在线证书状态协议（OCSP）[46] 操作，并使用当前有效的假名进行身份验证。

4.6.1.2　系统模型及假设

　　每个 TA 管理一个本地域，在不丧失一般性的情况下，一个域可以被定义为一个区域内的一组车辆。本地 TA（H-TA）负责域内车辆注册和长期凭证的发放，在一个或多个域中有多个 RSU，RSU 为已注册的车辆签发假名，并且能够启动解析假名的过程，识别行为不端、故障或过时的车辆并能协助 TA 合作恢复车辆的真实身份。假名有一个生命周期（有效期），通常从分钟到小时不等；原则上，假名的使用寿命越短，不可链接性越高，从而可以实现更高的隐私保护。本节假设，每辆车只在其归属的本地 TA 注册，注册车辆可以到达该点，遵守相同的行政法规和政策。每个车辆都可以跨到外部域，并与外部的 TA（F-TA）通信以获取假名，即，当进入新域时获得新的假名集合，以作为该区域中的本地车辆操作。两个域之间默认可信，即 H-TA 和 F-TA 之间是相互信任的。所有在系统中注册的车辆都配有硬件安全模块（hardware security module，HSM），确保私钥永远不会离开 HSM。此外，本节假设存在触发撤销的不端行为检测系统，例如文献[47]。RSU 可以发起解析和撤销行为不端车辆的所有假名的过程：它与相应的 TA 交互，例如文献[48]，[49]中的详细协议所描述的，以解析和撤销为行为不端车辆颁发的所有凭据。因此，行为不端的车辆无法再从该系统中获取凭据。TA 负责分发 CRL 并将撤销事件通知所有合法实体，即一个新的 CRL 更新事件。

本节所提出的方案的信任模型包含三种类型的实体，TA（H-TA 和 F-TA）与 RSU 通过有线安全通道连接，TA 默认完全可信。RSU 与 OBU 通过无线的方式进行通信且彼此互不信任。在 RSU 之间通过无线的方式通信且互不信任。假设嵌入车辆的 TPD 具有足够的安全性，TPD 中的数据只能由 TA 修改。RSU 作为基础设施，拥有很强的计算能力。

4.6.1.3　攻击模型

本节将安全车辆通信中的一般攻击者模型[50]扩展到包括诚实但好奇的 VPKI 实体，即遵守安全协议和策略但有动机分析用户的实体。在多域车辆通信环境中，内部攻击者和外部攻击者提出了四个挑战：攻击者可以尝试从 CRL 中排除已撤销的假名序列号；通过伪造假 CRL（片段）添加有效的假名；阻止合法实体获得真实和最新的 CRL（片段）；通过重播旧的、传播假 CRL（片段）或执行 DoS 攻击来延迟 CRL 分发。这允许违法车辆使用其当前撤销的假名集在车辆通信系统中保持操作。此外，它们可能是不合作或恶意的，试图阻止其他车辆接收关于新的 CRL 更新事件的通知，从而阻止它们请求下载 CRL。最后，VPKI 实体（与车辆通信观察员串通）可能会在撤销事件发生之前链接使用（未撤销但过期的）假名签名的消息，例如，从 CRL 推断敏感信息以链接假名，从而向后跟踪车辆。在域中（或跨域）操作的 RSU 还可能串通，即共享它们各自拥有的信息，损害用户隐私。

4.6.2 假名获取策略

假名获取策略的选择有多种影响——对 VPKI 性能以及用户隐私的影响。该策略确定施加到 VPKI 的工作量（假名请求以及相关的计算和通信延迟）。请求的时间可能暴露一些信息使得假名被连接起来。为了系统地研究不同的按需假名获取方法的效果，本节考虑文献[51]中提出的三个具体的策略。

① 用户定义策略（P1）：车辆在行程开始时为其整个行程请求假名。本节假定每辆车都预先准确地估计行程时间，例如，基于汽车导航系统、先前的行程或用户输入。RSU 确定假名的使用寿命（对于所有车辆都是固定的，或者对于每个请求者都是灵活的）。如果实际行驶时间超过估计时间，则还需请求其他假名，以确保车辆在整个行驶过程中始终配备足够的有效假名。

② 遗忘策略（P2）：车辆每 Γ_{P2} 与 VPKI 交互一次（由 RSU 确定，对所有用户都固定），并在整个 Γ_{P2} 时间间隔内请求假名，一直持续到车辆到达目的地为止。这种策略只会导致在上一次迭代期间过度提供假名。与 P1 相比，区别在于车辆不知道确切的行程时间，或者可能高估行程时间，因此，P2 与行程时间无关。

③ 通用固定策略（P3）：H-TA 作为其域内的策略决策点，有预先约定的固定间隔 Γ_{P3} 和假名生存期 exp。车辆在其行程开始时，请求当前 Γ_{P3} 内的假名，其中实际获得的有用的、未过期的假名对应的是 Γ_{P3} 内的剩余行程时间。在剩余的行程中，车辆每次都请求整个 Γ_{P3} 内的假名。这一策略为所有车辆发放时间对齐的假名，因此不会损害用户隐私。如果车辆能够估计行程时间，则可以通过与 VPKI 多次交互，在行程开始时获得所有必需的假名。但是，如果车辆不估计行程时间，则需要每隔 Γ_{P3} 与 VPKI 服务器交互以获取假名。使用此策略的一个严格限制是不能在任意一个 Γ_{P3}^{i} 内部分地获取假名，即车辆必须请求整个 Γ_{P3}^{i} 的假名，因为 RSU 不应该区分不同的请求，且如果车辆发现在同一个 Γ_{P3}^{i} 期间需要更多假名，则不能再请求另一张票据，因为 H-TA 仅为每个 Γ_{P3}^{i} 的每一车辆签发一张票据。

4.6.3 假名撤销及车辆撤销方案

本节的方案以按需方式提供假名，每个车辆基于各种因素决定何时触发假名获取过程[51]。本节方案应用的 VPKI 增强了用户隐私，特别是防止基于时间信息链接假名，并且即使在诚实但好奇的 VPKI 实体存在的情况下也提供了强大的用户隐私保护。具体来说，H-TA 指定了一个通用的固定间隔（Γ），该域中发出的所有假名都有与 VPKI 时钟对齐的生存期（exp）。车辆在运行时获得假名，请求中的假名数为 Γ/exp，即不需要事先计算。作为该策略的结果，在任何时间点，所有车辆使用由于该时间对准而无法区分的假名进行传输，即消除不同车辆的假名集之间的任何区别，从而增强用户隐私。

同时，本节方案中不需要事先知道行程时间来获得 CRL，即车辆可以忽略行程时间。关于 CRL 的分发，默认策略是将所有撤销信息分发到所有车辆，然而，这种方法忽略了位置、假名的时间性质和其他限制。为了在 VANETs 上高效、有效和及时地分发 CRL，本节方案通过基于内容和上下文敏感的"发布–订阅"方式以车辆为中心获取 CRL。由于撤销事件的不可预测性，RSU 每次进行发布时，被撤销假名的生命周期都是在一个 Γ_{CRL} 间隔内的。只要车辆在域内移动，它就不需要从其他域接收 CRL，域中的所有车辆都由该域中的 RSU 发出假名，车辆只需要与域内的 RSU 通信，不需要来自不同域中的 RSU 在 CRL 构建和分发任务上进行通信和协作。在域中的 RSU 构建 CRL 并将 CRL 分片，然后广播当前 Γ_{CRL} 内的 CRL 片段。

车辆开始行程时，每个车辆只订阅和接收对应于其实际行驶持续时间和目标区域的 CRL 片段。为了利用时间对齐的假名提供策略的优势，并且实现有效、高效和可伸缩的 CRL 分布，域中的 RSU 预先确定固定间隔 Γ_{CRL}，发布生命周期属于 Γ_{CRL} 的已撤销假名，RSU 只发布这些假名的序列号，而不是发布整个 CRL。但是，由于撤销事件的不可预测性，获取假名的固定间隔 Γ 和 Γ_{CRL} 不一定对齐。当车辆可靠地连接到 VPKI 时，它可以在假名获取阶段获得与其行程时间相对应的必需的 CRL 片段。如果车辆预先获得了足够的假名，或者发生了新的撤销事件，车辆可以接收一个新的 CRL 更新事件，即一个由 RSU 签名和广播的 CRL 片段的特征码，并且它还会被集成在最近发布的假名的子集中，这样易于车辆（作为特征码载体）连同它们的协作感知消息（cooperative awareness message，CAM）一起广播，相当于附带了关于最新的 CRL 更新事件的通知和用于验证 CRL 片段的特征码。这样就提供了免费的 CRL 验证，因为车辆接收到消息后，在验证 CAM 的内容之前会验证假名上的签名，车辆能够很容易验证假名，所以验证 CRL 片段并不会产生额外的计算开销，但需要对每个 CRL 片段都进行 BF 测试。

为了便于后续小节对方案的详细描述，表4.4 给出了本节方案所提出的协议及算法中使用到的参数标识及说明。

表4.4 参数标识及说明和注释（四）

标识	描述	标识	说明
id_R	RSU 的身份标识	id_v	车辆的身份标识
PS_{v_i}	由 RSU 生成的车辆的第 i 个假名	Γ	发出时间对齐的假名的间隔
Id_{req}, Id_{res}	请求/应答标识符	Γ_{Px}	策略 x 与 VPKI 的交互间隔
$(msg)_{\sigma_v}$	由车辆私钥签名的消息	Γ_{CRL}	释放 CRL 的间隔
$Rnd, GenRnd()$	随机数，生成随机数	IK	可识别键
t_{now}, t_s, t_e	新/当前、开始和结束时间戳	SN_{PS}	假名序列号
t_{date}	特殊日期时间戳	$Append()$	将撤销的假名的 SN 附加到 CRL
$T_{timeout}$	响应接收超时	$BFTest()$	BF 元素测试
$n\text{-}tkt$	本地票据	B	分发 CRL 的最大带宽
$f\text{-}tkt$	外地票据	N	每个 Γ_{CRL} 里 CRL 片段的总数
$H^k(), H$	哈希函数（k 次），哈希值	n	每一次分发假名的数量
$Sign(sk, msg)$	用私钥（sk）签名消息	$Verify(pk, msg)$	用公钥（pk）验证消息
$Enc(k, msg)$	用密钥（k）加密消息	$Dec(k, msg)$	用密钥（k）解密消息
exp	假名有效期	$\varnothing$	零向量

4.6.3.1 票据获取协议

当一个车辆向 TA 进行初始注册以及通过初始的 V2I 认证接入 VANETs 后，它将通过当前的 RSU 获取 H-TA 为其生成的本地票据。

① 假设之后车辆要向目标 RSU 获取假名，如果假名获取策略为 P1，则每个车辆估计行程时间 $[t_s, t_e]$；当使用策略 P2 时，每个车辆请求 $[t_s, t_s+\Gamma_{P2}]$ 的假名；如果相关策略为 P3，则车辆基于 TA 给定的固定间隔 Γ_{P3} 来计算请求。

② 车辆准备发出请求并将目标 RSU 和随机数连接起来，计算哈希值：$H(id_R \parallel Rnd_{n\text{-}tkt})$。在跨域操作的情况下，车辆与 H-TA 通信以获得 $f\text{-}tkt$，并且将目标 F-TA 和随机数连接起来。然后，车辆对请求消息签名。

③ 车辆发送 $\{(\zeta)_{\sigma_v}, id_v, nonce, t_{now}\}$ 给 H-TA 以获得本地票据 $n\text{-}tkt$。

④ H-TA 由车辆提交的 id_v 和对应的签名能够验证请求的合法性，验证成

功后为车辆生成"票据可识别键"（IK_{n-tkt}）以将票据绑定到车辆的凭证上：$IK_{n-tkt} = H(id_v \parallel t_s \parallel t_e \parallel Rnd_{IK_{n-tkt}})$，这样能够防止 H-TA 在解析过程中将票据映射到不同的车辆上。然后，H-TA 生成匿名票据$(n-tkt)_{\sigma_{H-TA}}$。匿名票据即 H-TA 是在不透露请求者身份的情况下提供票据，因此，即使两张票据来自同一辆车，RSU 也无法推断出票据所有者的身份，或区分两张票据。

⑤ H-TA 将票据发送给车辆。

⑥ 车辆接收后，先验证票据，并通过检查等式是否成立验证 IK_{n-tkt}，$H(id_v \parallel t_s \parallel t_e \parallel Rnd_{IK_{n-tkt}}) = IK_{n-tkt}$。

在跨域操作的情况下，车辆与 F-TA 交互，并出示 $f\text{-}tkt$ 以在外部域中获得该域中的本地票据 $n\text{-}tkt$。之后，它可以作为"本地"车辆与外部域内的 RSU 交互。

4.6.3.2　假名生成协议

当车辆已经获得了票据 $n\text{-}tkt$，车辆将使用它与目标 RSU 交互以获得假名。车辆完成与目标 RSU 的合法性认证后，启动假名生成协议。

① 准备生成假名所需的参数（Id_{req}，Rnd_{n-tkt}，t_s'，t_e'，$(n-tkt)_{\sigma_{H-TA}}$，$nonce$，t_{now}）。

② 以请求的形式发送给 RSU。

③ RSU 在接收到并成功验证过票据的合法性后，检查自己是否是目标 RSU，以及所请求的假名的实际周期（即$[t_s'-t_e']$）是否落入票据中指定的周期（即$[t_s, t_e]$）；对于 P1 和 P2，$[t_s', t_e'] \subseteq ([t_s, t_e])_{n-tkt}$；对于 P3，$[t_s', t_e'] = ([t_s, t_e])_{n-tkt}$。

④ RSU 生成随机数，并生成假名 PS_{v_i} 和对应的私钥，其中 i 表示第 i 个假名。接下来，RSU 生成"假名可识别键"（$IK_{PS_{v\_i}}$）以将假名绑定到票据：$IK_{PS_{v\_i}} \leftarrow H(IK_{n-tkt} \parallel t_s^i \parallel t_e^i \parallel H^i(RND_v))$，这可以防止如果有被妥协的 RSU 试图在假名解析过程中将假名映射到不正确的票据上以破坏恶意车辆身份的可追溯性。RSU 隐式地关联属于每个请求者的一批假名：当 $i = 1$ 时，$SN_{PS_{v\_i}} \leftarrow H(IK_{PS_{v\_i}} \parallel H^i(RND_v))$，当 $1 < i \leqslant n$ 时，$SN_{PS_{v\_i}} \leftarrow H(SN_{PS_{v\_i-1}} \parallel H^i(Rnd_v))$；这本质上实现了 CRL 的有效分发，即 RSU 只需要提供一批撤销假名中第一个假名的相关值作为计算其余假名的锚。但除了该 RSU，其余任何阶段都无法在假名未被撤销时将属于同一批的假名进行关联。然后，RSU 为 OBU 生成假名。RSU 通过集成一个 Γ_{CRL} 内所有的 CRL 片段的 BF（$BF_{\Gamma_{CRL}^i}$），随机地选择一些假名作为特征码载体。特征码载体的比例可以根据不同的因素进行设置，例如撤销事件的频率

和部署的 RSU 的覆盖范围。

⑤ RSU 对请求发出响应。

⑥ 车辆接收响应，验证假名和 $IK_{PS_{v\_i}}$，得到对应的私钥。

4.6.3.3　CRL 构造

当一个车辆要被驱逐时，RSU 执行 CRL 构造算法，如算法 4.4 所示。

RSU 基于每个 Γ_{RCL} 的假名有效时间对被撤销的假名进行分类。然后，它为每批假名附加以下数据：

① 被隐式关联的假名链中第一个被撤销的假名的序列号（$SN_{PS_{v\_i}}$）。

② 哈希值（$H^k_{Rnd_v}$）。

③ 该批中剩余的假名的数目（n）。

然后，它根据能为分发 CRL 分配的最大带宽，即系统参数 B，将 CRL 分成多个片段。撤销条目的数量与假名和车辆的数量成正比，撤销事件将在 4.6.5 中进行评估。

算法 4.4　CRL 构造（基于 RSU）

procedure *GENCRL*

1：**input** (Γ^i_{CRL}, B)

2：$Piece_{\Gamma^i_{CRL}} \leftarrow \varnothing$

3：**repeat**

4：$\{SN_{PS_{v\_k}}, H^k_{Rnd}, n\} \leftarrow fetchRevokedPsnyms(\Gamma^i_{CRL})$

5：if $SN_{PS_{v\_k}} \neq Null$ then

6：$Piece_{\Gamma^i_{CRL}} \leftarrow Append(\{SN_{PS_{v\_k}}, H^k_{Rnd}, n\})$

7：end if

8：until $SN_{PS_{v\_k}} == Null$

9：$N \leftarrow \left\lceil \dfrac{size(Piece_{\Gamma^i_{CRL}})}{B} \right\rceil$　$\triangleright$calculating number of pieces with a given B

10：for $j \leftarrow 0, N$ do　$\triangleright N$：number of pieces in Γ^i_{CRL}

11：$Piece^j_{\Gamma^i_{CRL}} \leftarrow Split(Piece_{\Gamma^i_{CRL}}, B, N)$　$\triangleright$splitting into N pieces

12：end for

13：**output** $\{(Piece^1_{\Gamma^i_{CRL}}), \cdots, (Piece^N_{\Gamma^i CRL})\}$

end procedure

4.6.3.4　CRL 分发

本节方案利用 RSU 和 car-to-car 的传播模式来传播 CRL 片段和签名特征码，以增强可用性和间歇性连接。每个 RSU 连续广播被其签名的 CRL 片段的特征码，以将任何新撤销事件通知通信范围内的车辆。与当前 Γ^i_{CRL} 相对应的签名特征码的传输速率可以在 Γ^i_{CRL} 结束时逐渐降低；相反，与 Γ^{i+1}_{CRL} 对应的签名特征码的传输速率可以适度增加。这样保证了向所有合法车辆通知新的撤销事件，从而能够请求和有效地验证 CRL 片段。在接收和验证一条查询信息时，RSU 通过无线数据链路进行传输。

车辆将执行算法 4.5。当车辆接收到相邻车辆对缺失的 CRL 片段的真实的查询请求时，车辆搜索其本地存储库并随机选择所请求的片段之一，然后广播它。分发 CRL 的最大分配带宽为 B，远小于数据链路支持的带宽。这样的速率限制机制确保了被妥协的内部成员不能滥用分配的带宽来进行 DoS 攻击，因此 CRL 分发不会干扰其他安全关键操作。

算法 4.5　CRL 分发(基于 OBU)

procedure *PUBLISHCRL*

1：**input** $Query(\Gamma^i_{CRL})$

2：$\{(Id_{req}, \Gamma^i_{CRL}, [inexes])\} = receiveQuery((\zeta)_\sigma)$

3：$Verify(PS_{v\_i}, (\zeta)_\sigma)$

4：$CRL^*_{\Gamma^i_{CRL}} = search_{local}(\Gamma^i_{CRL})$　▷ search local repository

5：$j \leftarrow rand(0, *)$　▷ randomly select one of the available pieces

6：if $CRL^j_{\Gamma^i_{CRL}} \neq \varnothing$ then

7：**output** $(\{Id_{res}, CRL^j_{\Gamma^i_{CRL}}\})$

8：end if

end procedure

4.6.3.5　CRL 订阅

每个车辆通过执行算法 4.6，可以从 RSU 或相邻车辆接收与其实际行程时间相对应的必要的 CRL 片段。车辆向其邻居广播被其签名的查询，以接收车辆行驶期间想要获得的 Γ^i_{CRL} 内撤销信息对应的那部分缺少的 CRL 片段。在接收到 CRL 片段之后，它只需通过测试被签名了的特征码(已经从 RSU 获得，或者集成在网络中广播的最近发布的假名子集中)来验证该片段。如果 BF 测试成功，它将接受该片段并继续请求，直到成功接收到所有剩余片段。

对于解析 CRL 的操作，在接收和验证 CRL 片段时，每个车辆通过计算 n 次哈希值：$H(SN_{PS_{V\_i}} \parallel H(H^i_{Rnd_v}))$，从所获得的哈希锚中导出撤销的假名序列号。撤销条目可以存储在本地存储器中，例如文献[55]中，并且以 $o(\log(n))$ 时间复杂度搜索。为了增强撤销状态验证，车辆可以以恒定的计算成本（$o(1)$）在本地生成 $BF^{[53]}$，用于插入和搜索操作，但代价是假阳率（false positive rate）。撤销条目存储在它们的有效期内，即在 $\varGamma^i_{CRL}$ 间隔内。

算法 4.6　CRL 订阅(基于 OBU)

procedure *SUBSCRIBECRL*

1：**input** $(\varGamma^i_{CRL}, N)$

2：$resp_{final} \leftarrow \varnothing$, $i \leftarrow 0$, $t \leftarrow t_{now} + T_{timeout}$

3：repeat

4：$\zeta \leftarrow (Id_{req}, \varGamma^i_{CRL}, [missing\,pieces\,indexes])$

5：$(\zeta)_\sigma \leftarrow Sign\_IGS\_SK\{\zeta\}$

6：broadcast$((\zeta)_\sigma, PS_{v\_i})$

7：$Piece^j_{\varGamma^i_{CRL}} \leftarrow receiveBefore(t)$

8：if $BFTest(Piece^j_{\varGamma^i_{CRL}}, BF_{\varGamma^i_{CRL}}$ then

9：$resp_{final} \leftarrow Store(Piece^j_{\varGamma^i_{CRL}})$　▷ storing in local repository

10：end if

11：$j \leftarrow j+1$

12：until $j > N$

13：**output** $resp_{final}$

end procedure

4.6.3.6　假名解析和撤销协议

当需要撤销假名时，TA 会与有关的 RSU 合作，执行假名解析与撤销协议。

① TA 请求 RSU 将假名映射到 RSU 存储的相应票据，即 *n-tkt*。

② TA 发送请求给 RSU。

③ RSU 验证请求并将假名映射到相应的 *n-tkt*。如果需要，RSU 会将所有针对此票据签发的有效（未过期）假名包括在 CRL 里，从而将行为不端的车辆驱逐。

④ RSU 将 *n-tkt* 发送到 TA。

⑤ TA 验证响应并计算 $IK_{PS_{v\_i}}$ 以确认 RSU 已将假名正确解析为对应的 *n-tkt*。

这个过程的输出是 *n-tkt*。

在跨域解析的情况下，需要另外一个交互来解析外部票据，即 *f-tkt*。作为延续，F-TA 在相应的 H-TA 的帮助下解析票据。

4.6.3.7　LTC 解析和撤销协议

F-TA 与相应的 H-TA 执行 LTC 解析和撤销协议以识别车辆，解析车辆的长期凭证（即 id_v）。

① F-TA 准备请求。

② F-TA 将票据序列号发送给 H-TA。

③ H-TA 在接收到请求后，解析并且可能撤销对应于 *n-tkt* 的 id_v。H-TA 将 id_V 包含在响应消息中。

④ H-TA 发送响应回 F-TA。

⑤ F-TA 接收到响应后，通过验证 IK_{n-tkt} 来确认 H-TA 是否映射了正确的车辆凭证。

4.6.4　安全性分析

4.6.4.1　安全和隐私要求

文献［25］描述了 V2V 和 V2I 通信的安全和隐私要求。本小节关注车辆与 VPKI 交互、内部 VPKI 操作的安全和隐私要求、面对诚实但好奇的 VPKI 实体的相关要求以及 CRL 分发问题的安全和隐私要求。具体如下。

① 身份认证和通信完整性及保密性（R1）：所有车辆与 VPKI 交互都应进行身份认证，还需要确保通信的完整性，以免发生篡改。为了提供保密性，敏感信息的内容，例如车辆与 VPKI 实体之间为获取假名而交换的消息，应向其他实体保密。并且，每个 CRL（片段）都需要进行验证，并保护其完整性，即防止重放和篡改。

② 授权和访问控制（R2）：只有已注册的合法的和认证过的车辆才能够由 VPKI 提供服务，特别是获得假名。此外，车辆还应根据系统协议和策略以及域规则与 VPKI 实体进行交互。

③ 不可否认性、可追溯性（R3）：与 VPKI 实体的所有相关操作和交互都应是不可否认的，即任何实体都不能否认发送了消息，每个 CRL 片段都应不可否认地连接到其发出者（VPKI 实体）。此外，所有合法的系统实体，即注册车辆和 VPKI 实体，都应对其可能中断 VPKI 操作或损害车辆的行为负责。如果出

现任何偏离系统策略的情况，应将行为不端的实体驱逐。

④ 匿名性（R4）：车辆与其他车辆通信时，不能暴露其真实身份和长期凭证。但这种匿名是有条件的，即如果车辆偏离系统策略，比如提交虚假信息，则对应的长期凭证可以由 VPKI 实体恢复出来，并且因此被撤销。

⑤ 不可链接性（R5）：为了实现不可链接性，不应将车辆的真实身份与其对应的假名联系起来，TA 不知道生成假名的 RSU，也不知道实际的假名获取时间。此外，连续的假名请求不应关联到同一个请求者，它们也不能互相关联。RSU 不能得知任何请求者的长期身份，或者链接多个（同一请求者的）假名请求。此外，外部观察者不应能够根据时间相关的信息，链接特定车辆的假名。为了实现完全的不可链接性，从而实现完美的前向隐私，任何单个实体，甚至是 RSU，都不应能够链接为车辆发出的作为对一个请求的响应的一组假名。任何观察者，即使与单个 VPKI 实体串通，都不应能通过 CRL 将假名（以及相应的签名消息）在被撤销前链接起来。一旦发生撤销事件，被驱逐车辆的未撤销的已失效假名也应保持不可链接。

⑥ 抵御女巫攻击（R6）：VPKI 不应能够为任何车辆同时发出多个有效的假名。

⑦ 可用性（R7）：VPKI 应在出现良性故障（系统故障或崩溃）时保持可操作，并对 DDoS 攻击具有弹性，同时还应确保任何合法车辆都能在合理的时间间隔内获得最新的 CRL，尽管存在良性故障或网络中断。

4.6.4.2　安全性和隐私性分析

基于上述要求，对本节方案中 VPKI 实现的安全性和隐私性及 CRL 分发的安全性和隐私性进行分析。

① V2I、V2V 通信的身份认证、完整性和保密性（R1）已经给出。对于 CRL 片段，每个 CRL 片段的真实性和完整性通过对每个片段的特征码进行测试来验证，每个片段由 RSU 周期性地广播并集成到最近发布的假名子集中。

② H-TA 对车辆进行认证和授权，为车辆颁发票据，从而使车辆能够通过出示匿名票据向任何 RSU 请求假名。然后，RSU 基于先前建立的信任，通过验证票据为车辆提供假名（R2）。

③ 由于票据获取请求用于与车辆的长期凭证相对应的私钥签名，并且假名获取需要有效的票据，TA 和 RSU 计算票据和假名可识别键（IK_{tkt} 和 IK_P），以将它们分别绑定到相应的凭证和票据上；此外，由于 CRL 片段的特征码是用 RSU

签名的，所以任何 RSU 都不能否认包含了假名序列号；TA 和 RSU 之间的职责分离提供了有条件的匿名性，但发现不当行为时，能够对车辆进行撤销，所以系统提供不可否认性和可追溯性（R3）。此外，对获取 CRL 片段的每个查询都需要进行身份验证，通过使用车辆的当前有效假名进行签名，从而防止滥用机制。

④ 根据协议设计，车辆在跨域时隐藏其目标 RSU 和 F-TA。对于 P1 和 P2，车辆隐藏实际的假名获取周期，即 $[t'_s, t'_e]$，而只有 $[t_s, t_e]$ 被显示给 TA。对于 P3，请求间隔落在通用固定的 Γ_{P3} 内，连同对齐的还有假名的有效期，因此，时间信息不能用于链接两个连续的假名，因为它们与通过同一 RSU 获得假名的所有其他活动车辆的假名在时间上对齐（R4、R5）。此外，由于在假名发布过程中使用哈希链，即在车辆未受损的时间段内的强用户隐私保护，链接属于被驱逐车辆的未撤销的已失效假名是不可行的。对于诚实但好奇的 RSU，可能会从假名推断时间信息，或者通过上下文，从 CRL 推断链接假名集和跟踪车辆。然而，所有发出的假名都与 RSU 的时钟对齐，因此不能区分假名。此外，RSU 随机选择假名子集作为特征码载体，因此，将这些假名中的任何一个相关联并不意味着它们属于同一车辆（R5）。

⑤ 当车辆向 H-TA 请求票据时，H-TA 会确保任何车辆都不能在同一期间获得超过一张有效票据，以请求多个同时有效的假名。此外，票据隐式绑定到特定的 RSU，因此它不能被多次使用，也不能再用于向其他 RSU 申请假名。RSU 向车辆发布有效期不重叠的假名，任何车辆在任何时候都不能提供一个以上的有效假名，因此，女巫攻击是能够被抵御的（R6）。

⑥ 系统在崩溃故障时的可用性可以通过委托负载均衡器和服务器冗余来实现；对 DDoS 攻击的抵御能力主要来自以下三个因素：CRL 大小的大幅减小，特别是因为 CRL 信息只在相关时间段内分发；CRL 片段的非常有效的验证，即使用 BF 测试而不是验证签名；将 CRL 片段的特征码集成到假名子集中（R7）。

4.6.5　性能分析

本节对前文所提的假名撤销方案进行性能分析，涉及的主要功能有：票据和假名获取，生成、验证和传播 CRL（片段）以及撤销事件通知。针对上述功能，对所提方案的性能进行了评估。

4.6.5.1 票据和假名获取

图 4.26 给出了不同假名获取策略的平均端到端延迟的比较。P3 的延迟在三种策略中最低。例如，$exp = 1$ min 时，P1、P2 和 P3 的平均端到端延迟分别为 50、46 和 43 ms。对于 P1，每个车辆一次请求所有所需的假名，导致 RSU 上的工作量增加，因此延迟增加。而对于 P2 和 P3，具有大量假名的请求被分成多个请求，每个请求有较少的假名，从而可以获得更好的性能。

此外，P3 的平均端到端延迟低于 P2 的平均端到端延迟，因为对于 P3，每个车辆只请求当前 Γ_{P3} 的假名，即仅获取剩余行程持续时间内未过期的假名，而对于 P2，每个车辆请求整个 Γ_{P2} 的假名，实际上获得了所有的假名。

假名请求间隔落在固定间隔 Γ_{P3} 内，并且发出的假名与全局系统时间（RSU 时钟）对齐，因此，在任何时间点，给定域中所有车辆都将使用假名进行通信，而仅根据时间信息是无法区分假名的。这消除了假名集之间的区别。因此，不仅外部观察者，即使是 RSU 也不能区分假名集，从而保护用户隐私。票据的获取也采用同样的策略，在此期间，H-TA 对所有请求者的固定时间间隔一视同仁，从而防止来自车辆的连续请求被链接。

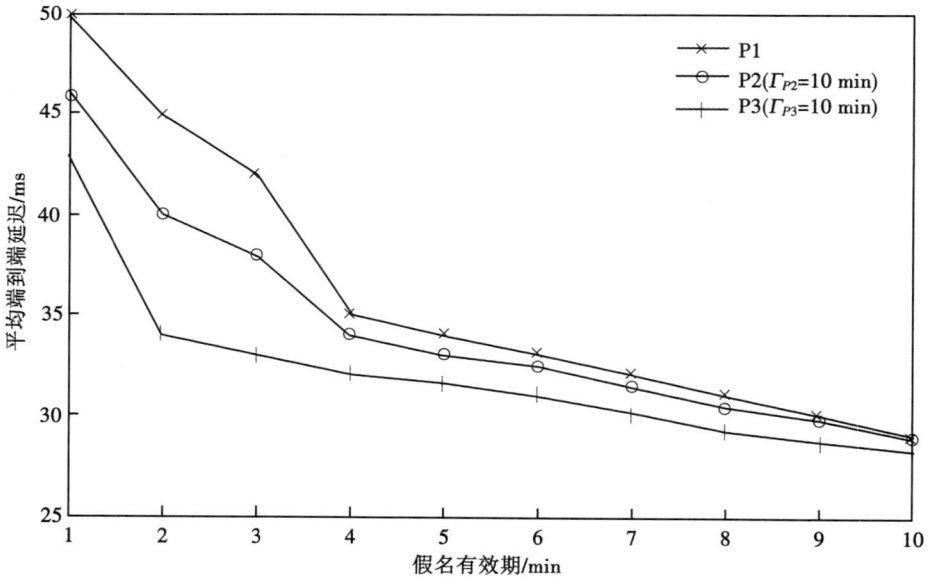

图 4.26 不同策略的端到端延迟比较

4.6.5.2　已撤销假名的分发效率

根据现实情况，假设系统中有 100 万辆车，每辆车都有 6 h 的假名使用时长，假设 $\Gamma = 30$ min，$exp = 5$ min，那么每个 Γ 需要 6 个假名，即每辆车每天 72 个假名，所有这些假名都以不重叠的间隔及时发出。假设其中有 1% 的车辆妥协或由于传感器受损而出现故障，从而被逐出系统。因此，每天发布的撤销信息包含 72 万个条目，因此 CRL 的大小大约为 22 MB（每个假名有 256 b 长的序列号）。通过隐式绑定属于每个 OBU 的假名，可以为 Γ 内一批撤销的假名分发 1 个条目（带有一些附加信息），总共为每辆被吊销的车辆分发 12 个条目，而不是 72 个条目。因此，当天的 CRL 大小为 7.3 MB，包含 120000 个条目（每个条目有 256 b 序列号和 256 b 补位信息）。这已经显示了 CRL 大小的显著减小。

然而，分发所有撤销信息忽略了假名的时间性质和车辆行程持续时间，在不久的将来，在协议可选的时间段内分发撤销信息是更有效的。因此，当车辆大约在 Γ_{CRL} 间隔内行驶时，假定为 30 min，它将仅接收该 Γ_{CRL} 内的信息片段，即大约 10000 个条目，因此 CRL 大小为 625 kB 而不是 22 MB，即在任何时间点分布的 CRL 大小的 3 个数量级的减小。

4.6.5.3　定性与定量分析

① 效率：生成、验证和传播 CRL（片段）和撤销事件通知应该是高效和可伸缩的，即使车辆和票据的数量增加导致计算效率降低和更大的通信开销。此外，CRL 分配应使用一小部分带宽，以避免干扰运输安全和时间关键的操作。然而，及时分配少量带宽应足以将 CRL 分配给所有合法车辆。

这种效率源于对 CRL 片段的验证器的高效构造（RSU 端的最小开销）、对每个片段的快速验证（车辆端的最小开销）以及对一批假名的隐式绑定。此外，利用与 VPKI 的周期性交互（VPKI 为所有车辆发出时间对齐的假名），并根据位置、票据的短暂性和平均行程时间分发 CRL，从而提高了效率。通过为 CRL 分配少量带宽就足以及时地将 CRL 分发给系统中几乎所有合法的车辆。

② 撤销事件的显式或隐式通知：系统应显式或隐式地通知系统（域）内的每个合法车辆撤销事件，然后通知 CRL 更新。恶意实体可能试图阻止其他合法车辆接收 CRL 更新通知，从而阻止它们请求最新的 CRL，即损害系统的可用性和安全性，因为被驱逐的节点仍然无法被检测到。RSU 定期广播与给定 Γ_{CRL} 的所有 CRL 片段对应的签名指纹，此外，RSU 随机选择最近发布的假名子集来传递 CRL 更新事件的通知。车辆信标 CAM 的速率很高，每个信标 CAM 都用假名

的私钥签名,该假名可能携带关于 CRL 更新事件的通知,并将假名附加到 CAM 的重要部分,这样能够实现在系统中的任何时间点通知撤销事件。

③ CRL 大小比较:通过将撤销信息压缩到 BF 即 C^2RL 方案[54]中,CRL 的大小是 $m_{BR} = \dfrac{N \times M \times \ln p}{(\ln 2)^2}$[55],其中 N 是受损车辆的总数,M 是每个 Γ_{CRL} 中每辆车撤销的假名的平均数,p 是假阳率。

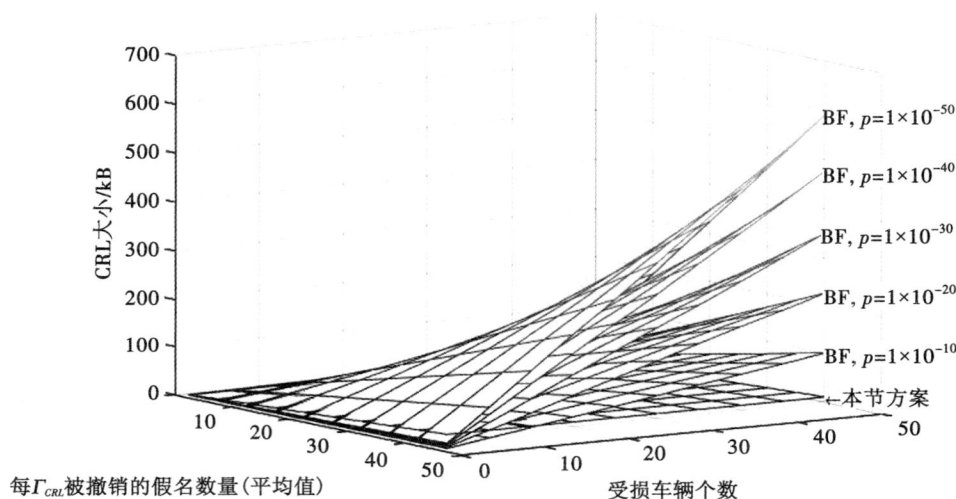

图 4.27　CRL 大小比较

如图 4.27 所示,若 N 已知,则使用 C^2RL 方案时 CRL 的大小随 M 线性增长。使用本节的以车辆为中心的方案,只需公开一个条目就足以在一个 Γ_{CRL} 时间间隔内撤销被驱逐车辆的所有假名,即每个 Γ_{CRL} 中的 CRL 大小是关于 M:$(256 + 256) \times N$ 的常数值,其中 256 b 用于假名序列号,256 b 用于其相应的散列值。此外,只有在假阳率增加的情况下,使用 BF 压缩撤销信息才具有可比的开销,即 CRL 大小。例如,如果 $M = 10$,则 C^2RL 方案的假阳率应为 10^{-10},以实现与本节的方案相当的 CRL 大小,否则,使用 BF 压缩 CRL 的效率不如本节方案。本节方案实现了与 C^2RL 相比的显著改进,例如,当 $M = 10$ 且 $p = 10^{-30}$ 时,CRL 的大小减少了 72%。

④ CRL 特征码的分发速度:CRL 片段的签名特征码仅由 RSU 周期性广播,此外,还作为 36 B 的额外开销集成于假名子集中。显然,当有少量车辆具有可

靠的连通性时，本节方案的 CRL 特征码发布得更快。然而，从 RSU 发布 CRL 特征码到几乎所有车辆都被告知新的 CRL 更新事件之间存在时间延迟。根据具有可靠连通性的车辆的百分比和撤销事件的频率，RSU 可以预测显示 CRL 特征码的适当时间，以确保在系统内运行的每个合法车辆都将接收 CRL 特征码。例如，RSU 可以将当前 Γ_{CRL} 的特征码集成到最近发布的假名的一部分中，并且将后续 Γ_{CRL} 的特征码集成到新发布的假名的另一部分中。

将本节的方案与基线方案[53, 56-57]进行比较，基线方案使用 RSU 和 V2V 分布，假设配置和系统参数相同。在基线方案中，TA 对每个 CRL 进行签名，并指定一个时间间隔，以便每辆车在假名获取过程中能接收到 n 个假名。因此，对于每批被撤销的假名，公开一个 s_i（256 b）。同样，假设本节方案中的 RSU 也在每个 Γ 为车辆发出 n 个假名，即 $n = \Gamma/exp$。为了撤销一批假名，公开了链中第一个被撤销假名的序列号和一个随机数，每个随机数长 256 b。对于两种方案，假设假名供应策略是完全不可链接的，即 $\Gamma = exp = 1$ min，进一步假设，车辆被提供了足够的假名来对应它们一天的实际行程。在撤销事件发生时，将为基线方案发布关于当天所有被撤销的假名的信息。与本节的方案相反，CRL 条目是按时间优先级分布的，即已撤销的假名的有效时段在当前的 Γ_{CRL} 内。此外，通过提前分发已签名的 BF，与基线方案的签名和验证相比，本节的方案验证成本最小，即验证集成在作为指纹载体的假名上的 BF，或对所有 CRL 片进行一个签名验证是零延迟的。

⑤ 生成、验证 CRL 片段的计算延迟：图 4.28 比较了基线方案和本节的方案签名和验证 CRL 片段的计算延迟。基线方案的签名和验证延迟随 CRL 片段数线性增加。例如，对 100 个 CRL 片段进行签名和验证分别需要 51 ms 和 39 ms。根据撤销事件的频率和 CRL 的大小，这可能会给 RSU 和车辆带来额外的开销。但本节方案由于采用了轻量级的 BF 成员身份验证，验证延迟只是随 CRL 片数的增加而适度增加。对 CRL 片段进行签名的延迟几乎是恒定的，实际上对于要通过 RSU 广播的片段的 BF 是一个签名，对于在假名获取阶段将 CRL 片段的指纹集成到假名子集是零附加延迟。

总的来说，本节的以车辆为中心的方案计算上有了很大的改进，在计算开销方面优于基线方案。在基线方案下，成功下载最新 CRL 的车辆数目高度依赖撤销率，当撤销率上升到一定程度时会显著下降。然而，本节的方案的性能不受撤销率影响，即使撤销率增加，成功下载的 OBU 的数量几乎不受影响。此外，本节的方案更有弹性对抗污染和 DoS/DDoS 攻击。

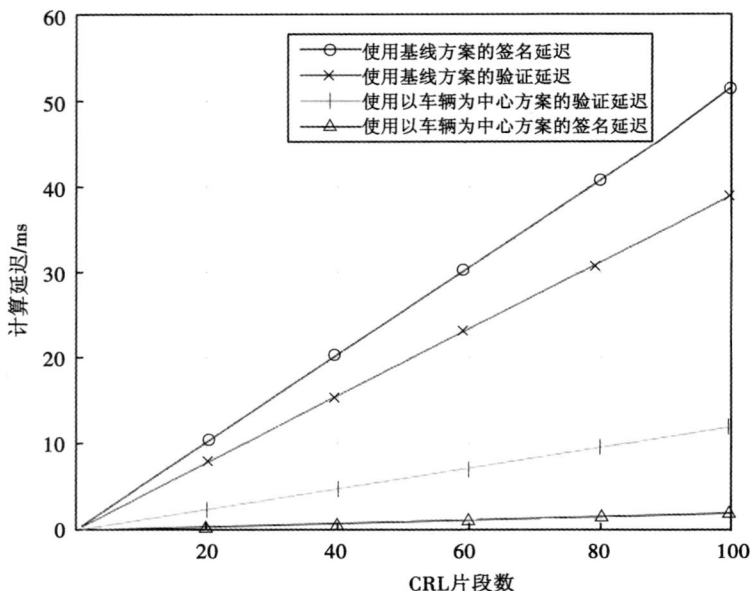

图 4.28　计算延迟比较

4.6.6　总　结

本节对所提出的基于布隆过滤器的 VANETs 安全高效撤销方案进行了详细的介绍。首先描述了网络架构、系统模型及假设和攻击模型，介绍了假名获取策略，然后详细介绍了方案包括的协议和相关算法，最后结合通用安全需求对本节方案进行安全分析，证明本节所提的安全高效的证书撤销方案能够有效撤销假名，同时提供强大的用户隐私保护。

4.7　基于布谷鸟滤波器的假名撤销方案

作为物联网的典型代表，车联网在智能交通中发挥着重要作用，不仅为车辆提供多种在线服务，而且可降低驾驶者发生事故的风险。然而，车联网在通信过程中产生了车辆位置、路线等大量敏感信息，如何在提升车辆通信效率的同时及时发现并将恶意车辆移除是车联网安全领域的研究热点。本节提出一种基于布谷鸟滤波器的假名撤销方案。实验结果表明，在超 50%的情况下方案的空间利用率均超过了 80%，在假名指纹长度为 32 b 时，假阳率低至 1%。另外，布谷鸟滤波器的插入开销在 10 μs 左右，查询开销达到了纳秒级，在验证车辆身份方面具有较大优势，且在保证车辆身份不可链接性的同时实现了单信标 24 B 的较低的通信开销，适用于实时通信的车联网环境。

4.7.1　系统概述

4.7.1.1　系统模型

本节方案的 VANETs 体系结构由管理层和感知层组成。为驾驶者提供了一个共享的、高效的、实时的驾驶环境。其中，管理层中包含同态假名提供者（homomorphic pseudonym provider，HPP）。感知层中包含车载单元（OBU）、路边单元（RSU），关于实体的详细介绍如下：

① HPP：HPP 是可信任第三方，不会受到任何威胁[58]。负责生成系统参数，并负责 RSU 和 OBU 的注册，为其生成初始注册信息。HPP 使用布谷鸟过滤器作为内部存储数据结构，维护布谷鸟过滤器服务，实现内部同态假名更新、查询及同态假名状态更改功能。HPP 和 RSU 之间使用安全加密算法实现通信，如基于 ECIES（elliptic curve integrated encryption scheme，ECIES）的公钥加密算法。

② RSU：RSU 是半可信的。RSU 到车辆的通信距离至少是车辆之间通信距离的两倍，以确保若 RSU 接收到某条消息，所有接收到该消息的车辆都在该RSU 的管辖区域内[59]。RSU 可以检查从车辆接收到的消息的有效性，具有比 OBU 更高的计算能力。

③ 车辆：车辆配备支持 DSRC 协议的 OBU。车辆之间通过 OBU 与 RSU 进行无线通信。

VANETs 基于 IEEE 802.11p 通信协议实现车辆与车辆以及车辆与基础设施之间的实时通信，即 V2V 通信和 V2I 通信。基于专用短距离通信（DSRC）协议实现两层之间的无线通信。另外，VANETs 作为一种以车辆为节点、以无线通信作为通信技术的特殊类型的移动自组织网络，其特殊性主要体现在以下几个方面：节点高速移动性，节点移动规律性，节点信息私密性，信息交换频繁，交通场景差异性，节点携带资源相对充足和无线通信信道不稳定[60-62]。

4.7.1.2　系统假设

这里假定本小节的方案满足下述假设：

① 网络中所有实体的时钟同步。

② HPP 是完全可信的第三方机构，不会被攻击。

③ RSU 是可信的路边单元。

另外，在本节方案中使用的主要符号及其描述如表 4.5 所示。

表 4.5　方案符号及其描述

符号	描述
$HList_i = \{hNym_i\}, 1 \leq i \leq |P|$	车辆 i 的同态假名列表
$LList_i = \{lNym_i\}, 1 \leq i \leq |P|$	车辆 i 的本地假名列表
$Vlist_i = \{vNym_i\}, 1 \leq i \leq |P|$	和车辆 OBU_i 之间通信的虚拟假名列表
$f(hNym_i), 1 \leq i \leq |P|$	车辆 i 的同态假名指纹
r_0	车辆的第 1 个随机种子
$seesionKey_{HPP-i}$	HPP 和车辆 i 之间的对称密钥
$Enc\{sessionKey_{HPP-i}, m\}$	使用对称密钥 $seesionKey_{HPP-i}$ 加密消息 m
$Dec\{sessiionKey_{HPP-i}, m\}$	使用对称密钥 $sessionKey_{HPP-i}$ 解密密文 C_{HPP-i}
$Enc(pk_X, m)$	使用 X 的公钥 pk_X 加密消息 m
$Dec(sk_X, C)$	使用 X 的私钥 sk_X 解密密文 C
$Paillier\_Enc\{pk_X, m\}$	使用 X 的公钥 PK_X Paillier 同态加密消息 m
$Paillier\_Dec\{sk_X, C\}$	使用 X 的私钥 SK_X Paillier 同态解密密文 C

另外，本节方案采用对称加密和非对称加密相结合的加密技术，对称加密算法采用 CCM 模式下 128 位密钥的高级加密标准，即 AES-CCM。非对称加密算法是 p-256 椭圆曲线集成加密方案（ECIES）。其中，接收方的公钥用于加密对称密钥，对称密钥用于加密传输的消息。

4.7.2　基于 CF 的假名撤销方案

由于车辆之间使用虚拟假名进行通信，因此当出现广播虚拟信息的车辆时，其他车辆将虚拟假名对应的本地假名信息举报给 RSU，RSU 在本地查询车辆本地假名对应的同态假名指纹，之后 RSU 将该同态假名指纹报告给 HPP，HPP 调用布谷鸟过滤器的同态假名状态管理服务，将违规车辆撤销期内的同态假名的假名状态更新为已撤销,最后,HPP 利用自己的私钥并基于 Paillier 同态加密算法计算出车辆的真实身份,并对其进行相应的惩罚。下面以车辆 OBU_i、OBU_j 为例,介绍整个流程。

当车辆 OBU_i 发现车辆 i 存在不合法行为时,基于 ECIES 公钥加密算法,使用路边单元 RSU 的公钥 pk_R 加密车辆 OBU_i 的违规证据和本地假名 $localnym_i$ 及车辆 OBU_j 自身的本地假名 $lNym_i$,将加密举报消息发送给 RSU,RSU 使用自身私钥 sk_R 解密获取举报消息,RSU 在本地查询车辆 OBU_i 和车辆 OBU_j 的本地假名对应的同态假名指纹,验证其有效性,之后 RSU 将车辆 OBU_i 的同态假名指纹报告给 HPP,HPP 进行同态假名撤销,详细过程如下:

① RSU 在本地调用布谷鸟过滤器的查询算法 $\text{Query}(lNym_i)$ 查询车辆 OBU_i 和车辆 OBU_j 的本地假名,若查到,则证明车辆 OBU_i 和车辆 OBU_j 的身份有效。

② RSU 获取车辆 OBU_i 的同态假名指纹 $f(hNym_i)$,基于 ECIES 公钥加密算法,RSU 使用 HPP 的公钥 pk_P 加密车辆 OBU_i 的同态假名指纹 $f(hNym_i)$,将其转发给 HPP,HPP 使用自身私钥 sk_p 解密获取被举报车辆 OBU_i 的同态假名指纹 $f(hNym_i)$。

③ HPP 根据被举报车辆 OBU_k 的同态假名指纹 $f(hNym_i)$ 计算出其真实身份标识 id_i 及其在撤销期 t 内的所有同态假名指纹,并调用布谷鸟过滤器的假名状态更改服务,将撤销期内所有同态假名指纹的状态设置为"已撤销"。

④ 由同态加密的加法性质可知,HPP 利用 Paillier 同态解密算法 PHDA 即可获取车辆 OBU_i 的真实身份 id_i,公式如下:

$$D(f(hNym_i)) = D(E(ID_i + 0, r_i))$$

4.7.3 性能分析

在本节中,基于布谷鸟滤波器的优势,分析了 TriNymAuth 的计算成本、通信成本,并与文献[63]、[64]进行了性能对比。

4.7.3.1 布谷鸟滤波器的优势

本节采用的布谷鸟过滤器结合了 CCF_F(过滤器级别过滤器)和 CCF_B(桶级别过滤器),通过实验分析可知,TriNymAuth 在查询、插入方面的时间开销如下:

（1）查询开销

表4.6给出了只使用过滤器级别（CCF_F）和只使用桶级别（CCF_B）弹性容量的布谷鸟过滤器的批量验证时间开销，可以看出CCF_B要稍优于CCF_F，CCF_F查询的时间复杂度约为$o(k \cdot s \cdot \log(m/s))$，$CCF_B$约为$o(k \cdot \log m)$，前者相比后者多了一个常数因子$s$，其中$m$为过滤器中的存储桶总数，$s$为索引独立的布谷鸟过滤器（I2CF）的数量，$k$为哈希函数的数量。

表4.6　CCF_F和CCF_B不同批量同态假名验证数目的时间开销　　　单位：ns

数目	10	11	12	13	14	15
CCF_F	28148	31835	34255	37253	39963	42523
CCF_B	16147	17537	19198	21026	22339	25392

（2）插入开销

表4.7对比了CCF_F和CCF_B的平均插入时间开销。由于在CCF_B的插入过程中发生了大量重定位，因此CCF_B插入的时间开销较大，而且可能伴随有"数据偏移"的现象[65]，数据偏移指的是哈希环上两个桶之间的距离极为接近从而导致大部分数据只能分配到其中一个桶中，使得哈希环上实际存在足够的空桶但依然表现为负载因子过高，从而导致重定位次数剧增，设 max 为重定位次数上限，m为桶的数量，插入的时间复杂度为$o(\max \cdot \log m)$；CCF_F的插入时间复杂度为$o(\max \cdot \log(m/s))$，因此它的插入时间比CCF_B要小，并且s越小它的插入时间越少，但代价是增加了查询和删除的时间，因为它们需要遍历所有的I2CF，考虑极端情况$s=m$，不难想象过滤器会退变为链表，查询和删除的时间复杂度会增加到线性级别。

表4.7　CCF_F和CCF_B的平均插入时间开销　　　单位：μs

布谷鸟过滤器	时间
CCF_F	2.53044
CCF_B	11.7409

TriNymAuth 采用的布谷鸟滤波器综合了CCF_F与CCF_B，实际的时间开销介于二者之间，大约在$10\mu s$。

（3）空间开销

图4.29分析了CCF_F、CCF_B的空间利用率的累积分布函数（cumulative distribution function，CDF）。可以看出，CCF_B 和 CCF_F 分别在大约 63% 和 50% 的情况下空间利用率超过了 80%。由此可知，结合了 CCF_F 和 CCF_B 的 CCF 弹性较好、空间利用率较高，更适合动态数据集表示。在车联网系统中，提高同态假名管理系统的空间利用率可以让系统有更多的空闲内存，使系统可以同时执行更多更复杂的任务。

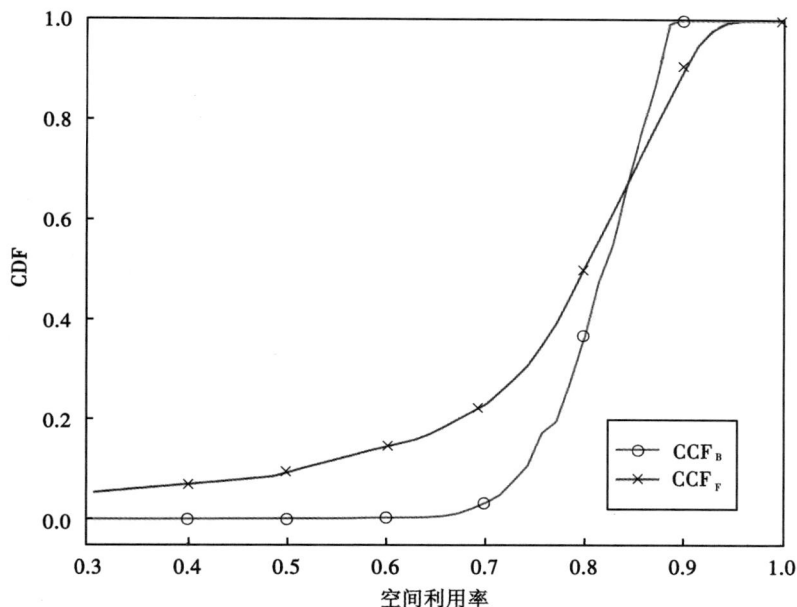

图 4.29 CCF_F 和 CCF_B 在同一工作流下空间利用率的 CDF

（4）假阳率

TriNymAuth 从原数据集的同态假名中随机选择某个字节，与随机生成的另一个字节执行异或运算后代替同态假名中的被选字节，得到测试数据集，并去除掉与原数据集的交集。将原数据集的同态假名插入到布谷鸟过滤器后，在过滤器中对测试数据集中的同态假名执行查询操作，统计 CCF_F 和 CCF_B 分别在指纹长度为 16 b 和 32 b 下的假阳率，结果如表 4.8 所示。

表 4.8 CCF$_F$ 和 CCF$_B$ 在不同指纹长度下的假阳率

指纹长度	$f = 16$ b	$f = 32$ b
CCF$_F$	0.620436	0.0014212
CCF$_B$	0.620436	0.0014212

由此可知，相比指纹长度为 16 b，当指纹长度为 32 b 时，CCF$_F$ 和 CCF$_B$ 的假阳率降低到了约 0.1%，空间利用率有了显著提高。因此，在实际应用中指纹长度的配置应当大于或等于 32B。

4.7.3.2 计算成本分析与比较

本节利用布谷鸟过滤器查询同态假名的方式来验证车联网同态假名的有效性，相比于传统的匿名身份认证方案采用复杂的数学计算实现身份认证，大幅度减少了时间开销。

在 SPACF[63] 中单个消息验证的计算开销为：$2T_{e.m} + 1T_{e.a} \approx 0.8859(\text{ms})$，多个消息的批量验证计算开销为：$2T_{e.m} + nT_{e.m} + nT_{e.a} + nT_h \approx 0.0157n + 0.884(\text{ms})$，其中，$T_{e.m}$ 表示与 ECC 相关的点乘 $x \cdot P$ 的执行时间，$P \in G$，$x \in Z_q^*$；$T_{e.sm}$ 表示应用于小指数测试技术的点乘 $v_i \cdot P$ 的执行时间，$P \in G$，$v_i \in [1, 2^t]$，v_i 是一个小的随机整数，t 是一个小整数；$T_{e.a}$ 表示与 ECC 相关的点加 $P+Q$ 的执行时间，$P, Q \in G$；T_h 表示单向哈希函数操作的执行时间。

在文献[64]中单个消息验证的计算开销为 0.004 ms，多个消息的批量验证计算开销为 $n = 0.004$ ms。

根据布谷鸟过滤器的查询开销可知，TriNymAuth 在单个消息验证时的计算开销为：1689 ns(CCF$_B$) 及 2934 ns(CCF$_F$)，在多个消息的批量验证的计算开销为：n1689 ns(CCF$_B$) 及 n2934 ns(CCF$_F$)。

图 4.30 给出了 TriNymAuth 与 SPACF[63] 和 Alazzawi[64] 在批量验证计算成本上的比较。

4.7.4 总结

本节提出一种基于布谷鸟滤波器的假名撤销方案(TriNymAuth)。基于布谷鸟滤波器查询实现同态假名有效性的高效验证；RSU 采用本地假名广播机制解决 CRL 分发问题。实验表明，基于综合了 CCF$_F$ 与 CCF$_B$ 的布谷鸟滤波器的插入开销在 10μs 左右，查询开销达到了纳秒级，在大于 50% 的情况下空间利用率超过了 80%，空间利用率较高，且在指纹长度为 32 b 时，假阳率低至 0.1%。

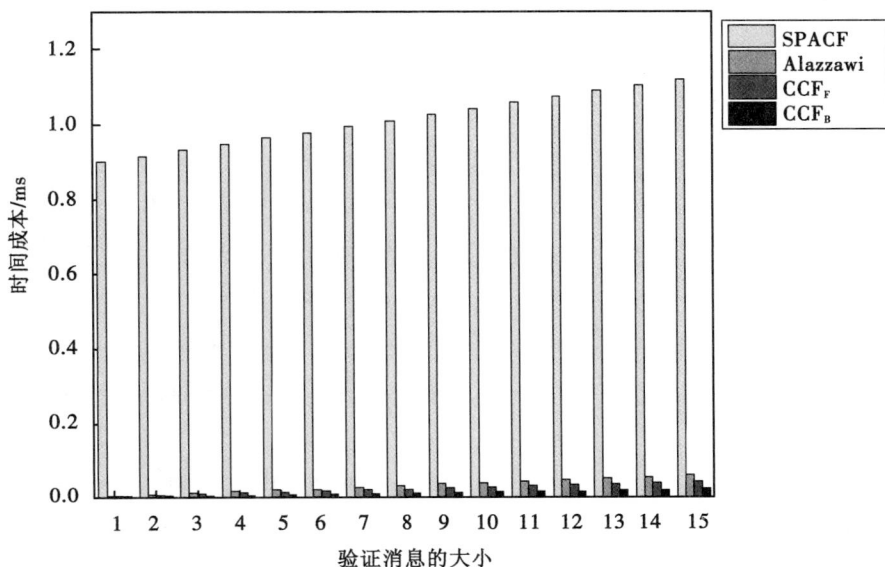

图 4.30 批量验证计算成本比较

参考文献

[1] Wei Y, Chen Y, Shan H.Beacon-based trust management for location privacy enhancement VANETs[C].13th Asia-Pacific Network Operations and Management Symposium, 2011: 1-8.

[2] Zhang M, Ali G G M N, Chong P H J, et al.A novel hybrid mac protocol for basic safety message broadcasting in vehicular networks[J].IEEE Transactions on Intelligent Transportation Systems, 2019, 21(10): 4269-4282.

[3] Yang Y, Zhang L, Zhao Y, et al.Privacy-preserving aggregation-authentication scheme for safety warning system in fog-cloud based VANET[J].IEEE Transactions on Information Forensics and Security, 2022(17): 317-331.

[4] Coruh U, Bayat O. ESAR: enhanced secure authentication and revocation scheme for vehicular ad hoc networks[J].Journal of Information Security and Applications, 2022, 64: 1-16.

[5] Lin J.Divergence measures based on the Shannon entropy[J].IEEE Transac-

tions on Information Theory, 1991, 37(1): 145-151.

[6] Raya M, Hubaux J P.Securing vehicular ad hoc networks[J].Computer Security, 2007, 15(1): 39-68.

[7] Lee J, Stam M.MJH: a faster alternative to MDC-2[C].Cryptographers' Track at the RSA Conference.Berlin: Springer-Verlag, 2011: 213-236.

[8] Malik N, Nanda P, He X, et al.Trust and reputation in vehicular networks: a smart contract-based approach[C].2019 18th IEEE International Conference on Trust, Security and Privacy in Computing and Communications/13th IEEE International Conference on Big Data Science and Engineering(TrustCom/Big-DataSE), IEEE, 2019: 34-41.

[9] Yang Z, Zheng K, Yang K, et al.A blockchain-based reputation system for data credibility assessment in vehicular networks[C].2017 IEEE 28th Annual International Symposium on Personal, Indoor, and Mobile Radio Communications(PIMRC), IEEE, 2017: 1-5.

[10] Boualouache A, Moussaoui S.Urban pseudonym changing strategy for location privacy in VANETs[J].International Journal of Ad Hoc and Ubiquitous Computing, 2017, 24(1/2): 49-64.

[11] Zheng D, Jing C, Guo R, et al.A traceable blockchain-based access authentication system with privacy preservation in VANETs[J].IEEE Access, 2019 (7): 117716-117726.

[12] Engoulou R G, Bellaiche M, Halabi T, et al.A decentralized reputation management system for securing the internet of vehicles[C].2019 International Conference on Computing, Networking and Communications(ICNC), IEEE, 2019: 900-904.

[13] Dhurandher S K, Obaidat M S, Jaiswal A, et al.Vehicular security through reputation and plausibility checks[J].IEEE Systems Journal, 2014, 8(2): 384-394.

[14] Li X, Liu J, Li X, et al.RGTE: a reputation-based global trust establishment in VANETs[C].2013 5th International Conference on Intelligent Networking and Collaborative Systems, IEEE, 2013: 210-214.

[15] Mármol F G, Pérez G M.TRIP: a trust and reputation infrastructure-based

proposal for vehicular ad hoc networks[J].Journal of Network and Computer Applications, 2012, 35(3): 934-941.

[16] Boualouache A, Senouci S, Moussaoui S.PRIVANET: an efficient pseudonym changing and management framework for vehicular ad-hoc networks[J]. IEEE Transactions on Intelligent Transportation Systems, 2020, 21 (8): 3209-3218.

[17] Luo B, Li X, Weng J, et al.Blockchain enabled trust-based location privacy protection scheme in VANET[J].IEEE Transactions on Vehicular Technology, 2020, 69(2): 2034-2048.

[18] Kim S.Blockchain for a trust network among intelligent vehicles[J].Advances in Computers, 2018, 111: 43-68.

[19] Yu H, Shen Z, Miao C, et al.A survey of trust and reputation management systems in wireless communications[J].Proceedings of the IEEE, 2010, 98 (10): 1755-1772.

[20] 苟晨晨, 边珊.VANET 中的隐私保护研究[J].无线互联科技, 2017(17): 9-10.

[21] Gedik B, Liu L.Protecting location privacy with personalized k-anonymity: architecture and algorithms [J]. IEEE Transactions on Mobile Computing, 2008, 7(1): 1-18.

[22] Papadimitratos P, Buttyan L, Holczer T, et al.Secure vehicular communication systems: design and architecture[J].IEEE Communications Magazine, 2008, 46(11): 100-109.

[23] Ghosal A, Conti M.Security issues and challenges in V2X: a survey[J]. Computer Networks, 2020, 169: 107093.

[24] Alnasser A, Sun H, Jiang J.Cyber security challenges and solutions for V2X communications: a survey[J].Computer Networks, 2019, 151: 52-67.

[25] Soleymani S A, Goudarzi S, Anisi M H, et al.A security and privacy scheme based on node and message authentication and trust in fog-enabled VANET [J].Vehicular Communications, 2021(29): 100335.

[26] Förster D, Kargl F, Löhr H.PUCA: a pseudonym scheme with user-controlled anonymity for vehicular ad-hoc networks(VANET)[C].2014 IEEE

Vehicular Networking Conference(VNC),IEEE, 2014:25-32.

[27] Singh A, Fhom H S.Restricted usage of anonymous credentials in vehicular ad hoc networks for misbehavior detection[J].International Journal of Information Security, 2017(16):195-211.

[28] Zhang J, Zhao Y, Wu J, et al.LVPDA:a lightweight and verifiable privacy-preserving data aggregation scheme for edge-enabled IoT[J].IEEE Internet of Things Journal, 2020, 7(5):4016-4027.

[29] Boualouache A, Senouci S M, Moussaoui S.A survey on pseudonym changing strategies for vehicular ad-hoc networks[J].IEEE Communications Surveys & Tutorials, 2017, 20(1):770-790.

[30] Ying B, Makrakis D, Hou Z.Motivation for protecting selfish vehicles' location privacy in vehicular networks[J].IEEE Transactions on Vehicular Technology, 2015, 64(12):5631-5641.

[31] Du S, Zhu H, Li X, et al.MixZone in motion:achieving dynamically cooperative location privacy protection in delay-tolerant networks[J].IEEE Transactions on Vehicular Technology, 2013, 62(9):4565-4575.

[32] Feukeu E A, Djouani K, Kurien A.Performance evaluation of the ADSA in a vehicular network:MAC approach in IEEE 802.11p[J].Journal of Ambient Intelligence and Humanized Computing, 2015, 6(3):351-360.

[33] Kenney J B.Dedicated short-range communications(DSRC) standards in the united states[J].Proceedings of the IEEE, 2011, 99(7):1162-1182.

[34] Paridel K, Mantadelis T, Yasar A U H, et al.Analyzing the efficiency of context-based grouping on collaboration in VANETs with large-scale simulation [J].Journal of Ambient Intelligence and Humanized Computing, 2014, 5 (4):475-490.

[35] Chen X, Zhang F, Konidala D M, et al.A new id-based group signature scheme from bilinear pairings[R].Cryptology Eprint Archive Report, 2003:585-592.

[36] Huang D, Misra S, Verma M, et al.PACP:an efficient pseudonymous authentication-based conditional privacy protocol for VANETs[J].IEEE Transactions on Intelligent Transportation Systems, 2011, 12(3):736-746.

[37] He D, Zeadally S, Kumar N, et al.Efficient and anonymous mobile user authentication protocol using self-certified public key cryptography for multiserver architectures[J].IEEE Transactions on Information Forensics and Security, 2016, 11(9): 2052-2064.

[38] Wiedersheim B, Ma Z, Kargl F, et al.Privacy in inter-vehicular networks: why simple pseudonym change is not enough[C].2010 Seventh International Conference on Wireless On-demand Network Systems and Services(WONS), 2010: 176-183.

[39] Caballero-Gil C, Molina-Gil J, Hernández-Serrano J, et al.Providing k-anonymity and revocation in ubiquitous VANETs[J].Ad Hoc Networks, 2016, 36(P2): 482-494.

[40] Solanas A, Martínez-Ballesté A.Privacy protection in location-based services through a public-key privacy homomorphism[C].Public Key Infrastructure: 4th European PKI Workshop: Theory and Practice, EuroPKI 2007, Palma de Mallorca.Berlin: Springer-Verlag, 2007: 362-368.

[41] Beresford A R, Stajano F.Location privacy in pervasive computing[J].IEEE Pervasive Computing, 2003, 2(1): 46-55.

[42] Ying B, Makrakis D, Mouftah H T.Dynamic mix-zone for location privacy in vehicular networks[J].IEEE Communications Letters, 2013, 17(8): 1524-1527.

[43] Palanisamy B, Liu L.Mobimix: protecting location privacy with mix-zones over road networks[C].2011 IEEE 27th International conference on data engineering, IEEE, 2011: 494-505.

[44] Lu R, Li X, Luan T H, et al.Pseudonym changing at social spots: an effective strategy for location privacy in VANETs[J].IEEE Transactions on Vehicular Technology, 2012, 61(1): 86-96.

[45] Wasef A, Shen X.REP: location privacy for VANETs using random encryption periods[J].Mobile Networks & Applications, 2010, 15(1): 172-185.

[46] Myers M, Ankney R, Malpani A, et al.X.509 Internet public key infrastructure online certificate status protocol-OCSP[R].1999.

[47] Bißmeyer N.Misbehavior detection and attacker identification in vehicular ad

hoc networks[D].Berlin：Technische Universität, 2014.

[48] Khodaei M, Jin H, Papadimitratos P.Towards deploying a scalable & robust vehicular identity and credential management infrastructure[J].IEEE Vehiculer Networking Conference(VNC), 2014(12)：33-40.

[49] Khodaei M, Jin H, Papadimitratos P.SECMACE：scalable and robust identity and credential management infrastructure in vehicular communication systems[J].IEEE Transactions on Intelligent Transportation Systems, 2017(6)：1430-1444.

[50] Raya M, Papadimitratos P, Hubaux J P.Securing vehicular communications [J].IEEE Wireless Communications, 2006, 13(5)：8-15.

[51] Khodaei M, Papadimitratos P.Evaluating on-demand pseudonym acquisition policies in vehicular communication systems[C].Proceedings of the First International Workshop on Internet of Vehicles and Vehicles of Internet, 2016：7-12.

[52] Gañán C, Muñoz J L, Esparza O, et al.Toward revocation data handling efficiency in VANETs[C].Proceedings of the 4th International Conference on Communication Technologies for Vehicles, 2012.

[53] Haas J J, Hu Y C, Laberteaux K P.Efficient certificate revocation list organization and distribution[J].IEEE Journal on Selected Areas in Communications, 2011, 29(3)：595-604.

[54] Rigazzi G, Tassi A, Piechocki R J, et al.Optimized certificate revocation list distribution for secure V2X communications[C].2017 IEEE 86th Vehicular Technology Conference(VTC-Fall), IEEE, 2017：1-7.

[55] Tarkoma S, Rothenberg C E, Lagerspetz E.Theory and practice of bloom filters for distributed systems[J].IEEE Communications Surveys & Tutorials, 2012, 14(1)：131-155.

[56] Haas J J, Hu Y C, Laberteaux K P.Design and analysis of a lightweight certificate revocation mechanism for VANET[C].Proceedings of the 6th ACM International Workshop on Vehicular Internet Working, 2009：89-98.

[57] Laberteaux K P, Haas J J, Hu Y C.Security certificate revocation list distribution for VANET[C].Proceedings of the 5th ACM International Workshop

on Vehicular Internet Working, 2008：88-89.

[58] Sun Y, Lu R, Lin X, et al.An efficient pseudonymous authentication scheme with strong privacy preservation for vehicular communications [J]. IEEE Transactions on Vehicular Technology, 2010, 59(7)：3589-3603.

[59] Zhang C, Lin X, Lu R, et al.RAISE：an efficient RSU-aided message authentication scheme in vehicular communication networks[C].2008 IEEE International Conference on communications, IEEE, 2008：1451-1457.

[60] Sarakis L, Orphanoudakis T, Leligou H C, et al.Providing entertainment applications in VANET environments [J]. IEEE Wireless Communications, 2016, 23(1)：30-37.

[61] Abboud K, Omar H A, Zhuang W.Interworking of DSRC and cellular network technologies for V2X communications：a survey[J].IEEE Transactions on Vehicular Technology, 2016, 65(12)：9457-9470.

[62] Yao L, Wang J, Wang X, et al.V2X routing in a VANET based on the hidden Markov model[J].IEEE Transactions on Intelligent Transportation Systems, 2017, 19(3)：889-899.

[63] Cui J, Zhang J, Zhong H, et al.SPACF：a secure privacy-preserving authentication scheme for VANET with cuckoo filter[J].IEEE Transactions on Vehicular Technology, 2017, 66(11)：10283-10295.

[64] Alazzawi M A, Lu H, Yassin A A, et al.Robust conditional privacy-preserving authentication based on pseudonym root with cuckoo filter in vehicular ad hoc networks[J].KSII Transactions on Internet and Information Systems (TIIS), 2019, 13(12)：6121-6144.

[65] Karger D, Lehman E, Leighton T, et al. Consistent hashing and random trees：distributed caching protocols for relieving hot spots on the world wide web[C].Proceedings of the 29th Annual ACM Symposium on Theory of Computing, 1997：654-663.

第 5 章　车联网通信系统基础应用

5.1　引言

在 VANETs 中，车辆可以通过无线链路相互通信。在 V2V 通信中，通常会交换安全和娱乐消息，以保证每辆车获得不同的应用服务，如交通安全和信息娱乐。此外，车辆与路边单元（RSU）之间的车辆到路边（V2R）通信也是 VANETs 的重要组成部分，它可以为车辆提供网络服务和更准确的应用服务，如交通探测。通常来讲，依赖于 VANETs 的应用可分为安全应用、效率应用和娱乐应用。

① 安全应用。在安全应用场景中，配备 DSRC 设备的车辆定期通过信标信息广播其状态，包括速度和方向。根据信标和自身轨迹，其他车辆能够判断是否存在碰撞的可能性。同时，RSU 还播放有关周围道路状况的安全信息，如换道协助和违反交通标志警告。此类安全相关应用可有效避免因车辆堵塞和路况不佳而导致的交通事故。

② 效率应用。通过 V2V 和 V2R 通信，车辆可以了解附近地区的交通拥堵状态和红绿灯信息，并调整速度和行驶路径。此类应用，如拥堵道路通知，可以提高交通效率并降低能耗。

③ 娱乐应用。有几种传统应用可以增强驾驶者或乘客的车内体验，比如带有可选 CD/DVD 播放机的 AM/FM 收音机接收器。然而，这些应用程序通常无法根据用户的需求提供动态娱乐服务。用户通常是被动消费者，而不是主动参与者。为了改善这种情况，凯迪拉克、OnStar、雪佛兰提出了一系列与娱乐相关的应用程序，以提供如新闻、音乐、比赛等丰富的服务。

然而，由于无线网络环境的开放性，在车联网内应用的通信过程中，攻击者能够监听并收集周边车辆传输的数据。如果没有有效的机制保护数据的安全性，不仅攻击者可以获取数据中包含的信息，还存在泄露车辆隐私的风险。此外，如果攻击者向车辆内所加载的应用发动攻击，很容易威胁其他车辆的驾驶安全。因此，在车联网通信系统内的应用在设计、开发和使用过程中，需充分考虑系统的安全性，保护车辆的隐私及驾驶安全，以保障车联网的持续快速发展。

本章基于上述场景提出了多种安全高效的应用服务。

5.2 基于 CP-ABE 的数据共享方案在车联网中的应用

车联网作为一种特殊的移动自组织网络（mobile ad-hoc network，MANET），能够实现车辆与路边基础设施之间的快速互连，从而保证车辆获得连续稳定的网络服务。作为车联网支持的重要服务之一，数据共享服务支持车辆及时获取感兴趣的数据信息（如路况信息）并改善驾驶者的体验。然而，由于无线网络通信环境的影响，攻击者很容易伪造共享数据，混淆周围车辆，或者通过收集周围车辆共享的数据来侵犯车辆的隐私，这可能误导驾驶者，甚至导致严重的交通事故。本节提出了一种安全的车联网数据共享方案。通过集成基于密文策略属性的加密机制（CP-ABE），设定动态数据访问策略，数据发送方能够自主确定获取共享数据的车辆的策略，任何满足其要求的车辆能够通过 RSU 及时获取所需数据。与此同时，为了保护数据发送方的隐私安全，任何获取数据的车辆无法通过数据获得数据发送方的隐私信息。安全性分析与性能分析结果表明，与传统方案相比，该方案的安全性和性能方面更适合车联网大规模部署的应用场景。

5.2.1 系统概述

5.2.1.1 网络架构

如图 5.1 所示，方案的系统架构包含可信权威机构（TA），云服务提供商（cloud service provider，CSP），路边单元（RSU）以及车辆。

① TA：作为可信的第三方机构，负责生成系统公共参数，为车辆及 RSU 提供注册服务，经过 TA 注册的车辆能够利用其身份信息及签名向 CSP 申请基

于属性的私钥。

② 云服务提供商：负责为注册的车辆颁发基于属性的私钥；以支持数据提供方能够自主确定共享数据内容及访问权限，满足访问策略的数据接收方能够及时获取所需数据。

③ RSU：能够通过 V2I 通信收集被认证为合法的附近车辆的数据，并及时将数据共享给其他车辆。

④ 车辆：作为数据所有者可以向受信任的 RSU 发送数据，并通过 CP-ABE 机制确定数据访问策略。同时，满足访问策略的数据接收车辆，可以获取来自 RSU 中存储的数据并及时解析。

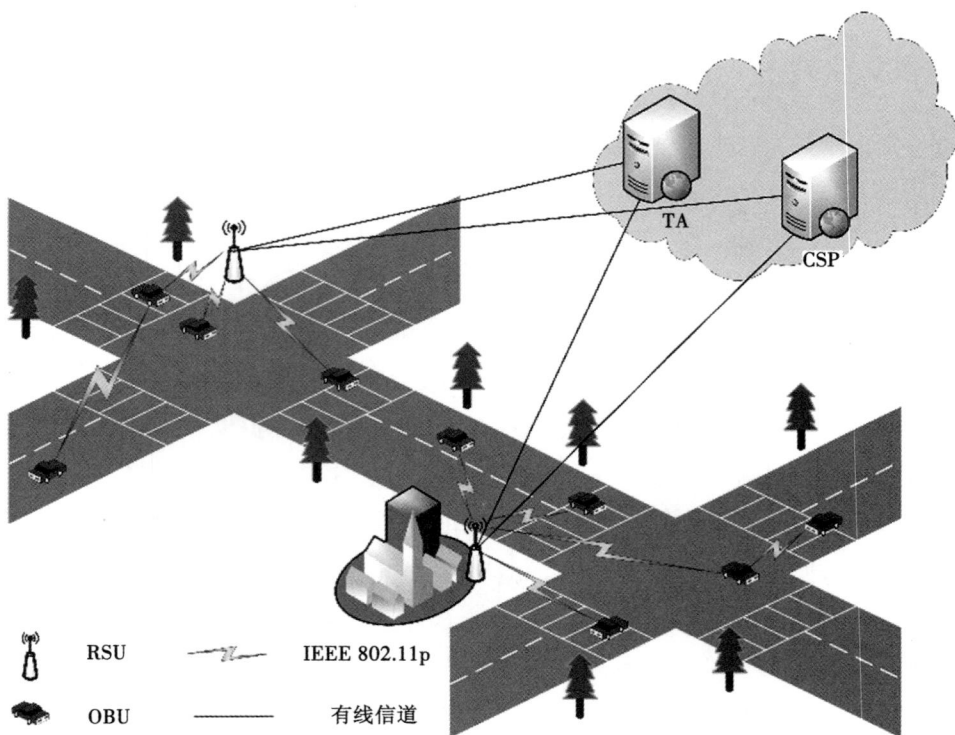

图 5.1　网络架构

5.2.1.2　安全性假设

为了确保数据的安全性和可靠性，做出了以下安全性假设：

假设 1：TA 被认为是完全可信的实体，其长期保持在线状态并受到机构监管，保证其无法被攻击。

假设 2：CSP 能够根据车辆注册协议，基于车辆的属性列表生成合法的数据共享私钥。

假设 3：RSU 对所存储的信息是好奇的，这意味着 RSU 可能通过存储在本地的密文分析出其所存储的真实信息或尝试获得未经授权的访问权限。

假设 4：未满足访问权限的车辆尝试通过伪装自身属性，获取存储于 RSU 的数据信息。

假设 5：在本节所提出的基于 CP-ABE 的数据共享方案中，假设未经认证的车辆存在是非法车辆的风险，因此，未经 RSU 认证的车辆无法通过 RSU 上传数据。

5.2.1.3　安全性要求

① 用户隐私：车辆的真实身份对 CSP、RSU 和其他车辆隐藏，这意味着 RSU 在认证和提供服务时无法获得车辆的真实身份。同时，数据接收者无法根据获取的数据确定数据共享者的真实身份。

② 数据机密性：不符合访问策略的实体无法通过密文获取任何与明文相关的信息。

③ 抗碰撞性：相互勾结的恶意车辆无法通过组合它们的属性来解密密文。只有属性集满足密文中嵌入的访问策略的有效用户才能对其进行解密。

④ 撤销：应记录所有数据共享操作。一旦发现违法行为，应及时撤销违法主体及其存储的数据。

⑤ 防篡改及伪造：在保证数据保密的基础上，RSU 不能伪造或篡改数据。

5.2.2　基于 MPC 的 VANETs 道路预警方案

5.2.2.1　CSP 系统初始化

在 CSP 系统初始化中，依赖于 TA 系统初始化所公开的系统参数，CSP 选择主密钥并计算基于属性的私钥，以支持车辆数据共享服务。

① 如表 5.1 所示，CSP 定义 n 个属性 $\{Attr_1, Attr_2, \cdots, Attr_n\}$，每个属性拥有三个值 $\{Attr_i^+, Attr_i^-, Attr_i^*\}$，其中 $Attr_i^+$ 表示拥有该属性，$Attr_i^-$ 表示无该属性，$Attr_i^*$ 为对该属性不关心。

② CSP 选择主密钥 $\alpha, \beta \in Z_q^*$ 并计算公钥 $PK_{CSP} = \{h, PK_i, PK_2, \cdots, PK_N, PK_{N+2}, \cdots, PK_{2N}\}$，其中 $PK_i = \alpha^i \cdot P$，$N = 3n$，$H = \beta \cdot p$。

③ CSP 广播其公钥 PK_{CSP} 到整个网络并保存主密钥 α, β。

表 5.1　属性值映射表

属性	$Attr_1$	$Attr_2$	$Attr_3$	$\cdots$	$Attr_k$
$Attr_i^+$	1	2	3	$\cdots$	n
$Attr_i^-$	$n+1$	$n+2$	$n+3$	$\cdots$	$2n$
$Attr_i^*$	$2n+1$	$2n+2$	$2n+3$	$\cdots$	$3n$

5.2.2.2　车辆注册协议

每一个向 TA 完成认证的合法车辆能够向 CSP 注册以保证其能够获得数据共享服务。

① 车辆 v 计算车辆会话密钥 $seesionKey_{v-CSP} = sk_v^i H$ 并采用 BLS 签名机制签名 ps_v^i, 时间戳 ts, 挑战值 n_1, 会话密钥协商参数 $sk_v^i \cdot P$ 得到签名

$$Sign_v = \text{Sign}\{sk_v^i, ps_v^i \parallel ts \parallel n_1 \parallel sk_v^i \cdot P\} = sk_v^i H_0(ps_v^i \parallel ts \parallel n_1 \parallel sk_v^i \cdot P)$$

② 车辆发送假名 ps_v^i, 时间戳 ts, 挑战值 n_1, 会话密钥协商参数 $sk_v^i \cdot P$ 以及签名 $Sign_v$ 到 CSP。

③ CSP 分别确认时间戳 ts 并通过等式 $e(P, Sign_v) = e(PK_{TA}, H_0(ps_v^i \parallel ts \parallel n_1 \parallel sk_v^i \cdot P))$ 是否成立验证签名 $Sign_v$, 如果车辆 v 被认为是合法车辆, 对于包含属性列表 $List_v = \{list_v[i]_{i \in [1, n]}\} \in Z_q^*$ 的车辆, CSP 选择 n 个随机数 $\{r_i\}_{i \in [1, n]}$, 并计算 $r = \sum_{i=1}^n r_i$。然后 CSP 计算车辆的数据共享私钥 $SK_v = \{T, \{T_i\}_{i \in [1, n]}, \{F_i\}_{i \in [1, n]}\}$, 其中 $T = r \cdot H$, $T_i = (\alpha^{list_v[i]} + r_i) \cdot H$, $F_i = (\alpha^{2k+i} + r_i) \cdot H$。最后, CSP 计算会话密钥 $K_{CSP-v} = \beta \cdot sk_v^i \cdot P$ 并利用 AES 加密算法加密数据共享私钥 sk_v 得到 $C_{CSP-v} = \text{Enc}\{sessionKey_{CSP-v}, sk_v\}$。

④ CSP 发送密文 C_{CSP-v} 到车辆 v。

⑤ 当收到来自 CSP 的密文后, 车辆 v 解密 C_{CSP-v} 并保存 sk_v。

5.2.2.3　数据共享协议

被 TA 认证及从 CSP 获取私钥的车辆能够向与 RSU 经过双向认证的车辆发送共享数据。同时满足数据访问策略的其他车辆能够通过 RSU 获取所需数据。

① 持有数据 m 的车辆 v_i 确定对于 n 个属性的访问策略 W_{v_i} 并选择随机数 $d \in Z_q^*$ 计算对称加密密钥 $k = e(PK_N, PK_1)^{n \cdot d}$。车辆 v_i 加密数据 m 得到密文 $C_{v_i} = \text{Enc}\{k, m\}$。并计算 $C_{v_i}^0 = d \cdot P$, $C_{v_i}^1 = d \cdot (h + \sum_{i \in W_{v_i}} PK_{N+1-i})$。车辆 v_i 通过移

除去 $Attr_i^*$ 之外的全部属性以匿名化访问策略设定 $W'_{v_i} = W_{v_i} \cap \{Attr_i^*\}_{i \in [1, n]}$。最后，车辆 v_i 得到关于数据 m 的密文：$\{W'_{v_i}, C_{v_i}, C_{v_i}^0, C_{v_i}^1\}$；

② 车辆 v_i 经由安全信道发送密文 $\{W'_{v_i}, C_{v_i}, C_{v_i}^0, C_{v_i}^1\}$ 到 RSU。

③ RSU 本地存储来自车辆 v_i 的密文，以及车辆的身份信息。

④ 如果在 RSU 通信范围内的其他车辆(v_j)向 RSU 申请获得感兴趣的数据，车辆 v_j 构建本地策略 W_{v_j} 向 RSU 申请获取数据。

⑤ RSU 根据请求查询存储数据并将密文 $\{W'_{v_i}, C_{v_i}, C_{v_i}^0, C_{v_i}^1\}$ 发送给车辆 v_j。

⑥ 当收到来自 RSU 的密文 $\{W'_{v_i}, C_{v_i}, C_{v_i}^0, C_{v_i}^1\}$ 后，车辆 v_j 构建本地策略 $\{W_{v_j}\}_{j \in [1, n]}$，对于 $i \in [1, n]$，车辆 v_j 计算 $V_{i-0} = e(PK_{W_{v_j}[i]}, C_{v_i}^1)$。如果 $W_{v_j}[i] \in List_{v_j}$，车辆 v_j 计算 $V_{i-1} = e\left(T_i + \sum_{j \in W_{v_j}, j \neq W_{v_j}[i]} PK_{N+1-j+W_{v_j}[i]}, C_{v_i}^0\right)$；如果 $W_{v_j}[i] \in \{Attr_{v_j}^*\}_{i \in [1, n]}$，车辆 v_j 计算 $V_{i-1} = e\left(F_i + \sum_{j \in W_{v_j}, j \neq W_{v_j}[i]} PK_{N+1-j+W_{v_j}[i]}, C_{v_i}^0\right)$。

⑦ 最后，车辆 v_j 计算

$$V_{i-0}/V_{i-1} = e(P, P)^{-d \cdot \beta \cdot (r_1 + r_2 + \cdots + r_n) + n \cdot d \cdot \alpha^{N+1}} = e(P, P)^{-d \cdot \beta \cdot \gamma + n \cdot d \cdot \alpha^{N+1}}$$

$$e(T, C_{v_i}^0) = e(P, P)^{-d \cdot \beta \cdot r}$$

密文对称加密密钥能够通过计算

$$K = e(P, P)^{-d \cdot \beta \cdot (r_1 + r_2 + \cdots + r_n) + n \cdot d \cdot \alpha^{N+1}} \cdot e(T, C_{v_i}^0)$$

$$= e(P, P)^{n \cdot d \cdot \alpha^{N+1}}$$

$$= e(PK_N, PK_1)^{n \cdot d}$$

得到。最后车辆 v_j 利用 AES 算法加密密文 C_{v_i} 得到数据 m。

5.2.3 安全性分析

本小节首先对数据共享协议中数据拥有者所上传的基于属性加密密文的正确性进行证明，保证满足访问策略的车辆能够通过密文获取所需的数据。然后对基于属性的签名机制进行形式化的安全性分析。最后对方案进行定性的安全分析。

5.2.3.1 正确性分析

定理 5.1：在数据共享协议中，通过基于属性加密机制加密消息 m 得到密文 $W'_{v_i}, C_{v_i}, C_{v_i}^0, C_{v_i}^1$，如果满足访问策略的实体能够解密通过基于属性加密机制加密消息 m 得到的密文 $W'_{v_i}, C_{v_i}, C_{v_i}^0, C_{v_i}^1$ 获取消息 m，则密文被认定为正确的。

证明：给定 n 个属性的访问策略 W_v 及消息 m，密文生成细节如下：

$$K = e(PK_N, PK_1)^{n \cdot d}, \quad d \in Z_q^*$$

$$C_{v_i} = \text{Enc}\{k, m\}$$

$$C_{v_i}^0 = d \cdot P$$

$$C_{v_i}^1 = d \cdot (H + \sum_{i \in W_{v_i}} PK_{N+1-i})$$

对于给定密文 W_{v_i}'，C_{v_i}，$C_{v_i}^0$，$C_{v_i}^1$，满足条件的车辆 v_j 通过构建本地访问策略 $\{W_{v_j}\}_{j \in [1, n]}$ 通过如下算法获取对称加密密钥 K：

$$V_{i-0} = e(PK_{W_{v_j}[i]}, C_{v_i}^1)$$

$$= e\left(\alpha^{W_{v_j}[i]} \cdot P, \; d \cdot \left(H + \sum_{i \in W_{v_j}} PK_{N+1-i}\right)\right)$$

$$= e\left(\alpha^{W_{v_j}[i]} \cdot P, \; d \cdot \left(\beta \cdot P + \sum_{i \in W_{v_i}} \alpha^{N+1-i} \cdot P\right)\right)$$

$$= e(P, P)^{\alpha^{W_{v_j}[i]} \cdot d \cdot (\beta + \sum_{i \in W_{v_i}} \alpha^{N+1-i})}$$

$$= e(P, P)^{d \cdot \beta \cdot \alpha^{W_{v_j}[i]} \cdot d \cdot \sum_{i \in W_{v_i}} \alpha^{N+1-i+W_{v_j}[i]}}$$

For $W_{v_j}[i] \in List_{v_j}$：

$$V_{i-1} = e\left(T_i + \sum_{j \in W_{v_j}, \, j \neq W_{v_j}[i]} PK_{N+1-j+W_{v_j}[i]}, \; C_{v_i}^0\right)$$

$$= e\left((\alpha^{list_v[i]} + r_i) \cdot H + \sum_{j \in W_{v_j}, \, j \neq W_{v_j}[i]} PK_{N+1-j+W_{v_j}[i]}, \; d \cdot P\right)$$

$$= e\left((\alpha^{W_{v_j}[i]} + r_i) \cdot \beta \cdot P + \sum_{j \in W_{v_j}, \, j \neq W_{v_j}[i]} \alpha^{N+1-j+W_{v_j}[i]}P, \; d \cdot P\right)$$

$$= e(P, P)^{((\alpha^{W_{v_j}[i]}+r_i) \cdot \beta + \sum_{j \in W_{v_j}, \, j \neq W_{v_j}[i]} \alpha^{N+1-j+W_{v_j}[i]}) \cdot d}$$

$$= e(P, P)^{d \cdot \beta(\alpha^{W_{v_j}[i]}+r_i) + d \cdot \sum_{j \in W_{v_j}, \, j \neq W_{v_j}[i]} \alpha^{N+1-j+W_{v_j}[i]}}$$

For $W_{v_j}[i] \in \{Attr_{v_j}^*\}_{i \in [1, n]}$：

$$V_{i-1} = e\left(F_i + \sum_{j \in W_{v_j}, \, j \neq W_{v_j}[i]} PK_{N+1-j+W_{v_j}[i]}, \; C_{v_i}^0\right)$$

$$= e\left((\alpha^{2K+i} + r_i) \cdot H + \sum_{j \in W_{v_j}, \, j \neq W_{v_j}[i]} PK_{N+1-j+W_{v_j}[i]}, \; d \cdot P\right)$$

$$= e\left((\alpha^{W_{v_j}[i]} + r_i) \cdot \beta \cdot P + \sum_{j \in W_{v_j}, \, j \neq W_{v_j}[i]} \alpha^{N+1-j+W_{v_j}[i]}P, \; d \cdot P\right)$$

$$= e(P, P)^{((\alpha^{W_{v_j}[i]}+r_i)\cdot\beta+\sum\limits_{j\in W_{v_j},\, j\neq W_{v_j}[i]}\alpha^{N+1-j+W_{v_j}[i]})\cdot d}$$

$$= e(P, P)^{d\cdot\beta(\alpha^{W_{v_j}[i]}+r_i)+d\cdot\sum\limits_{j\in W_{v_j},\, j\neq W_{v_j}[i]}\alpha^{N+1-j+W_{v_j}[i]}}$$

计算对称密钥 k：

$$\left(\sum_{i=1}^n \frac{V_{i-0}}{V_{i-1}}\right) e(T, C_{v_i}^0) = \left(\sum_{i=1}^n \frac{e(P, P)^{d\cdot\beta\cdot\alpha^{W_{v_j}[i]}+d\cdot\sum\limits_{i\in W_{v_i}}\alpha^{N+1-i+W_{v_j}[i]}}}{e(P, P)^{d\cdot\beta(\alpha^{W_{v_j}[i]}+r_i)+d\cdot\sum\limits_{j\in W_{v_j},\, j\neq W_{v_j}[i]}\alpha^{N+i-j+W_{v_j}[i]}}}\right) e(r\cdot H, d\cdot P)$$

$$= \left(\sum_{i=1}^n e(P, P)^{d\cdot\beta\cdot\alpha^{W_{v_j}[i]}-d\cdot\beta(\alpha^{W_{v_j}[i]}+r_i)}\right) e(r\cdot\beta\cdot P, d\cdot P)$$

$$= \left(\sum_{i=1}^n e(P, P)^{-d\cdot\beta\cdot r_i+d\cdot\alpha^{N+1}}\right) e(P, P)^{d\cdot\beta\cdot r}$$

$$= e(P, P)^{-d\cdot\beta\cdot\sum\limits_{i=1}^n r_i+n\cdot d\cdot\alpha^{N+1}+d\cdot\beta\cdot r}$$

$$= e(P, P)^{-d\cdot\beta\cdot r+n\cdot d\cdot\alpha^{N+1}+d\cdot\beta\cdot r}$$

$$= e(P, P)^{n\cdot d\cdot\alpha^{N+1}}$$

$$= e(\alpha^N\cdot P, \alpha\cdot P)^{n\cdot d}$$

$$= e(PK_N, PK_1)^{n\cdot d}$$

$$= k$$

车辆 v_j 利用对称密钥 k 解密密文 C_{v_i} 获得消息 m。

显然，如果遵循上述算法，在收到合法密文的情况下，满足访问控制权限的车辆 v_j 总能获取消息 m。

5.2.3.2　形式化安全分析

本节方案的安全模型定义为挑战者与敌手之间的游戏，其中安全模型允许敌手能够请求除用于解密挑战密文外的任意私钥。基于安全模型的游戏被定义如下：

初始化：敌手 A 选择挑战访问策略 W，并将该策略发送给 TA。

系统建立：TA 运行系统建立算法并向敌手分发公钥 PK。

阶段 1：敌手 A 向 CSP 提交 L 申请密钥查询（KeyGen query），其中 $L\neq W$。挑战者返回秘密值 SK 作为 L 的应答。该步骤可以被重复多次。

挑战：挑战者 C 运行加密算法获得 $\{<C_0, C_1>, key\}$。挑战者 C 选择随机数 $b\in\{0, 1\}$。设 $key_0=key$ 并选择与 key_0 相同长度的随机密钥 key_1，挑战者 C 发送 $\{<C_0, C_1>, key_b\}$ 到敌手作为该敌手的挑战。

阶段 2：与阶段 1 相同。

猜测：敌手 A 输出猜测 $b' \in \{0, 1\}$，如果 $b' = b$，该敌手 A 赢得游戏。

定理 5.2：如果存在 PPT 敌手 A 以不可忽略的优势赢得游戏，则 A 能够以不可忽略的优势构建算法 A′区分 K-BDHE 多元组。

证明：将本节方案使用的属性签名的 CSP 安全规约到 K-BDHK 假设。首先定义解密代理来模拟碰撞攻击。

定义 5.1（解密代理）：为了模拟碰撞攻击，在游戏中定义 $2n$ 个解密代理。每一个解密代理 $p_i(r) = \beta(\alpha^i + r) \cdot P$，其中 $r \in Z_q^*$，$i \in [1, 2n]$。每一个私钥组件与一个特定属性值关联。

在抵抗访问策略 W 的碰撞攻击模型中，一个满足属性列表 $L \neq W$ 的敌手，与 $x \leqslant n$ 个解密代理合作攻击密文。这种与 x 个解密代理的合作行为称为 x-碰撞（x-collusion），意味着敌手需要 x 个属性值 $\{i_1, i_2, \cdots, i_x\}$ 添加其属性列表 L 中以保证 $L \cup \{i_1, i_2, \cdots, i_x\} = W$。需要指出 0-碰撞（0-collusion）意味着没有解密代理与敌手进行合作。

假设一个敌手 A 以优势 ε 赢得了选择性 PP-CP-ABE 游戏。能够构建一个模拟器 B 以 $\{\varepsilon/2, (1-q)/p)^l \varepsilon/2, (1 - (1 - (1 - q/p)^l)^m) \varepsilon/2\}$ 中最大值的优势攻破决策性 K-BDHE 假设（decisional K-BDHE assumption）。模拟器 B 输入一个随机决策性 K-BDHE 挑战：

$$< s, P, Y_{P, a, n}, H' >$$

其中 $H' \in \{e(P, S)^{\alpha^{(N+1)}}, r\}$，$r \in G_1$。B 在预定义的 CPA 游戏中扮演挑战者的角色：

初始化：敌手 A 向 TA 发送其想要被挑战的访问策略 W。

系统建立：TA 运行 CP-ABE.*Setup* 算法生成公钥 PK 通过选择随机数 $\gamma \in Z_q^*$ 以计算：

$$H = \gamma \cdot P + \left\{ \sum_{j \in W} PK_{N+1-j} \right\}^{-1} = \left(\gamma - \sum_{j \in W} \alpha^{N+1-i} \right) \cdot P = \beta \cdot P$$

得到公钥 $PK = (P, Y_{P, \alpha, n}, h)$。

阶段 1：敌手 A 向 CSP 提交属性列表 L 进行私钥查询，其中 $L \neq W$。如果 $L = W$，CSP 终止游戏。

CSP 首先选择 n 个随机数 $\{r_i\}_{i \in [1, n]} \in Z_q^*$ 并计算 $r = \sum_{i=1}^{k} r_i$。然后 B 生成

$$T = r \cdot \left(\gamma \cdot P + \sum_{j \in W} (PK_{N+1-j})^{-1} \right)$$

$$= r \cdot \left(\gamma - \sum_{j \in W} \alpha^{N+1-j} \right) \cdot P$$

$$= r \cdot \beta \cdot P$$

$$= r \cdot H$$

对于 $\forall i[1, n]$ 且 $W[i]! = L[i]$，B 生成：

$$T_i = \gamma \cdot PK_{L[i]} + \sum_{j \in W} (PK_{N+1-j+L[i]})^{-1} + ur_i \cdot P + \sum_{j \in W} (PK_{N+1-j})^{-r_i}$$

对于 $\forall i \in [1, n]$ 且 $W[i]! = A_i^*$，B 生成：

$$F_i = \gamma \cdot PK_{2n+i} + \sum_{j \in W} (PK_{N+1-j+2n+i})^{-1} + ur_i \cdot P + \sum_{j \in W} (PK_{N+1-j})^{-r_i}$$

需要说明：T_i 和 F_i 是有效的，由于：

$$T_i = \left(\gamma \cdot P + \sum_{j \in W} (PK_{N+1-j})^{-1} \right)^{\alpha^{L[i]}+r_i}$$

$$= (\alpha^{L[i]} + r_i) \cdot H$$

$$F_i = \left(\gamma \cdot P + \sum_{j \in W} (PK_{K+1-j})^{-1} \right)^{\alpha^{2k+1}+r_i}$$

$$= (\alpha^{2k+i} + r_i) \cdot H$$

挑战：模拟器 B 设定 $<C_0, C_1>$ 为 $<s, \gamma \cdot s>$，并向敌手 A 发送挑战 $\{<C_0, C_1>, n \cdot H'\}$。

为了确认该挑战的有效性，在不知道 t 的情况下

$$C_0 = s = t \cdot P$$

$$\gamma \cdot s = t \cdot (\gamma \cdot P)$$

$$= t \cdot \left(\gamma \cdot P + \sum_{j \in W} (PK_{N+1-j})^{-1} + \sum_{j \in W} (PK_{N+1-j}) \right)$$

$$= t \cdot \left(h + \sum_{j \in W} (PK_{N+1-j}) \right)$$

如果 $H = e(P, s)^{\alpha^{N+1}}$，则 $H'^n = key$。

阶段 2：重复阶段 1。

猜测：敌手 A 输出猜测 $b' \in \{0, 1\}$，如果 $b' = 0$，A 猜测 $H = e(P, s)^{\alpha^{N+1}}$。如果 $b' = 1$，A 猜测 H 为一个随机元素。

如果 H 为一个随机元素，则 $\Pr[\beta(s, P, Y_{P, \alpha, N}, H') = 0] = 1/2$。

在考虑当 $H' = e(P, s)^{\alpha^{N+1}}$ 的情况前，需要解释在证明过程中如何利用解密代理。每一个解密代理 $p_i(r)$ 模拟一个由随机数 r 嵌入的合法私钥组件。当调用 $p_i(r)$ 时，A 将随机数 r 作为嵌入在 T_i 或 F_i 的随机数 $r_{i'}$ 的一个猜测，$i \in W$。

实际上，调用解密代理的过程模拟了多个用户的合谋，这些用户组合了各自的私钥组件。

引理 1：假定 A 执行了 q 次只包含一个属性 $i \notin W$ 的私钥查询。A 执行 l 次 $p_i(r)$ 查询。没有一个查询能够返回一个合法私钥组件的概率为 $(1-q/p)^l$。

证明：由于一次查询无法返回任何 q 的一个合法私钥组件的概率为 $1-q/p$。因此，如果 l 次查询都无法成功，其概率为 $\Pr[r \neq r_{i'}] = (1-q/p)^l$，其中 r 为解密代理的随机数，$r_{i'}$ 为嵌入在私钥中的随机数，q 为阶段 1 和阶段 2 私钥查询的次数，l 为调用携带不同 r 的解密代理的次数，$p \in Z_q^*$。

引理 2：假定 A 已经发布了 q 次私钥查询。有 m 个属性侵犯 W，A 查询 m 个解密代理 $p_{i_1}(r_1)$，$p_{i_2}(r_2)$，$\cdots$，$p_{i_m}(r_m)$ l 次，没有一次查询能够返回合法私钥组件的概率为 $(1-(1-q/p)^l)^m$。

证明：单个解密代理失败的概率为 $\Pr[r \neq r_{i'}] = (1-q/p)^l$。所有 m 个解密代理成功返回合法组件的概率为 $(1-(1-q/p)^l)^m$。因此无法实现 m 个解密代理都成功的概率为 $\Pr[r_{i_j} \neq r_{i'_j}, \exists j \leqslant m] = 1-(1-(1-q/p)^l)^m$。

如果 $H = e(P,s)^{\alpha^{N+1}}$，考虑下列场景：

① 0-碰撞（0-collusion）：如果没有解密代理，A 以至少 $\varepsilon/2$ 的优势攻破本节方案。则 B 有至少 ε 的优势攻破 K-BDHE。如：

$$|\Pr[\beta(s, P, Y_{P,\alpha,N}, H')=0]-1/2| \geqslant \varepsilon/2$$

② 1-碰撞（1-collusion）：如果存在一个解密代理 $p_i(r)$，则：

$$\Pr[r \neq r_{i'}] = (1-p/q)^l$$

其中，r 为解密代理随机数；$r_{i'}$ 为嵌入在私钥中的随机数；q 为阶段 1 和阶段 2 私钥查询的次数；l 为调用携带不同 r 的解密代理的次数；$p \in Z_q^*$。如果 $r = r_{i'}$，A 能够用 $p_i(r)$ 作为一个有效的私钥组件构建密文。

如果 A 有至少 ε 的概率攻破本节方案，则 B 至少拥有 $(1-q/p)^l \varepsilon/2$ 的优势攻破 K-BDHE。

③ m-碰撞（m-collusion）：如果存在 m 个解密代理 $p_{i_1}(r_1)$，$p_{i_2}(r_2)$，$\cdots$，$p_{i_m}(r_m)$，其概率为 $\Pr[r_{i_j} \neq r_{i'_j}, \exists j \leqslant m] = (1-(1-q/p)^l)^m$，其中 r_m 是在对于私钥组件 i_m 的第 m 个解密代理组件中的随机数，r_{i_m} 为 A 生成的随机数，q 为阶段 1 和阶段 2 私钥查询的次数，l 为调用携带不同 $r's$ 的 m 个解密代理的次数，$p \in Z_q^*$。

如果 A 有至少 ε 的概率攻破本节方案，则 B 至少拥有 $(1-(1-(1-q/p)^l)^m)\varepsilon/2$

的优势攻破 K-BDHE。

5.2.3.3　定性安全分析

定理 5.3（用户隐私）：用户的身份信息无法被除 TA 之外的其他实体所解析。RSU 和数据接收方无法通过多个密文或数据判断其是否来自相同数据发送方。

证明：在数据共享协议中，对于数据拥有者 v_i，车辆 v_j 仅能通过 RSU 获取密文 W'_{v_i}，C_{v_i}，$C^0_{v_i}$，$C^1_{v_i}$ 而无法通过密文获得与车辆 v_i 隐私相关的任何信息（如车辆 v_i 的身份信息、行驶轨迹等）。对于数据接收方 v_j，尽管其能够被其他实体获取其属性，但由于多个车辆可能拥有相同的属性集。RSU 能够通过车辆的属性确定哪些用户拥有数据的访问权限，但无法根据属性定位到车辆的个人身份及其相关的隐私信息。只有车辆的真实 id 和相应的假名能够确定车辆。但根据第 3 章及第 4 章所提出的方案，车辆的真实身份无法被除 TA 外的其他实体所获知。车辆假名通过定期的假名更换保证车辆的不可链接性。

定理 5.4（机密性[1-2]）：消息机密性保证了对未经授权的用户不泄露消息内容。如果不能保证消息的机密性问题，将危及消息的安全，并影响用户的隐私。

证明：只有满足由数据拥有方定义的属性要求的车辆才能够利用自身的属性参数机密密文。对于不满足访问策略要求的车辆，由于没有 CSP 颁发的基于属性的私钥，无法通过伪装自身属性尝试解密密文，仅能得到随机的字符串。

定理 5.5（不可篡改性）：被 RSU 所接收的数据无法私自修改，任何被篡改的密文都能够被数据接收方识别。

证明：由 RSU 篡改的数据无法被数据接收车辆 v_j 所验证。但由于 RSU 没有来自 CSP 办法的基于属性的公私钥对，RSU 无法通过解密所存储的密文获得数据，从而无法修改数据。

定理 5.6（不可伪造性[3]）：不可伪造性保证任何用户都不能使用不属于自己的身份。

证明：由于 RSU 无法获知车辆 v_i 的私钥信息，其无法成功通过伪装成合法车辆计算合法数据的密文。因此，任何被非法伪造的数据都能够被数据接收车辆 v_j 所识别。

5.2.4　性能分析

本小节在计算开销和通信开销两方面对所提出的方案与 IRD[4]、MAEAC[5]、

SVDS[6]进行对比。此外，利用 Veins 仿真架构对理论结果进行仿真测试及验证。

5.2.4.1　计算开销

IRD 包含可信权威机构 TA，应用服务提供商（application service provider，ASP）、云存储提供商（cloud storage provider，CSP）、计算节点（compute node，CN）以及车辆 v。IRD 数据共享方案包括如下算法组成：

系统初始化：TA 计算并公开系统参数 $param = \{G_1, P, F = \beta \cdot P, e(P, P)^{\alpha}, H_1, H_2\}$ 并保存主密钥 $MK = \{\beta, \alpha \cdot P\}$。给定包含 n 个属性的属性列表 $Attr_i = \{\alpha_i\}_{i \in [1, n]}$ 及其对应的随机组元素 $\{S_i\}_{i \in [1, n]} \in G_1$，ASP 选择 n 个随机数 $\{\mu_i\}_{i \in [1, n]} \in Z_q^*$ 作为属性密钥 ASK，并计算对应的公钥对 $APK = \{\mu_i \cdot F, \mu_i \cdot S_i\}$。对于属性列表中的每一个元素 α_i，ASP 计算与时间戳 t_i 相对应的属性合作密钥 $ACK = \{B_i = (\mu_i H_1(t_i))^{-1} \cdot P\}_{i \in [1, n]}$ 并将 ACK 发送到 CSP。CSP 选择主密钥 $CSK = r_c \in Z_q^*$ 并计算其公钥为 $CPK = r_c \cdot P$。因此在初始化过程中，对于 n 个属性需执行 $2n+5$ 个点乘，1 个双线性映射。

密钥分发：当车辆向 ASP 申请获得基于属性的私钥时，给定车辆的默认属性集 $Attr_{vj} = \{\alpha_i\}_{i \in [1, n]}$，ASP 计算 $D_i = (\mu_i)^{-1} \cdot PK_v + (\mu_i H_1(t_i))^{-1} \cdot CPK + -\mu_i \cdot S_i$。并将私钥集 $UAK_v = \{D_i\}_{i \in [1, n]}$。因此在密钥分发过程中，ASP 执行了 $3n$ 次点乘运算。

数据加密：当 ASP 发送共享数据到车辆时，给定基于访问策略的属性集合 U_A 以及给定被转化为 $1 \times m$ 矩阵的共享数据 M，ASP 选择随机数 $v = \{s, y_2, y_3, \cdots, y_m\} \in Z_q^*$ 并计算 $\lambda = v \cdot M$。车辆 v 向 CN 提交其将上传密文申请。车辆发送 U_A、s 以及 λ 到 CN。对于 $\forall A_k \in U_A$，CN 计算 $C_k = \lambda \cdot A_k$，$C_0 = s \cdot P$ 以及 $C_1 = e(P, P)^{\alpha s}$。最后 CN 发送 C_k、C_0 到 CSP 并发送 C_1 到车辆 v。当收到来自 CN 的消息后，车辆计算 $C_{1-v} = M \cdot C_1$ 将 C_{1-v} 发送到 CSP。CSP 计算 $E = \{E_i = -r_c^{-1} \cdot B_i + u_i \cdot h_i = -(r_c u_i \cdot H_1(t_i))^{-1} + u_i \cdot h_i\}_{i \in [1, n]}$、$C' = \{C'_i = \lambda \cdot A_i\}_{i \in [1, n]}$。最后 CSP 存储 $CT = (C_0, C_1, C', E)$。因此在加密过程中需要执行的操作为 $2n+3$ 个点乘和一个双线性映射。

数据解密：当车辆想要解密密文 CT 时，车辆向 CN 发送解密请求。CN 首先计算 $\sum_{i=1}^{n} (e(D_i, E_i, C'_i))^{\omega_i} = e(P, F)^{r_v s}$ 并返回结果到数据请求车辆，车辆执行 $e(SK_v, C_0)/e(P, F)^{r_v s} = e(P, P)^{\alpha s}$ 并通过计算 $C_1/e(P, P)^{\alpha s} = M$ 获取消息 M。

因此，解密操作需要执行 2 个点乘和 $n+1$ 个双线性映射。

在 MAEAC 中，可信权威机构 TA 负责发布系统参数并为网络内其他实体颁发基于属性的私钥。其他实体在此基础上执行数据加密和解密操作以支持数据共享。具体算法如下：

系统初始化：可信权威机构 TA 选择随机数 $\beta \in Z_q^*$ 并为属性列表 $A = \{a_i\}_{i \in [1, n]}$ 中每一个属性 a_i 选择随机数 x_i，y_i，$v_i \in Z_q^*$ 得到属性私钥 $SK = \{\{x_i, y_i, v_i\}_{i \in [1, n]}, \beta\}$ 并计算相应公钥 $PK = (P = \{e(P, P)^{\alpha_i v_i}, y_i \cdot P\}_{x \in [1, n]}, \beta \cdot P)$。因此在系统初始化中，对于 n 个属性，MAEAC 执行 $2n+1$ 个点乘，n 个双向性映射。

密钥生成：当拥有属性集合 $Attr = \{attr_i\}_{i \in [1, n]}$ 的用户向 TA 申请获取私钥时，TA 计算其私钥 $SK_v = (\{ID_{1, i} = \alpha_i v_i \cdot P + y_i \cdot H(id_u), ID_{2, i} = \beta \cdot H(attr_i)\}_{attr_i \in Attr})$。并将私钥通过安全信道发送至实体 id_u。因此密钥生成算法需要执行 $2n$ 个点乘操作。

数据加密：给定包含 n 个属性的访问策略 T，每个属性为 λ_i，以及 $1 \times m$ 矩阵的共享数据 M，数据拥有者选择随机数 $a \in Z_q^*$ 并计算 $s_i = E(a\beta \cdot P, H(\lambda_i))$。为了实现对访问策略的保护，数据拥有者使用 s_i 代替访问策略中的 λ_i。数据拥有者选择随机数 $s \in Z_q^*$，$\{\sigma_i\}_{i \in [1, n]}$，$v = \{s, y_2, y_3, \cdots, y_m\} \in Z_q^*$ 以及 $\omega = \{s, t_2, t_3, \cdots, t_m\} \in Z_q^*$。数据拥有者计算 $\mu_i = M_i \cdot v$，$\varphi = M_i \cdot \omega$，$C_0 = Me(P, P)^s$，$h_0 = a \cdot P$，$\{C_{1, i} = e(P, P)^{\mu_i} e(P, P)^{v_i \alpha_i \sigma_i}\}_{i \in [1, n]}$，$\{C_{2, i} = \sigma_i \cdot P\}_{i \in [1, n]}$，$\{C_{3, i} = y_i \sigma_i \cdot P + \varphi_i \cdot P\}_{i \in [1, n]}$。最后数据拥有者上传密文 $CT = \{C_0, \{C_{1, i}, C_{2, i}, C_{3, i}\}_{i \in [1, n]}, h_0, M\}$ 到云。因此整个数据加密过程需要执行 $8n+2$ 个点乘，$2n+1$ 个双向性映射。

数据解密：满足访问策略的数据接收者首先计算 $s' = e(h_0, \beta \cdot h(a_i))$，并将 s' 替换属性 a_i 以构建属性列表 A'，数据接收者计算 $M = C_0 \cdot \left(\prod_{i=1}^{n} e(SK_{v_i}, C_{2, i}) / C_{1, i} \cdot e(H(id_u), C_{3, i}) \right)$。因此整个数据解密过程需要执行 $2n+1$ 个点乘，$2n$ 个双向性映射。

在方案 SVDS 中，区块链系统被应用于支持数据共享。其中联盟区块成员（consortium block member，CBM）作为数据拥有方通过访问策略控制数据共享。CSP 存储 CBM 的密文。CA 和属性机构（attribute authority，AA）分别为车辆提供身份证书和基于属性的私钥。车辆作为数据的请求方，获取符合条件的数据。整个数据共享方案包含如下算法：

系统初始化：CA 生成主密钥 $\beta \in Z_q^*$，并公开系统参数 $param = \{G_1, G_T, p, e, P, H, f, h, k\}$，其中 $H: \{0,1\}^* \to G_1$，$f = (\beta)^{-1} \cdot P$，$h = \beta \cdot P$。AA 选择 n 个与属性列表 $A = \{a_i\}_{i \in [1,n]}$ 关联的随机数 $y_i \in Z_q^*$ 作为主密钥并计算其公钥 $PK_{AA} = e(P, P)^{y_i}$。CA 计算系统公钥 $SPK = \sum_{i=1}^{n} e(P, P)^{y_i} = e(P, P)^y$。最后 TA 选择 $SK_v = r_v$ 作为车辆的主密钥并计算车辆公钥 $PK_v = \{r_v \beta \cdot P, r_v^{-1} \cdot P\}$，因此，对于 n 个属性，在系统初始化中执行 $2n+1$ 个点乘，n 个双向性映射。

密钥生成：给定属性集 $Attr = \{attr_i\}_{i \in [1,n]}$，AA 计算主密钥 $APK = \{D = ((y_i + \beta)/\beta r_v) \cdot P, D_i = (k/r_v) \cdot P + r_i \cdot H(attr_i), D_i' = r_i \cdot h\}_{a_i \in L}$。因此，密钥生成需要 $4n$ 个点乘。

数据加密：给定数据 M，CBM 选择 $s \in Z_q^*$ 并计算 $\lambda_i = M_i v$ 及密文 $CT = \{C = Me(P, P)^{ys}, C = s \cdot h, C_v = H(e(P, P)^{ys}), \{C_i = \lambda_i \cdot h, C_i' = \lambda_i \cdot H(attr_i)\}_{i \in [1,n]}\}$，最后 CBM 将 CT 发送到 CSP。因此，数据加密需要执行 $2n+4$ 个点乘、2 个双向性映射以及 $n+1$ 个 Hash-to-point 操作。

数据解密：当收到来自 CSP 的数据后，车辆计算 $F_x = \prod_{i \in A(i)} e(D_i, C_i)^{\omega_i}/e(D_i', C_i')$，$C' = \prod_{i=1}^{n} e(C, D)/F_x$，最后通过计算 $M = CT/C'^{r_v}$ 获得数据。因此数据解密需要执行 $4n$ 个点乘，$3n$ 个双向性映射。

在本节方案中，系统初始化需要执行 $3n+1$ 个点乘操作以生成系统参数。当车辆申请注册时，TA 需要执行 $2n+1$ 个点乘。在数据加密过程中，本节方案要求车辆只需执行两个点乘操作，最后在数据解密过程中，数据拥有者执行 $2n+1$ 个点乘，$n+3$ 个双向性映射。

表 5.2 所示为上述方案中每个算法所消耗的计算开销。

表 5.2　计算开销对比

协议	系统初始化	密钥生成	数据加密	数据解密
IRD	$(2n+5)T_{bp\text{-}pm}+T_{bp}$	$3nT_{bp\text{-}pm}$	$(2n+3)T_{bp\text{-}pm}+T_{bp}$	$2T_{pm}+(n+1)T_{bp}$
MAEAC	$2nT_{bp\text{-}pm}+nT_{bp}$	$2nT_{bp\text{-}pm}$	$(8n+2)T_{bp\text{-}pm}+(2n+1)T_{bp}$	$(2n+1)T_{pm}+2nT_{bp}$
SVDS	$(2n+1)T_{bp\text{-}pm}+nT_{bp}$	$4nT_{bp\text{-}pm}$	$(2n+4)T_{bp\text{-}pm}+2T_{bp}+(n+1)T_{htp}$	$4nT_{pm}+3nT_{bp}$
本节方案	$(3n+1)T_{bp\text{-}pm}$	$(2n+1)T_{bp\text{-}pm}$	$2T_{bp\text{-}pm}$	$(2n+1)T_{pm}+(n+3)T_{bp}$

从表 5.2 中能够看出，在系统初始化、数据加密以及数据解密过程中，本

节方案拥有比较低的计算开销，虽然在密钥生成阶段本节方案比 MAEAC 方案多执行一个点乘操作，但该算法被要求执行于计算力强大的 TA，因此，对整体数据共享方案影响较小，不会对整个数据共享协议的执行产生影响。

5.2.4.2　通信开销

在 IRD 中，在系统初始化后，在车辆向 ASP 提交身份信息后，ASP 向车辆发送私钥集 $UAK_v = \{D_i\}_{i \in [1, n]} \in G_1$ 以支持车辆执行数据加密和数据解密算法。在数据加密法执行后，CSP 能够通过 CN 和车辆的传输获得密文 $CT = (C_0, C_1, C', E)$，其中 $C_0, C_1, E \in G_1$，$C' \in Z_q^*$，其他车辆能够通过 CT 获得数据 M。

在 MAEAC 中，TA 向车辆颁发基于属性的私钥 $SK_v = (ID_{1,i} = \alpha_i v_i \cdot P + y_i \cdot H(id_u), ID_{2,i} = \{\beta \cdot H(attr_i)\}_{attr_i \in Attr})$，其中 $ID_{1,i}, ID_{2,i} \in G_1$。根据收到的私钥，数据拥有者能够计算并传输密文 $CT = \{C_0, \{C_{1,i}, C_{2,i}, C_{3,i}\}_{i \in [1, n]}, h_0\} \in G_1$ 到云端，以支持共享到满足访问控制权限的其他实体。

在方案 SVDS 中，CA 生成并向车辆分发基于属性的主密钥 $APK_a = \{D, D_i, D_i'\}_{a_i \in L} \in G_1$。在收到私钥后，车辆能够通过上传密文 $CT = \{C, C, C_v, \{C_i, C'_i\}_{i \in [1, n]}\} \in G_1$ 到 CSP 以共享数据 M。

在本节方案中，TA 向车辆发送基于属性的私钥 $SK_v = \{T, \{T_i\}_{i \in [1, n]}, \{F_i\}_{i \in [1, n]}\} \in G_1$。车辆通过计算密文 $\{C_{v_i}, C_{v_i}^0, C_{v_i}^1\}$ 来共享满足访问控制策略的其他车辆。

表 5.3 总结了方案在密钥分配及密文传输两个数据传输过程的通信开销，在上述两个数据传输过程中，本节方案所消耗的通信开销最小，因而在同样的带宽条件下，本节方案的数据传输速率最快。

表 5.3　通信开销对比（三）

协议	密钥分配	密文传输
IRD	$n\|G_1\|$	$(n+1)\|G_1\| + n\|Z_q^*\| + \|G_T\|$
MAEAC	$2n\|G_1\|$	$(2n+1)\|G_1\| + (n+1)\|G_T\|$
SVDS	$3n\|G_1\|$	$(2n+2)\|G_1\| + \|G_T\|$
本节方案	$(2n+1)\|G_1\|$	$2\|G_1\| + \|M\|$

5.2.4.3　仿真实验

本小节采用 Veins 仿真框架在计算开销和传输延迟两个指标下对本节方案、RID、MAEAC 以及 SVDS 进行性能分析。

（1）计算开销

图 5.2 给出了在系统初始化阶段，相关实体的计算开销，其中横坐标为属

性列表中包含属性的数量(n),纵坐标为执行系统初始化的计算开销(单位:ms)。从图5.2中能够看到,随着属性列表中属性数量的增多,所有方案的计算开销在逐步增大,虽然IRD在系统初始化过程中,需要执行较多的点乘操作,但随着属性数量列表中属性数量n的增长,执行双线性映射的操作时间复杂度为$o(1)$,因此,随着n的增长,IRD计算开销增长幅度低于MAEAC和SVDS。随着n的增长,IRD计算开销增长幅度低于MAEAC和SVDS。由于本方案无需双线性映射操作,因此,伴随着n的增长,本方案的计算开销增长幅度低于其他方案。其结果与表5.2的分析结果保持一致。

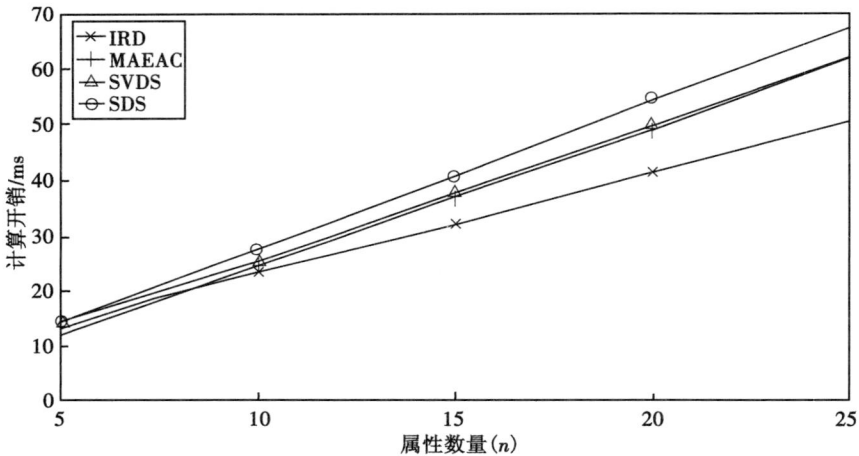

图5.2 系统初始化计算开销对比

图5.3所示为在密钥生成阶段各个方案计算开销的结果,其中横坐标为属性列表中包含属性的数量(n),纵坐标为执行密钥生成所消耗的时间(单位:ms)。根据图5.3展示的结果,随着属性数量列表中属性数量n的增长,所有方案的计算开销呈现线性增长的态势,其中IRD和SVDS方案的密钥生成计算开销增长较快因而效率较低,MAEAC和本节方案密钥生成计算开销增长较慢,保证了较高的密钥生成效率。其结果与表5.2的分析结果保持一致。

图5.4给出了在数据加密过程中各个方案的结果计算开销,其中横坐标为属性列表中包含属性的数量(n),纵坐标为执行数据加密的计算开销(单位:ms)。通过图5.4能够发现随着n的逐渐增大,IRD、MAEAC和SVDS的计算开销在逐渐增长,由于本节方案的数据加密与n无关,因而保持了相对稳定的低的计算开销。其结果与表5.2的分析结果保持一致。

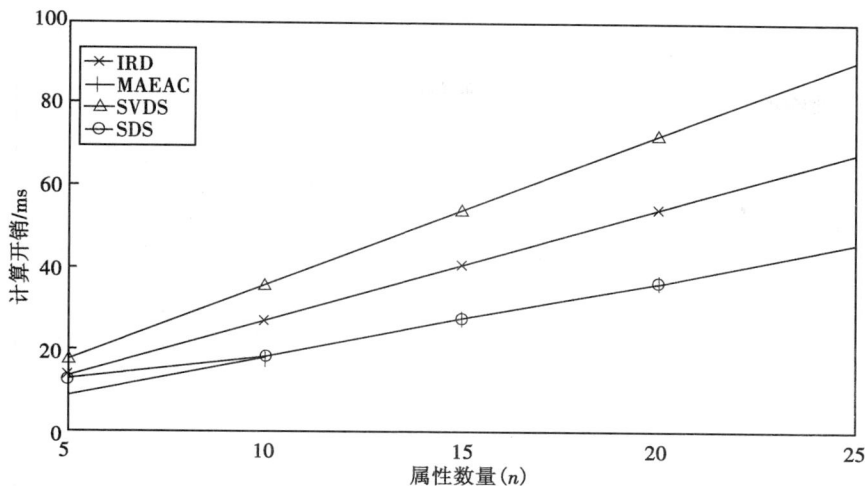

图 5.3　密钥生成计算开销对比

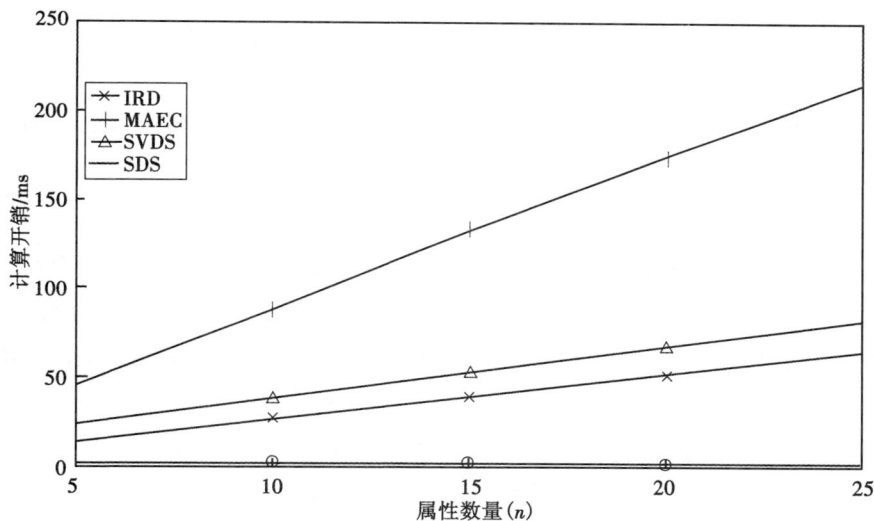

图 5.4　数据加密计算开销对比

　　图 5.5 所示为在数据解密过程中各个方案计算开销的结果，其中横坐标为属性列表中包含属性的数量（n），纵坐标为执行数据解密的计算开销（单位：ms）。从图 5.5 中能够发现，由于 IRD 执行数据解密算法的计算开销与 IRD 无关，因而保持稳定且高效的数据解密。本节方案在数据解密过程中的计算开销高于 IRD 与 MAEAC，低于 SVDS，但由于该过程在车辆已经收到关于数据 M 的密文后执行，对整个数据共享方案影响相对较低。其结果与表 5.2 的分析结果

保持一致。

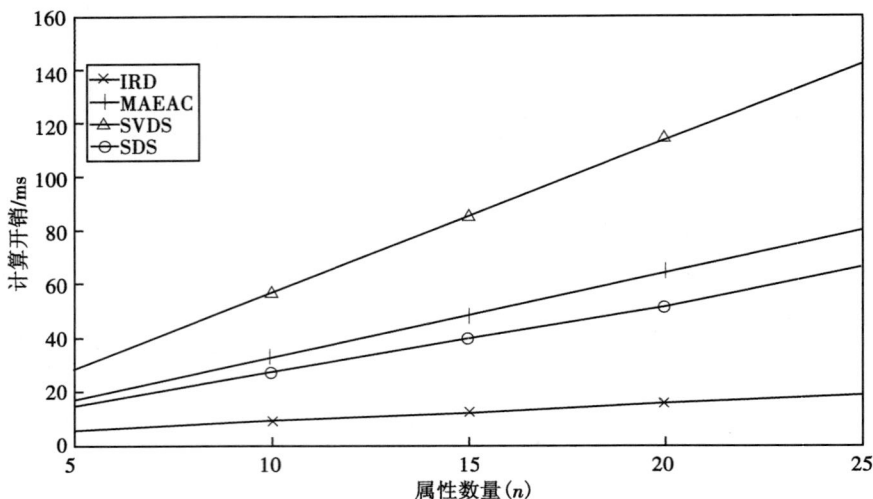

图 5.5　数据解密计算开销对比

（2）传输延迟

传输延迟指的是数据在传输过程中所消耗的时间，在固定网络带宽的情况下，通信开销越低，传输延迟越低，从而能够保证车辆更加快速稳定地获取数据。

图 5.6 所示为在密钥传输过程中各个方案计算开销的结果，其中横坐标为属性列表中包含属性的数量（n），纵坐标为密钥传输的计算开销（单位：ms）。从图 5.6 中能够看出，IRD 的密钥传输延迟最低，SVDS 的传输延迟最高。本节方案的传输效率低于 IRD 和 MAEAC，高于 SVDS。但由于车辆申请基于属性的密钥次数有限，且在车辆加入车联网的初始阶段，因而对整个数据共享的效率影响较低。其结果与表 5.3 的分析结果保持一致。

图 5.7 所示为在密文传输过程中各个方案的计算开销的结果，其中横坐标为属性列表中包含属性的数量（n），纵坐标为密文传输的计算开销（单位：ms）。从图 5.7 可发现，IRD 与 SVDS 的传输时间随着 n 的增长逐渐增加，MAEAC 与本节方案的传输时间保持相对稳定，而本节方案的执行效率在所有方案中保持最高，因而保证了数据的及时上传和及时共享。其结果与表 5.3 的分析结果保持一致。

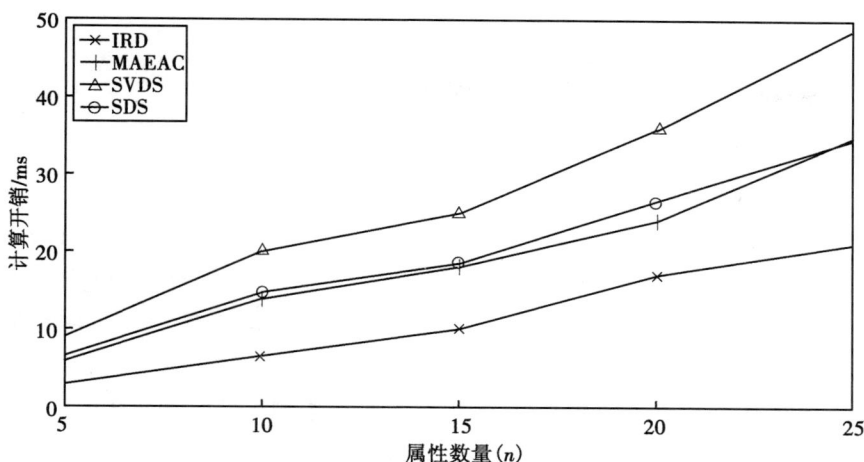

图 5.6　密钥传输传输延迟对比

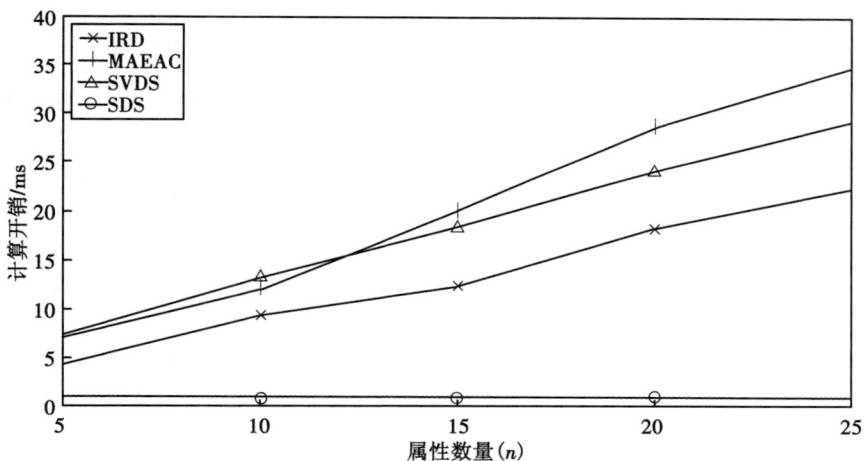

图 5.7　密文传输延迟对比

5.2.5　总结

为了解决传统方案中对于车联网数据共享方案的低存储及低效率等问题，本节提出了一种基于 CP-ABE 的数据共享方案。其中 RSU 支持数据收集及数据共享服务。拥有数据的车辆能够决定共享数据的内容及访问策略。只有满足访问策略的车辆才能够通过解密从 RSU 获取的密文，从而获取所需信息。安全性分析及性能分析表明，本节所提出的方案拥有较强的安全性保障并保持高效率。

5.3 基于区块链的车辆激励机制在路况预警和车辆激励中的应用

通常来说，车联网作为智慧交通系统的不可或缺的一部分，利用其收集的信息及其工作方式，能够实现各种各样的功能。比如，VANETs 能够通过 OBU 和 RSU 之间的不间断的信息传输，完成对道路与车辆信息的收集与交换，由此车联网可以借此实现预警道路中的紧急情况的功能。然而，要实现这些功能，必须要考虑很多的相关问题，比如车载单元对数据的存储空间有限，车辆算法中难以防范的自私行为等。除此之外，如果使用传统的数据存储和获取方式，就必须有可信第三方参与，从而保证数据的透明性、可靠性、安全性以及完整性。

本节方案基于 Blockchain 技术，设计了一种车联网架构下的路况预警机制和车辆激励机制的方案。该方案提供了一种基于区块链（Blockchain）技术的预警机制，以及一种鼓励 OBU 对车联网中的消息进行转发和验证的激励机制，解决了第三方对车辆行为以及交通流量数据存储的可靠性问题，并给出了一种对车辆的信誉进行判定的标准。

本节将首先对网络架构、信任模型和攻击模型进行描述。接着详细阐述了系统模型及其应用场景。然后对本节方案的核心算法与协议进行描述。最后给出该方案的安全需求与安全分析。

5.3.1 网络架构与信任模型

区块链网络架构与 VANETs 网络架构结合产生的网络架构，如图 5.8 所示。

该方案主要包含以下三层实体：RSU（路边单元）、TA（可信权威机构）、OBU（车载单元）。三层实体的任务分别如下：

① TA（可信权威机构），主要责任为随机产生系统参数，并完成对 OBU 和 RSU 的身份认证、车辆注册、授权等服务。TA 主要负责 OBU 和 RSU 的注册，从而利用车辆用户的真实身份为其颁发证书。除此之外，TA 还需要负责与 RSU 合作，撤销恶意或者非法 OBU 的授权。在该方案中，TA 作为权威中心，在完成了对 RSU 和 OBU 的认证后，正常情况下，TA 不会再为其他实体提供任

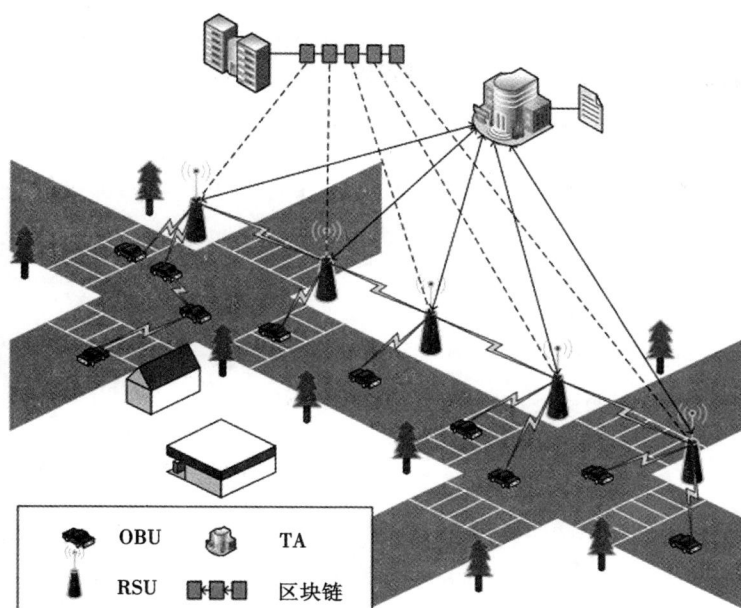

图 5.8　基于区块链的层次化网络架构

何在线服务，只有当车联网中出现非法车辆/非法行为时，TA 接受举报，并协助 RSU 撤销非法 OBU 在网络的身份。

② RSU（路边单元），通常被部署在公路的两侧，作为连接 OBU 与 TA 的基础设施，通过有线网络与 TA 相连，并通过无线网络利用 DSRC 协议与 OBU 进行通信。该方案中的 RSU 主要负责与 TA 合作对恶意或者不法 OBU 进行匿名身份恢复和授权撤销以及车辆身份认证等操作。RSU 还需要作为区块链的维护者，RSU 会在区块链中存储车辆和道路状况相关的信息，首先是匿名的车辆账户信息，其次是由车辆网络汇总的预警信息。在该方案中，RSU 作为半可信实体，与 OBU 协同工作，从而完成路况信息收集、校验和转发工作，包括紧急道路预警信息和道路拥堵信息等。与此同时，RSU 还作为该方案中区块链的维护者，将制动控制信息和拥堵预警信息保存在区块链上，并与事故发生点周围的车辆协作，完成预警信息的收集与转发。除此之外，RSU 还需要根据网络中 OBU 的行为和交通数据，调用区块链中的智能合约从而实现对 OBU 的奖惩。

③ OBU（车载单元），实际上 OBU 往往是集成了 GPS、TPD（tamper-proof device，防篡改系统）、无线通信系统的车载设备。车辆通过 DSRC 协议与路边

单元通信，从而实现与 TA 和其他 OBU 进行通信。OBU 的主要责任是定期广播车辆的信息，最重要的就是信标消息，包括车辆位置、速度、事件等信息。OBU 能够自主地生成匿名账户，并依据不同情况下的需求更换匿名账户信息。本节方案中的 OBU，需要根据周边路况与车辆状态，开启拥堵预警机制以及制动控制机制。并在有条件的情况下，尽可能地收集路况信息，从而积极地参与 VANETs 的信息交换以提高车辆的信誉状况以及奖励。良好的信誉和更多的奖励会降低其在网络中请求服务的成本。

5.3.1.1　信任模型

在前文所述的网络架构基础之上，本节将描述各层实体之间的信任关系，并给出信任模型，如图 5.9 所示。

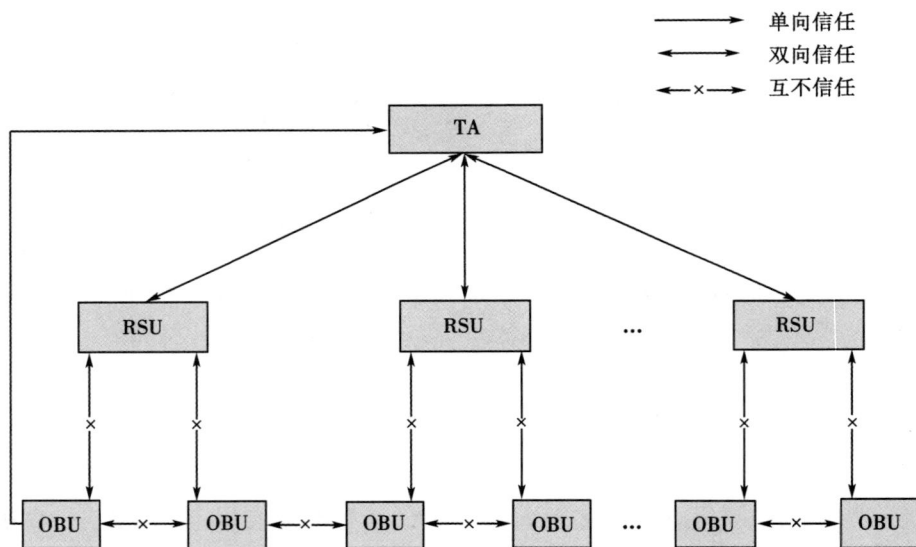

图 5.9　信任模型

首先，作为可信第三方的 TA，将会被网络架构中所有实体给予信任，即 TA 被网络中所有的 RSU 和 OBU 信任。

路边单元(RSU)，通常作为半可信实体。RSU 之间是相互信任的，但是车载单元(OBU)对 RSU 不会给予完全的信任。RSU 通常需要在可信第三方处完成认证，并且通过有线网络与可信第三方通信。

车载单元(OBU)，该类实体在 OBU 和 RSU，OBU 和 OBU 之间完成相互认证之前，和众多实体之间都处于不信任状态。

5.3.1.2　攻击模型

当网络中的任意实体或者节点窃听或者篡改在该网络架构中传输的信息时，当前节点或者实体将被 VANETs 中所有诚实节点视作攻击者。车联网的攻击类型已经被广泛研究，文献[7]和文献[8]已经按照攻击者不同的攻击行为和范围对其进行了分类：

①　内部/外部攻击者：相比于外部的攻击者，来自网络架构内部的攻击者往往更加的危险，由于内部攻击者已经在网络中与各个实体之间完成了身份认证，且对网络的配置有详尽的了解。从而借此可以展开更加复杂、层次更加深入的攻击。外部攻击者也由于身份认证的原因，发动的攻击效果往往不如内部攻击者。

②　主动/被动攻击者：相比于被动攻击者，主动攻击者更加危险。主动攻击者往往使用各种工具，从而模拟网络的实体，进而参与到信息的传输与交互中。主动攻击常见的攻击比如拒绝服务攻击，就可能会采用转发假消息或者拒绝转发消息的方式发动攻击。而被动攻击的行为一般表现为不参与网络通信，只监听无线信道。

③　恶意/理性攻击者：恶意攻击者往往只是为了破坏网络，而不是为了个人利益，所以恶意攻击者的行为往往表现为对网络中的各个节点进行恶意攻击，这种攻击行为无法预测。而理性攻击者往往有明确的目的性，比如获取某些信息、某些权限等，故其攻击行为往往容易预测。

本方案主要从主动和被动攻击者的角度考虑。首先，被动攻击类型的攻击者往往会通过特别的设备对网络中传输的消息进行收集和监听，从而得到某特定车辆向 VANETs 传输的所有信息，并解析出其中的关键信息，比如车辆的行动轨迹，对车辆的隐私造成了严重的威胁。而主动攻击者则更加危险，当某些被判定为诚实的可信车辆转变为主动攻击者时，会利用合法的身份，并凭借着对 VANETs 系统网络配置的了解，在 VANETs 中散布虚假消息，从而严重地影响其他诚实车辆的判断。

5.3.2　系统模型及应用场景

该方案的应用场景如图 5.10 所示。当 RSU 收集到车辆预警信息后，将转发给其他 OBU，或当车辆从邻居 OBU 获得预警信息后，车辆发现道路的前方有交通事故或者车辆异常的预警信息，将调用拥堵预警机制。而此时车辆可以通过车辆制动控制机制来减速并调整与前车的距离，以防止发生交通事故。

图 5.10 应用场景

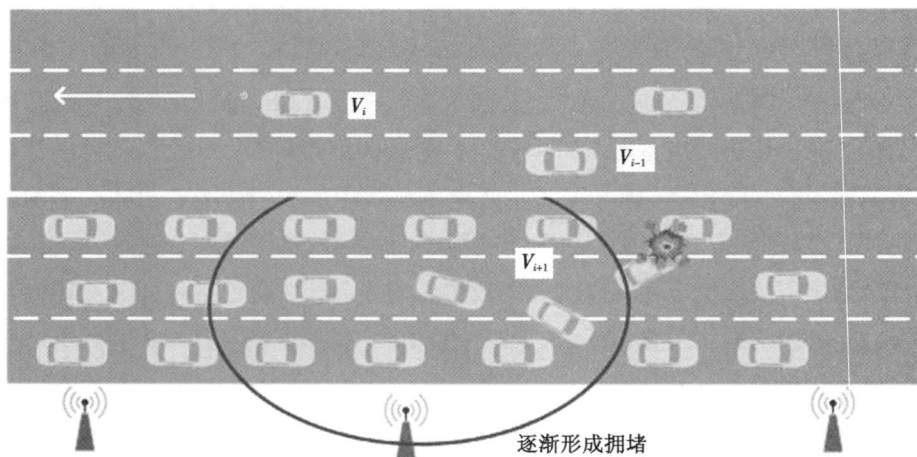

图 5.11 系统模型

本节方案的系统模型如图 5.11 所示。该方案主要分为四大部分：车辆制动控制和预警机制、对向车辆定向预警机制、领域 RSU 验证机制以及奖励和惩罚机制。

在预警信息发出之前，比如交通事故尚未发生时，每个 OBU 都应该与邻居节点通信，并根据获得的信标消息来判断与邻居节点之间的车距，从而视情况启动制动控制机制来保持一个安全的车距，以减少发生交通意外的可能。

而当预警消息已经发出之后，比如交通事故已经发生，车辆将启动拥堵预警机制，收集并转发预警消息。注意，这里只有合法的、信誉良好的车辆可以发布附带一定奖励币的预警消息，不具备该资格的车辆智能验证该预警消息的正确性。

在该方案中，OBU 将生成关于拥堵信息和预警信息的日志，只有达到要求的车辆及其 OBU 对应的匿名账户中的信誉和奖励币同时达到一定阈值，该 OBU 才具备发布拥堵信息、预警信息，以及生成信息日志的能力。而第一个生成日志的 OBU_i 会把账本发送给 RSU_i，日志内容通过 RSU_i 验证后，RSU_i 将日志内容写入区块链。RSU_i 将根据信息日志，将拥堵情况或者预警情况发送给事故周边的 OBU。而收到消息的车辆，将收到的消息与自身所采集到的数据进行对比，从而做出判断，比如在该路段的下一个岔路口驶离，并将该预警消息带往下一个路段，给予从下一个路段驶入当前路段的车辆以拥堵预警提示信息。若事故对向车辆做出了需要将拥堵预警信息带入下一个路段的判断，在下一个路段的 RSU 收集到车辆发布的高度预警信息后，需要在时间段内验证该拥堵预警消息，并将日志数据存储在区块链上，并根据车辆行为调用智能合约，实现对相关车辆的奖惩，由此提高车辆参与 VANETs 中通信的积极性。

5.3.3 车辆制动控制和拥堵预警机制

为了方便描述，表 5.4 给出了本节方案提出的协议中使用到的主要参数标识及说明。

表 5.4 参数标识及说明（四）

标识	说明
BV	制动变量
S_t	速度阈值
C_d	此刻位置变量
m	检测到的危险相对距离
cv_l	发布信息的奖励币阈值

表5.4（续）

标识	说明
cv_x	发布信息的成本
Δt	检测区间
D_t	相对距离阈值
$x(OBU_b)$	OBU_b 的位置
r_l	发布信息的信誉阈值
$AIN(i)$	OBU_i 发布的预警信息
$VIN(k)$	OBU_k 发布的验证消息

5.3.3.1 正常行驶过程车辆制动机制

假设如下场景：道路上分别有三个车辆单元，A 车，B 车和 C 车，它们在 VANETs 网络中分别代表着 OBU_a、OBU_b 和 OBU_c，而每台车的 OBU 每隔一段时间都会发送信标消息给周围的邻居车辆，在该方案中，在信标消息里拓展两个额外变量，制动变量 BV 以及此刻位置变量 $C_d = x(OBU_i)$。在本节方案中，车辆之间通过信标消息来测度当前车辆与同路段前方车辆之间的距离以及前方车辆的速度，从而互相协作以达到安全距离，从而防止交通事故的发生，当两车的距离过于接近时，OBU 将调用车辆的制动控制机制来保护通信车辆之间彼此的安全，并通知后方车辆当前车辆的相关行为。

如图 5.12 所示，当车辆 B 与前方车辆 C 距离过近时，按照时间段进行划分，有以下的过程：

① T_1 时刻，车辆单元 A(OBU_a)、B(OBU_b)和 C(OBU_c)的速度分别为 V_{A1}，V_{B1} 和 V_{C1}，而此时信标消息中的制动变量 BV 为 0。需要补充的是，制动变量 BV 的含义是，当 $BV = 0$ 时代表车辆按照当前状态继续行驶，而当 $BV = 1$ 时，代表车辆将启动制动控制机制。

② $T_2 + \Delta t$ 时刻，OBU_b 在较小的时间段 Δt 内收到来自前方车辆单元 OBU_c 的信标消息，并检测出车辆单元 OBU_c 的速度 V_{C2} 低于速度阈值 S_t。OBU_b 进入检测状态，继续检测一个 Δt 时间后，若发现两个连续的 Δt 的时间段内，OBU_c 的平均速度 V_{C2} 都低于 S_t，与此同时，OBU_b 与 OBU_c 的距离始终低于设定的距离阈值 D_t，即在区间 $[T_2, T_2 + 2\Delta t]$ 内两车的状态满足 $(V_{C2} < S_t) \& (|C_d(B) - x(OBU_c)| < D_t)$。满足该条件时，$OBU_b$ 与 OBU_c 之间的距离区间将被标记为警示区间，并且计算出检测到的危险相对距离 m。将 OBU_b 的位置变量标记由 $C_d = x$

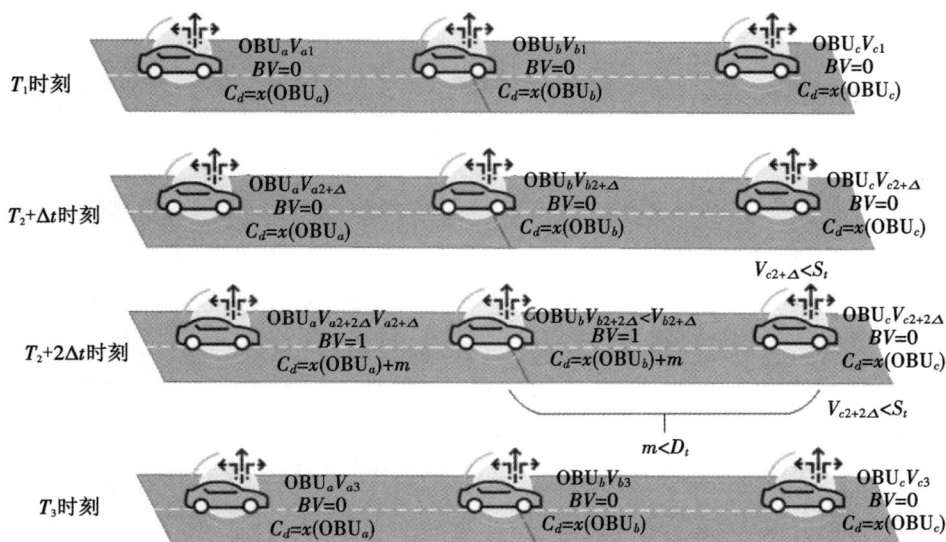

图 5.12　制动控制过程

（OBU_b）改为 $C_d = x(OBU_b) + m$，并把 OBU_b 的位置制动变量 BV 由 0 改为 1，然后通过信标消息将当前车辆的状态变量转发出去。然后 OBU_b 将通过制动控制机制适当地调整 OBU_b 的速度。从而保持与 OBU_c 的距离（m 为 OBU_b 与 OBU_c 在 $T_2 + 2\Delta t$ 时刻的相对位置距离）。

③ $T_2 + 2\Delta t$ 时刻，后方的 OBU_a 接收到来自前方的 OBU_b 的带有警示标志的信标信息。在达到下一个时刻 T_3（车辆之间的距离重新恢复安全距离）前，该信标信息仍然被认为是最新的消息。由于 OBU_a 接收到了信标信息，OBU_b 改变其制动变量的同时，OBU_a 也需要将制动变量 BV 改为 1，并标记为警示路段将 $C_d(A) = x(OBU_a) + m$。此警示路段信标信息将保持通信直到 T_3 时刻为止，车辆将不再跟随前车来标记警示路段。接着测度与前车的距离，改变制动变量 BV 从 1 改为 0。

④ 使用了制动控制机制的所有 OBU 发送的警示标志信息将被 RSU 收集并记录在区块链上，作为惩罚奖励车辆的依据之一。

5.3.3.2　紧急情况下拥堵预警机制

前方车辆驾驶者的不确定性操作往往是导致道路拥堵的主要原因，比如车速过快或者突然变道等。假设图 5.12 所示的事故已经发生，此时后方车辆 OBU_b 无法及时地通过控制机制来调整与前车的距离，这种情况下，则需要调用拥堵预警机制。

符合信誉值和奖励币的 OBU_l 才能在网络中发布拥堵预警消息，发布之前 OBU 必须选择使用哪个匿名账户发布预警消息 $Address(V_i)_i = \{address(V_i)_i,\ RScore,\ CValue\}$，这里的 $RScore$ 就是信誉值，$CValue$ 就是奖励币数量，在发布信息前，要求账户满足 $(RScore > r_l)\ \&\ (CValue > cv_l)$ 才可以发布拥堵预警消息。而每次 OBU_l 发布拥堵预警消息，都必须附带一定的 $CValue$ 值，所附带的 $CValue$ 值一部分作为 OBU_l 发布虚假信息时的惩罚，而另一部分则作为奖励用于吸引其他 OBU 验证拥堵预警消息。

这种设计首先通过 $RScore$ 的条件限制，保证了发布拥堵预警信息的 OBU 在一定程度上是可信的，由此其发布的消息在一定程度上会被其他车辆接受。车辆的信誉值越高，越容易得到其他车辆的信任，从而发布的拥堵预警消息能够得到快速的确认。

交通拥堵识别问题属于复杂的不确定性决策问题，而解决这类问题比较合适的方法是基于逻辑模糊的机制[9]。该方案中的 OBU 和 RSU 均采用模糊逻辑算法，来判断道路的拥堵状况。逻辑模型用于衡量当前车辆状况与拥堵状况的相关性[10]。使用周围车辆密度和车辆速度两个特征来描述车辆情况，输出为道路拥堵的严重程度。模糊隶属度函数如图 5.13 所示。

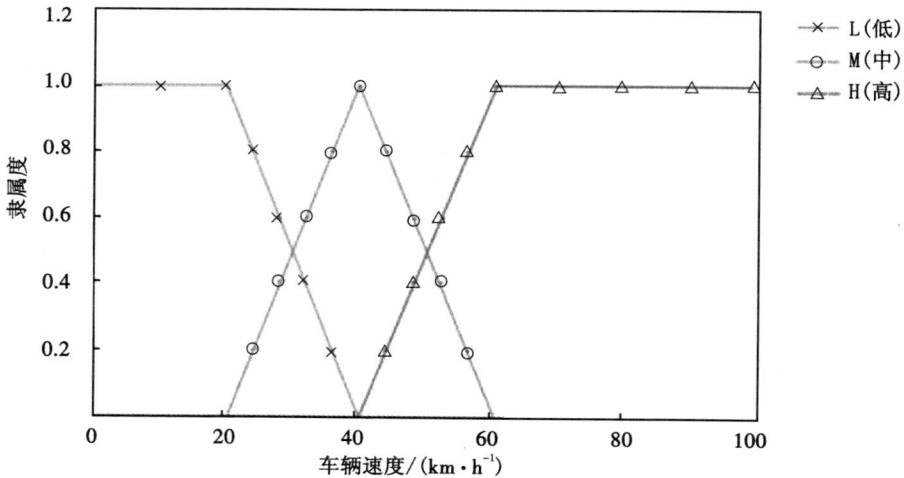

图 5.13　模糊隶属度函数

模糊逻辑规则如表 5.5 所示。

表 5.5　模糊逻辑规则

规则	密度	速度	拥塞程度	输出
1	H	L	VH	$CVH = Min(HD, LS)$
2	H	M	H	$CH = MAX(Min(HD, MS)$
	M	L	H	$Min(MD.LS))$
3	H	H	M	$CM = MAX(Min(HD, HS)$
	M	M	M	$Min(MD, MS))$
4	M	H	L	$CL = MAX(Min(MD, HS)$
	L	M	L	$Min(LD, MS)$
	L	L	L	$Min(LD, LS))$
5	L	H	VL	$CVL = Min(LD, HS)$

其中，VH，H，M，L，VL 分别代表非常高(very high)，高(high)，中(middle)，低(low)，非常低(very low)；D，S，C 分别代表密度(density)，速度(velocity)和拥堵程度(congestion)。

拥堵预警机制通常按照以下流程工作：

① 当车辆发现前方的道路上出现紧急状况，OBU_I 通过模糊逻辑模型来判断道路此时的实际拥堵情况。若 OBU_I 的匿名账户满足 $(RScore > r_l) \& (CValue > cv_l)$，则 OBU_I 有资格发布一条附带一定奖励币的拥堵预警信息：$AIN(I) = \{Address(V_i)_i, time, location, VH, CValue = cv_x, RScore = rv_x\}$，($cv_x < cv_l$，$cv_x$ 为 OBU_I 发布拥堵预警信息时附带的奖励币值。车辆的 OBU_I 的信誉度越高，则需要附带的代价越小)。

② 若此时道路存在另一台车辆单元 OBU_J 同样也发现了道路前方发生了紧急交通情况，则 OBU_J 所使用的匿名账户也满足发布拥堵预警消息的条件 $(RScore > r_l) \& (CValue > cv_l)$；$OBU_J$ 也会发布拥堵预警消息 $AIN(J) = \{Address(V_J)_J, time, location, H, CValue = cv_y, RScore = rv_y\}$，($cv_y < cv_l$，$cv_y$ 为 OBU_J 发布预警消息时附带的奖励币，cv_y 与 cv_x 并无直接关系)。发布消息后将与 OBU_I 发布的消息互相竞争。

③ 不符合条件 $(RScore > r_l) \& (CValue > cv_l)$ 的车辆没有资格发布拥堵预警信息。这些 OBU 作为验证者参与到拥堵预警消息在网络中的传输。比如验证者车辆单元 OBU_K，根据自己收集到的道路拥堵信息，以及同时发布的多个拥堵预警信息中附带的奖励币值和发布账户的信誉值来进行验证，验证完成后，将

附带自己签名和判断的消息发送给相应的车辆，消息形式为 $VIN(K) = \{AIN(J), Address(V_K)_K, time, H\}$。

④ 等待时间 η，OBU_I 采用加权平均判别法计算其收到的验证消息数量。即计算 $N = \sum_i C_i \cdot OW_i / \sum_i C_i$（$OW_i$ 为权重，C_i 为 OBU_I 计算得到的拥堵严重程度）。若收到的验证消息数量小于 N，则继续等待，直到验证消息数量不小于 N 时，将经过 OBU_I 整理后的信息打包成账本发送给 RSU_I。

⑤ RSU_I 根据所接收的 OBU_I 的拥堵预警消息，通过模糊逻辑模型来评估道路的拥堵情况。对 OBU_I 的消息经过验证判别后，将该消息存储在区块链上（RUS 只存储收到的第一个日志消息）。若验证为真则执行 5.3.6 节中阐述的奖励程序；若验证为假，则执行 5.3.6 节中的惩罚程序。由 OBU_I 整理的日志存储在 RSU 维护的区块链上，RSU 维护以太网结构。其状态树下存储车辆的匿名身份信息，交通数据和车辆行为相关信息则存储在交易树下。

5.3.4　对向车辆定向预警机制

根据文献[11]，RSU 由于其通信范围有限的原因，邻居车辆 RSU 之间可能存在通信盲区。而对于车联网来说，存在大量的安全性信息，需要网络通信具有较高的实时性和正确性。在同一个 RSU 的通信范围内，车辆的密度较高时，OBU 发送的信息往往碰撞概率较大，从而造成网络拥塞，造成每辆车的饱和吞吐量降低[12-13]。

如图 5.14 所示，当十字路口的某个路口发生事故时，影响最大的是从双线箭头方向驶入的车辆，本节方案采用的措施是：事故对向车辆（虚线对应的车流）按需定向转发预警信息。通过有选择地转发拥堵预警消息，减少网络流量。如图 5.14 所示，虚线箭头为事故对向车辆驶出该路口后的可能去向，当其驶入其他路段后，将给路段的其他对向车辆转发拥堵预警消息，从而达到精确地警告即将驶入拥堵区域的车辆的目的。具体步骤如下。

① RSU_I 采用模糊逻辑模型对拥堵情况进行判断，并转发该拥堵预警消息，即发送 $AIN(RSU_I) = \{time, location, VH\}$。

② 发生紧急情况路段车道的对向车辆收到该广播消息，与自己收集的道路拥堵状况信息作对比，同时设置好倒计时参数 $Tick$（$Tick$ 的设定为对向车辆 L 在驶出第一个十字路口后，向前方车辆转发拥堵预警信息的时间）。倒计时参数 $Tick$ 的设置如表 5.6 所示。一单位 $Tick$ 时间为 Ω。对向车辆 OBU_L 根据 RSU 给

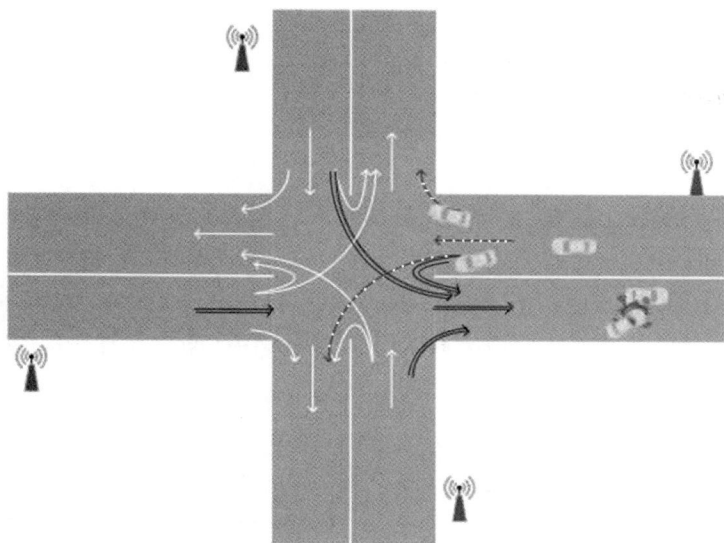

图 5.14　对向车辆路线模型

出的拥堵程度判断信息 $AIN(\mathrm{RSU}_I)$，以及自己所收集到的拥堵程度判断 $AIN(L)$，进行对比二者：若 $AIN(\mathrm{RSU}_I):Congestion<AIN(L):Congestion$，则说明道路的拥堵程度越来越严重；若 $AIN(\mathrm{RSU}_I):Congestion>AIN(L):Congestion$，则说明拥堵程度在减轻。

③ 车辆单元 OBU_L 在驶离图 5.14 所示的十字路口前，是可以调整 *Tick* 值的，驶离路口后，倒计时立马开始，不再可修改。

表 5.6　*Tick* 参数设置

规则	RSU	OBU	*Tick*
1	CVL	CVL	0
2	CVL	CL	Ω
	CL	CL/CVL	
	CM/CH/CVH	CVL	
3	CVL	CM	2Ω
	CM	CM/CL	
	CH/CVH	CL	
4	CH	CH/CM	3Ω
	CL/CVH	CM	

表5.6(续)

规则	RSU	OBU	*Tick*
5	CVL/CL/CM/CVH	CH	4Ω
6	CVL/CL/CM/CH/CVH	CVH	5Ω

5.3.5　邻域 RSU 验证机制

假设存在以下场景:某车辆单元 A 在驶离如图 5.14 所示的十字路口时,选择右转,进入了 RSU_K 的通信范围。在 A 车 OBU_a 的倒计时参数 *Tick* 范围内,车辆 OBU_a 定时发送拥堵预警信息直到 *Tick* 结束,该消息的具体形式为 $VIN(l) = \{AIN(RSU_l), Address(V_l)_l, time, location, H\}$。所有收到该信息的邻居车应该根据该消息即时地进行道路选择调整。而 OBU_a 所通信的 RSU_K 则收集车辆单元发送的拥堵预警信息并写入区块链中,同时根据车辆行为与链上数据对车辆进行奖惩。

5.3.6　奖励与惩罚机制

每一次车辆单元 OBU 参与到 VANETs 的网络通信,车辆的所有与交通信息、道路状态相关的车辆行为信息将被 RSU 记录到区块链中。根据该车辆行为信息,通过调用智能合约的方式,自动化地调整 OBU 对应的匿名账户中的信誉值和奖励币的数量。

OBU 的信誉值和奖励币除了作为其他实体评价 OBU 发布的交通消息的可信度的标准外,也影响着使用该匿名账户的车辆通信和请求服务时其他 OBU 响应的速度。车辆使用的匿名账户的可信度高,其发布的拥堵预警信息的可信度就高。其他车辆将更快地验证该预警信息,该 OBU 将能够尽快地生成交通日志信息,并发送给 RSU 来验证,一旦通过 RSU 的验证,车辆所使用的匿名账户将得到信誉值和奖励币的奖励。拥有更多的奖励币,车辆将能够请求更多服务。

(1)信誉值评估

该方案的信誉值评估是根据文献[14]改进的方案,用于评估记录在区块链上的匿名账户的信誉值。

参数列表如表 5.7 所示。

表 5.7　参数标识及说明(五)

标识	说明
K	奖惩变量
N	验证消息的车辆总数
S	验证消息的车辆顺序
V_L	发布预警消息的车辆
V_J	验证预警消息的车辆
$R(K, S, N) = (\alpha \times N)/(S \times K)$	奖励函数(α 为参数)
$P(K, S, N) = (-1)(\beta \times N)/(S \times K)$	惩罚函数(β 为参数)

算法 5.1 是参与到网络中发布和验证拥堵预警信息的 OBU 信誉值的评估，对 OBU 的信誉值的评估标准为：若车辆转发真实消息，则 OBU 对应匿名账户的信誉值更新为：$R_j = R_j' + 1/2 R(K, S_i, N)t$；若车辆转发虚假消息，则将信誉值更新为：$R_j = R_j' + 1/2 P(K, S_i, N)$。

算法 5.1　信誉评估算法

Input：$S_i \, S_j$：The sequence of the vehicle

　　　　$R_L' R_j'$：Current Reputation score of $V_L \, V_j$

Output：$R_L \, R_j$：Update Reputation score of $V_L \, V_j$

1. if $K=1$ then

2. 　　while $V = V_L$

3. 　　　　$R_L = R_L' + 4R(K, S_1, N)$

4. 　　while $V = V_j$

5. 　　　　for $i \leftarrow 2$, $N+1$ do

6. 　　　　　　$R_j = R_j' + 2R(K, S_i, N)$

7. 　　　　end for

8. else if $K=2$ then

9. 　　while $V = V_L$

10. 　　　　$R_L = R_L' + 4P(K, S_i, N)$

11. 　　while $V = V_j$

12. 　　　　for $i \leftarrow 2$, $N+1$ do

13. 　　　　　　$R_j = R_j' + 2P(K, S_i, N)$

14. 　　　　end for

15. 　　return $R_L R_j$

（2）奖励币评估

对给予车辆对应的匿名账户奖励币的标准为：若车辆转发真实消息，则奖励消息转发账户 0.5 单位的 *CValue*，若转发虚假消息，则扣除账户 0.5 单位的 *CValue*。

对于发布和验证拥堵预警消息的车辆的奖惩措施如下。当车辆发布拥堵预警消息，则给予该车辆的匿名账户奖励币，该奖励币由以下两部分组成：发布正确消息的奖励币 cv_a 以及验证预警消息的奖励币 cv_b。一部分是 RSU 验证 OBU_I 时，用于验证其消息真伪所扣除的成本 cv_a，另一部分是 OBU_I 在吸引其他车辆验证其信息所需要付出的成本 cv_b。当 RSU 验证了 OBU_I 的预警消息为真，则在 OBU_I 的账户中增加 $2cv_a$，验证预警消息的 OBU 则平分 cv_b/N；若 OBU_I 发出的预警消息被 RSU 鉴定为假，则从 OBU_I 的匿名账户中扣除 $2cv_a-cv_b$ 数量的奖励币，参与验证该虚假信息的车辆扣除 cv_b/N 数量的奖励币。

正如前文所描述的，车辆匿名账户的信誉值越高，其在网络中发布拥堵预警消息时所需要附带的 cv_a 值就越小，cv_a 和 *RScore* 满足关系式 $cv_a = -\lambda RScore + r_l$，其中 $r_l > 0$，$RScore > (r_l - cv_a)/\lambda$ 时，cv_a 恒等于 cv_l。

5.3.7 安全性分析

本小节对该方案进行安全性分析。

① 真实性。制动控制机制在车辆正常行驶的过程中，保证了当前车辆与前车之间的车距始终都保持在相对安全的距离，从而防范了交通拥堵发生。当事故发生后，处在拥堵流量中的车辆单元中的制动控制机制无法保证安全距离。此时 OBU 应转发拥堵预警消息，从而告知后车，当前路段属于事故路段，即将或者已经处于拥堵状态。本节方案中的 OBU 首先利用模糊逻辑模型，根据收集到的预警拥堵信息和外部信息对事故路段的拥堵程度做一个判断。

因为车辆单元 OBU 之间互不信任，处于不可信状态，故单个邻居 OBU 给出的预警信息不可以直接相信，但若所有 OBU 都向 RSU 报告道路拥堵状态，则会导致 VANETs 网络中通信信道的严重阻塞。

在同一个 RSU 所能通信的范围中，当车辆的密度非常高时，将会极大地增加不同 OBU 发送的数据的碰撞概率，导致每个车辆单元的饱和吞吐量较低，从而导致信道拥堵，使车联网的功能遭到破坏。

该方案通过引入信誉与奖励币的机制，根据消息的真实性与参与度来对车辆进行奖惩。从而提高了车辆发布虚假消息的成本，有效地提高了消息的准确度和车辆发布消息的可信度。此外，本节方案还使用了 RSU 与 OBU 双向验证拥堵预警消息的方式，提高了消息的真实性。

② 可追溯性。RSU 负责维护区块链上的数据。首先，RSU 根据车辆节点 OBU 的行为，调用区块链中的智能合约来修改车辆匿名账户中的信誉值和奖励币值。其次，RSU 需要将经过验证的由具备资格的 OBU 上传的交通数据以及车辆的通信行为保存在区块链中。这些数据维护在区块链中，从而 RSU 可以通过调用智能合约获取到相关信息，从而对车辆的行为和信息进行追溯。

③ 不可篡改性。由于 OBU 的匿名账户中的信誉值和奖励币值的数据，以及车辆的通信行为、交通数据等关键数据全部存在区块链上。而区块链技术的特点就是不可篡改性，数据一旦写入就不可能再修改和删除，从而解决了第三方存储的交通数据/账户数据的安全性问题。即使半可信节点的 RSU 被攻击，也不可能破坏数据的安全性。

5.3.8　总结

本节对基于区块链技术的 VANETs 路况预警及车辆激励机制方案进行了详细的介绍。首先描述了网络架构和信任模型，然后介绍了系统模型及应用场景。接着详细阐述了车辆制动控制和拥堵预警机制，对向车辆定向预警机制，邻域 RSU 验证机制和奖惩机制。最后对方案进行安全性分析，证明所提方案的有效性与安全性。

5.4　隐私增强的安全服务在车联网中的应用

在车联网中，根据研究对象的不同，可以将隐私分为三种类型：位置隐私、轨迹隐私和身份隐私，车联网中的隐私泄露源于车辆真实身份的泄露。当攻击者得到有效的车辆身份标识后，假冒其他车辆修改或重复发送通信过程中的信息，容易造成假冒攻击、重放攻击、修改攻击等，干扰车联网中车辆的正常运行。另外，为了防止攻击者将车辆位置、轨迹信息与身份信息相结合，车辆的身份信息必须与其位置、轨迹信息相隔离或模糊。针对位置隐私泄露问题，还存在"查询抽样"攻击和快照位置攻击，在"查询抽样"中，攻击者利用车辆用户的位置信息，将其位置与特定应用关联起来。在快照位置攻击中，攻击者利用车辆用户过去的位置来推测其潜在路径。目前车联网通信涉及的标准包括 ETSI 102、美国安全证书管理系统(SCMS)、欧洲 C-ITS 安全证书管理系统(CCMS)、欧洲 C2C 通信联盟以及由 IEEE 提出的车辆环境无线接入标准(即 WAVE 标准)。但是这些标准并不能满足车辆用户对于隐私保护的要求。因此如何在 WAVE 安全服务以及各种应用中提高车辆身份的匿名性以及保护车辆用户的隐私是车联网安全领域的研究热点。本节在认证机制的基础上,分析了该认证机制在面向 WAVE 安全服务以及其他不同应用场景下的可行性。

5.4.1 在 WAVE 安全服务中的扩展应用

WAVE-1609.2 使用联邦信息处理标准(Federal information processing standard, FIPS)186−4 中指定的椭圆曲线数字签名算法(elliptic curve digital signature algorithm, ECDSA)来实现安全数据服务(secure data service, SDS)。签名的安全协议数据单元(signed secured protocol data unit, signed SPDU)是 WAVE-1609.2 中为实现安全的信息传输而提出的一种数据结构,在信息传输之前,安全数据交换实体(secure data exchange entity, SDEE)通过多次调用 SDS,为 SDEE 添加安全信封,将实体间传输的不安全协议数据单元转换为 SPDU。

本小节将匿名认证方案部署于车联网中的应用层,为了支持更多应用,本小节将改进的方案与 WAVE 安全协议结合,并将 *Token* 生成和验证阶段的算法置于车联网的 MAC 层,替换 WAVE-1609.2 中的标准签名算法 ECDSA。图 5.15 展示了在 WAVE-1609.2 中生成一个签名的 SPDU 的流程分解。在 SDS 中,SDEE 首先利用 ECDSA 对车联网中的 ToBeSignedData 进行签名,然后将其组装到签名的 SPUD 中,实现消息 ToBeSignedData 的安全传输。

图 5.16 展示了用 Token_Generate( )算法替换 ECDSA,为待签名数据生成 *Token*,并将其组装到签名的 SPDU 的过程。

在 WAVE-1609.2 中验证签名的 SPDU 时,会将签名的 SPDU 分解为消息、签名、签名者证书和其他证书四个部分,并从签名者证书中提取有关数据,运行 ECDSA 对签名进行验证。相应地,在接收到采用改进签名算法的 SPDU 之后,会将其分解为传输消息、*Token*、签名者证书和其他数据四个部分,进而从签名者证书和其他数据中提取有关信息,最后运行 Token_verify( )或者 Batch_verify( )算法对收到的 *Token* 进行验证,实现高效的验证。

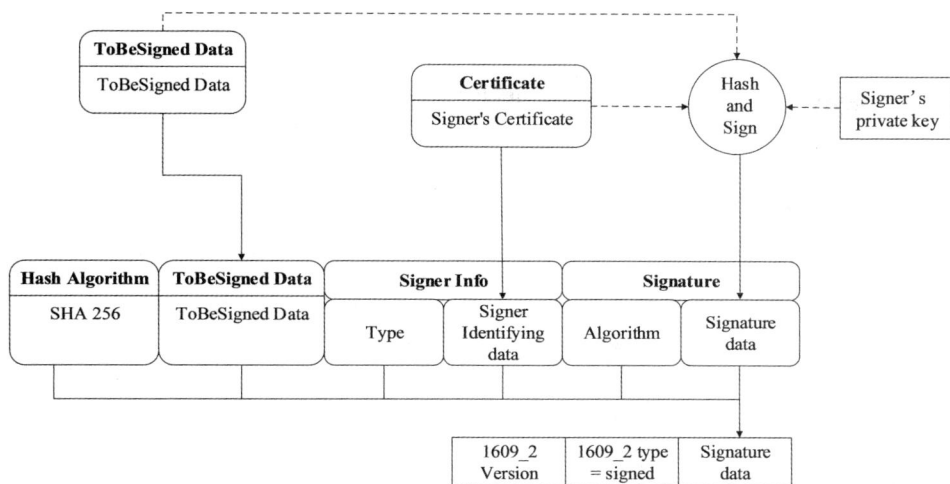

图 5.15 WAVE 中签名的 SPDU 的流程分解

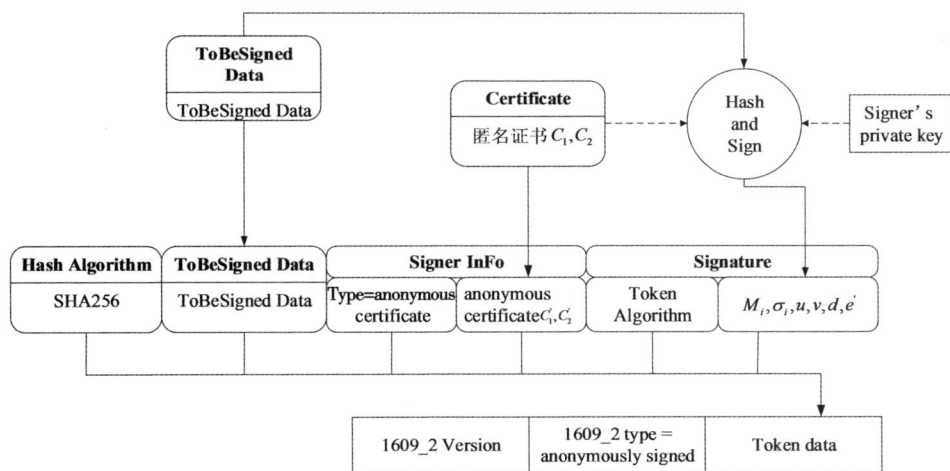

图 5.16 采用改进签名算法的签名 SPDU 的流程分解

5.4.2 应用场景分析

根据文献[15]，本小节实验的批量认证的验签周期取值为 20~90ms，每平方公里的车辆数目取值为 20~80 辆。图 5.17 为不同验签周期和不同车辆数目下的平均认证延迟，以及在两种不同应用场景中的最低认证延迟要求。

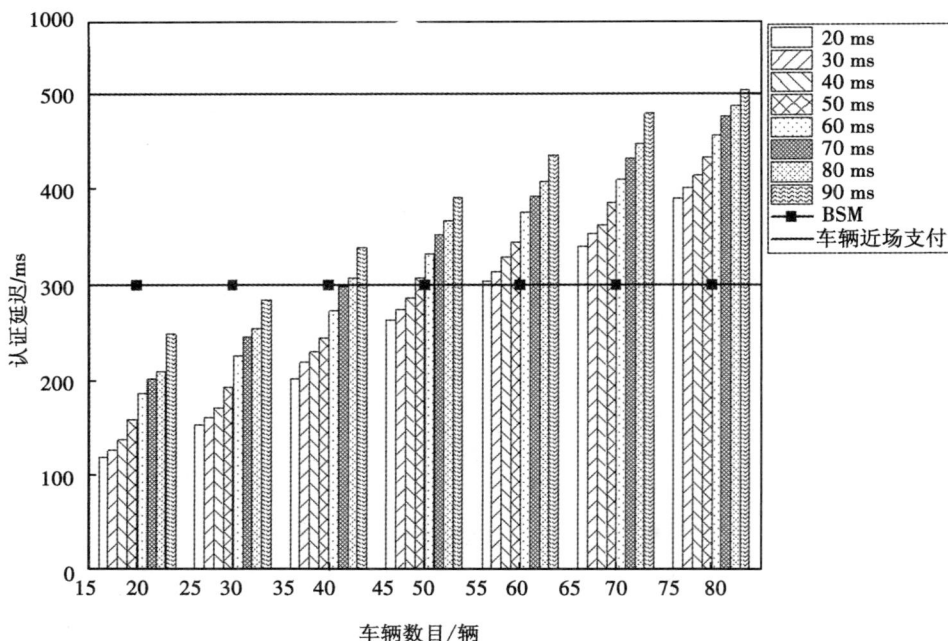

图 5.17 不同验签周期下的平均认证延迟

5.4.2.1 基于 BSM 的 DSRC 应用场景

基本安全消息(basic safety message，BSM)是一种在 DSRC 标准提出的用于交换车辆状态信息的安全数据。车辆通常每 300 ms 广播一次 BSM。将 3.5 中提出的方案应用于 BSM 的场景下进行仿真可知，当每平方公里的车辆数目小于 40 辆时，20~90 ms 的验签周期下，认证延迟均可满足 BSM 的要求；当车辆数目为 40 辆且验签周期小于 70 ms 时，认证延迟可以满足 BSM 的要求；当车辆数目为 50 辆且验签周期小于 50 ms 时，认证延迟可以满足 BSM 的要求。

5.4.2.2 汽车近场支付应用场景

汽车近场支付是指将车辆作为支付终端，通过车辆与 RSU 之间的信息交互，间接向银行等金融机构发送字符指令，产生货币支付与资金转移行为，从而实现车载支付功能。该应用要求系统延迟应在 500 ms 以下[16]。将 3.5 中提出的方案应用于汽车近场支付的场景下进行仿真可知，在每平方公里车辆数目不超过 80 辆且验签周期不超过 90 ms 时，认证延迟均可满足汽车近场支付的应用需求。

5.4.3 总结

本小节分析了章节 5.3 提出的认证机制在面向 WAVE 安全服务以及在不同场景下的可行性，以确保车联网中的安全、隐私性通信。该认证机制通过替换 WAVE 标准中基于 ECDSA 算法的方案，将改进的方案应用于 WAVE 系统，提升了 WAVE 系统的安全性。在此基础上，给出了方案在 DSRC 的 BSM 应用和车辆近场支付应用中批量验签的最佳周期，证明了系统具有鲁棒性。

参考文献

[1] Alnasser A, Sun H, Jiang J.Cyber security challenges and solutions for V2X communications：a survey[J].Computer Networks, 2019, 151：52-67.

[2] Zhang J, Zhao Y, Wu J, et al.LVPDA：a lightweight and verifiable privacy-preserving data aggregation scheme for edge-enabled IoT[J].IEEE Internet of Things Journal, 2020, 7(5)：4016-4027.

[3] Kang J, Lin D, Jiang W, et al.Highly efficient randomized authentication in VANETs[J].Pervasive and Mobile Computing, 2018, 44：31-44.

[4] Horng S J, Lu C C, Zhou W.An identity-based and revocable data-sharing scheme in VANETs[J].IEEE Transactions on Vehicular Technology, 2020, 69(12)：15933-15946.

[5] Zhong H, Zhu W, Xu Y, et al.Multi-authority attribute-based encryption access control scheme with policy hidden for cloud storage[J].Soft Computing, 2018, 22(1)：243-251.

[6] Fan K, Pan Q, Zhang K, et al.A secure and verifiable data sharing scheme based on blockchain in vehicular social networks[J].IEEE Transactions on Vehicular Technology, 2020, 69(6)：5826-5835.

[7] Manvi S S, Tangade S.A survey on authentication schemes in VANETs for secured communication[J].Vehicular Communications, 2017(9)：19-30.

[8] Dan B, Lynn B, Shacham H.Short signatures from the Weil pairing[J].Journal of Cryptology, 2004, 17(4)：297-319.

[9] Bauza R, Gozalvez J.Traffic congestion detection in large-scale scenarios using

vehicle-to-vehicle communications[J].Journal of Network & Computer Applications, 2013, 36(5): 1295-1307.

[10] Nassar L, Karray F.Fuzzy logic in VANET context aware congested road and automatic crash notification[C].2016 IEEE International Conference on Fuzzy Systems(FUZZ-IEEE), IEEE, 2016: 1031-1037.

[11] Sommer C, German R, Dressler F.Bidirectionally coupled network and road traffic simulation for improved IVC analysis[J].IEEE Transactions on Mobile-Computing, 2011, 10(1): 3-15.

[12] Yang Y T, Chou L D, Tseng C W, et al.Blockchain-based traffic event validation and trust verification for VANETs[J]. IEEE Access, 2019(7): 30868-30877.

[13] Wischhof L, Ebner A, Rohling H.Information dissemination in self-organizing intervehicle networks[J].IEEE Transactions on Intelligent Transportation Systems, 2005, 6(1): 90-101.

[14] Lu Z, Wang Q, Qu G, et al.BARS: a blockchain-based anonymous reputation system for trust management in VANETs[C].2018 17th IEEE International Conference on Trust, Security and Privacy in Computing and Communications/12th IEEE International Conference on Big Data Science and Engineering(TrustCom/BigDataSE), IEEE, 2018: 98-103.

[15] Altaf F, Maity S.PLHAS: privacy-preserving localized hybrid authentication scheme for large-scale vehicular ad hoc networks[J].Vehicular Communications, 2021: 2214-2096.

[16] GB/T 1. 1—2009, Cooperative intelligent transportation system vehicle communication system application layer and application data exchange standard [S].Beijing: Chinese Society of Automotive Engineering Standard, 2017.

第6章　总结与展望

6.1　研究工作总结

伴随着交通运输及无线网络的快速发展，国内外相关科研人员正在对车联网通信技术进行深入研究以推进智能交通、智慧城市的发展。由于其所面临的车辆移动速度快、密度分布不均、网络拓扑结构变化迅速、路由转发不稳定等挑战，当前所提出的车联网标准及国内外研究人员所提出的相关技术方案在实际的应用场景中仍然面临诸多困难。本书基于 IEEE 提出的 1609 标准，从车联网的安全需求出发，针对现有方案在安全性及效率方面的不足，对车辆在通信过程涉及的多种场景下的匿名认证机制、假名管理性能优化机制、车联网通信系统基础应用等安全机制提出了相应的解决方案。本书的主要研究工作及成果如下。

① 针对当前认证方案中权威机构对车辆的维护成本高、RSU 计算及通信开销大、车辆认证效率低等问题，提出多种认证机制，支持车辆的安全通信，保护车辆隐私与数据的安全；通过基于 SVO 逻辑类分析方法、可证明安全性理论，定性分析等方式对机制的安全性进行了有效验证；通过性能分析与仿真实验验证机制的效率。

② 针对现有假名更换方案中存在假名更换时间窗口短，更换区域受限等问题，提出了多种基于静默周期和 Mix-zone 的假名更换机制及基于过滤器的假名撤销机制，有效保护车辆在假名更换周期内的通信安全，以及假名更换后的位置隐私安全。通过性能分析及仿真实验有效论证了所提出的机制满足当前的实际应用场景。

③ 针对在车联网内应用的通信过程中，敌手能够监听、收集周边数据，伪造恶意数据等问题，分别在数据共享、路况预警等多种应用场景下提出了相应

的应用机制。采用安全高效的密码学算法，有效抵抗来自敌手发动的攻击，保护车辆的驾驶安全。最后，对车辆在 BSM 及支付场景下的应用进行了简要的分析，确保所设计的车联网应用满足实际的驾驶场景。

6.2 研究工作展望

本书基于车联网的实际应用场景，研究现有的安全通信方案在安全、性能方面的不足，基于 IEEE 1609 标准，提出了包含匿名认证、假名管理、基础应用的完整安全体系，通过安全性分析、性能分析及仿真实验论证了本书所提出的相关机制的可行性及高效性。然而本书的研究工作依然存在一些亟待解决的问题。

① MAC 地址更换。本书所提出的假名更换方案支持车辆的应用层身份更换。然而根据 1609.4 标准，为了保护车辆的完全位置隐私安全，有必要对 MAC 地址更换协议展开深入研究。在缺少一种有效的 MAC 地址更换机制支持应用层车辆假名更换的情况下，敌手仍然能够通过 MAC 地址关联目标车辆。但在当前的机制中，权威机构很难对更换 MAC 地址的车辆实现追踪。因此，设计一种安全高效的 MAC 地址更换机制，在协助应用层车辆身份更换协议的同时实现权威机构的有效追踪成为当前车辆位置隐私保护机制研究的一个重要课题。

② 数据共享激励机制。数据拥有方的参与程度是保证车联网数据共享方案有效实现的重要前提。然而，建立访问控制机制、数据打包及上传需要消耗数据拥有者的计算和通信资源。此外，数据拥有方很难确认是否存在接收方尝试通过收集共享数据执行恶意操作的可能。因此，如何建立一种有效的数据共享激励机制，提高数据拥有方共享数据的积极性，对提高驾驶者的体验，保障驾驶安全具有重要意义。

③ 恶意行为检测机制。作为车联网安全体系内重要组成部分，恶意行为检测机制能够发现网络内发生的恶意行为，对产生的后果进行快速处理并对恶意节点进行追踪，保护车辆的通信安全。然而，现有的检测机制面临着恶意行为复杂多样、发现及处理不及时等问题的挑战，导致传统的检测机制很难在车联网环境下有效保护车辆的通信安全。因此，建立一种新颖的恶意行为检测机制，在保证检测准确性的前提下，提高检测效率，对车联网的快速普及至关重要。